智慧教育与大数据

SMART EDUCATION & BIG DATA

唐斯斯 杨现民 单志广 代书成 著

杜 平 审

科学出版社

北 京

智慧教育是数字化时代教育的新追求，大数据使得教育研究从经验走向科学成为可能。本书作者是四位年轻人，通过跨界合作研究，向我们展示了面向智慧教育的大数据研究范式，悟出了一些“教育算法”，有理有例，虽然是初步的，但让我相信他们手中已经握有一把打开未来教育研究之门的钥匙。

——华东师范大学开放教育学院院长　祝智庭

这是一本给教师写的技术如何支持、引领教育教学改革的书，它预示了今后教与学改革的趋势。这是一本给校长、局长写的技术如何提升学校、区域治理的层次与水平的书，它瞻望了未来的城市和学校。这是一本给现代企业家写的如何加入教育信息化大市场的书，它告诉了你什么叫做把握先机。

——中国教育技术协会秘书长　刘雍潜

智慧教育，无疑是智慧城市建设中最为复杂、也最具挑战性的领域之一，因为能将“百年树人”的复杂性与“因材施教”的多样性统一起来，方称得上“智慧”，当得起“教育”。本书从大数据与智慧教育角度审视和思考教育、教改，从教育的普适性到多样化、从均等化到个性化等进行了跨界探索。开卷有益，书中一些思想和观点、实践和探索，相信无论对信息化还是教育领域的同仁们均会有所启发，也希望藉此书带动更多人思考智慧教育，推动我国教育创新发展。

——北京市信息化专家咨询委员会秘书处副秘书长　李丽勤

基于教育大数据开展智慧教育应用，数据源于智慧应用，服务于技术与教育融合实践。本书在信息化推进教育变革的重大发展时机提出，立意新、起点高、定位准，具有创新的独特视角。本书研讨了智慧教育内涵、智慧应用标准、数据治理规划、数据应用模式等内容，融理论研究、案例分析、创新应用、产业实践于一体，实践指导意义强，值得各级各类教育信息化实践者参考与借鉴。

——深圳市电教馆信息中心副主任　陈颖

智慧教育应从关注中小学内部教育教学和管理问题，拓展到关注整个社会教育、终身教育的高度，应从关注物的建设升华到关注学习者的个体感受，应跳出教育系统来思考问题，注重数据的共建共享。这是我看到的第一本系统、宏观地描述大数据与智慧教育关系的著作。本书对智慧教育的理解与定义、大数据如何促进教育变革、教育大数据的规划治理和大数据在智慧教育中的应用模式与案例分析，对于正在竭力推进宁波智慧教育建设的我，无疑起到了雪中送炭的作用。

——宁波市教育局装备与电教中心主任　张曦

我们在深刻体会物联网、云计算、大数据、移动互联等技术给社会和生活带来改变的同时，也对技术改变学校形态、管理模式、教与学方式等充满期待。《智慧教育与大数据》是我见到的第一本能让我们教育工作者对技术会如何改变教育、会如何改变学校有一个更好感知、既有理论高度又有实际操作建议的书。它非常深入地研究、分析和总结了智慧教育和大数据在教育中应用的诸多方面，视野开阔，全面系统。

——北京十一学校副校长　田俊

《智慧教育与大数据》一书契合了当前我国教育发展的大趋势，本书对智慧教育与大数据进行了系统的阐述与分析，架构清晰、观点鲜明、内容充实、时代感强。书中引用了大量教育信息化发展中的成功案例，以及国内外教育信息化发展对比分析的数据，案例生动充实，便于读者理解掌握，书中更不乏作者在系统问题上的思考与建议。本书既为教育信息化研究者提供理论指导和方向指引，也是教育信息化从业者的工具书和参考书。

——北京市朝阳区职业教育教产合作促进中心 副主任　张峰

教育与互联网、大数据逐渐融合发展已成为时代趋势，安庆承其“文风昌盛，兴学重教”的传统，率先提出建设“中国在线教育之都”，拟跨界合作、资源共享，联合打造全产业链，以智慧教育产业发展促进区域经济的和谐发展与共同繁荣。本书不仅详细阐述了大数据时代智慧教育的发展路径，而且系统提出了如何定位和发展智慧教育产业、如何打造“智慧教育生态体系”，如何加强“教育大数据的规划治理”，对于安庆智慧教育实践非常有启发与借鉴。

——安庆市委常委、组织部长　王佩刚

序 言

以云计算、物联网、大数据为代表的新兴信息技术正处于飞速发展中，在教育领域的应用也日趋广泛和深入，信息技术对教育发展的革命性影响进一步凸显。我国教育信息化经过多年的发展，已经具备一定基础，当前正逐步向更加智能化、个性化、泛在化的发展阶段过渡，而大数据技术在教育领域的广泛深入应用，给教育发展带来了广阔的空间。

当前，我国教育改革和发展正面临着前所未有的挑战，大数据与智慧教育的融合应用已成为必然趋势。国家信息中心针对这一关键问题组织系统研究，站在宏观层面，系统地去研究智慧教育与大数据的关系，有着重要的研究价值和现实意义。唐斯斯博士等青年学者怀着满腔热忱，在书中系统阐释了在大数据时代如何有序健康发展智慧教育的理念和架构；较为系统地构建了教育大数据的规划与治理基本框架；有利于使更多教育研究者和实践者认识智慧教育与大数据的关系，将一定程度上引领我国智慧教育与教育大数据的研究与实践的发展。

本书视角独特、立意新颖、起点较高，对我国“十三五”期间教育信息化政策与规划的制定也有一定参考价值。全书组织结构清晰，理论阐述与案例分析相结合，既有一定深度，又不失生动。书中有很多新颖的观点和论述，包括对智慧教育内涵的界定、概念框架的构建、教育大数据规划治理、大数据教育应用模式的分析等，值得有关研究者、实践者参考借鉴。

随着全国智慧城市试点的推进，发展智慧教育已成为不少地区强烈的现实需求。本书在城市智慧教育建设的进程中可起到一定的指导作用，有利于帮助更多高校科研人员、教育企业从业人员等投入到智慧教育与大数据的研究与实践中，通过集聚各方智慧，不断深化我国教育领域综合改革，引领全球教育信息化发展，使教育信息化对教育现代化建设和智慧城市建设的支持作用充分显现。

当然，本书针对的是一个崭新话题，很难在短期内形成广泛共识，因此围绕这一主题的研究还将持续下去，并将在实践中不断得到完善和提升。期待未来能有更多研究人员投入到相关的研究领域中去，为我国智慧教育发展提供支持。

总体来说，在当前大数据和教育结合日趋紧密的大背景下，本书的出版十分及时和必要，是值得庆贺和关注的。

华中师范大学校长
《教育信息化十年发展规划(2011—2020 年)》
编制专家组组长

前　言

20 世纪 90 年代初，以美国为代表的一些发达国家，通过提倡“信息高速公路”计划，掀起了全球信息化的浪潮。伴随着信息高速公路的兴建，教育信息化的概念也随之提出。在美国的带动下，世界各国都把加快信息化建设作为促进各级各类教育改革与发展的重大战略举措。与国际教育信息化潮流相呼应，国家教委于 1994 年主持建设中国教育科研网(CERNET)，标志着我国教育行业开始了真正的信息化进程。2010 年，《国家中长期教育改革和发展规划纲要(2010—2020 年)》中明确提出，“信息技术对教育发展具有革命性影响，必须予以高度重视”。至此，中国教育信息化发展被提升到一个新的高度。

经过 20 多年的发展，我国的教育信息化从无到有、从弱到强，呈现出较快的发展趋势。总的来说，信息化在教育领域的发展经历了四个阶段:基础网络及校园门户建设、教育业务应用系统建设、社会化教育系统建设以及智慧教育生态系统建设。伴随着物联网、云计算、大数据、移动互联网等新一代信息技术的兴起，教育信息化开始步入“数字教育”时代并逐渐向“智慧教育”过渡。智慧教育作为信息化与教育发展深度融合的产物，是教育信息化在新时代背景下的应用与展现，是新一代信息、通信技术在教育领域应用的延伸与深化，其主要特征包括:信息技术与学科教学深度融合、全球教育资源无缝整合共享、无处不在的开放和按需学习、绿色高效的教育管理、基于大数据的科学分析与评价等。如今，智慧教育在教育界逐渐掀起一场新的“智慧革命”，悄然对传统教育理念、教学方法与模式、学校管理与人才培养模式等进行颠覆性创新和变革。

数据是智慧革命的“核心”，教育大数据是构建智慧教育系统的核心关键。教育行业覆盖人群庞大，每时每刻都在产生大量数据，随着互联网的飞速发展，社交网络、物联网、云计算以及各种传感器的广泛应用，数量庞大、种类众多的非结构化数据不断涌现，大数据的到来将给教育带来革命性的转变，使得个性化教学、科学化评价等将得以实现。教育是未来大数据可以大有作为的一个重要领域。

毫无疑问，“智慧教育”和“大数据”是当前教育信息化和智慧城市建设领域最凸显的两大“热点”。智慧教育究竟是什么，如何系统建设？智慧教育产业发展现状如何，有哪些问题？教育大数据有何特征，如何规划建设与运营？教育大数据如何在智慧教育中发挥作用，有无可行的应用模式？这些正是本书力求解答和深入探讨的问题。

本书的编写思路如下：第 1 章简述智慧教育兴起的背景以及国内外发展概况；第 2 章构建智慧教育的概念框架；第 3 章和第 4 章围绕总体框架对智慧教育标准体系、智慧教育产业发展概况等进行了介绍；第 5 章探讨大数据如何促进教育的发展与变革；第 6 章阐述教育大数据的规划治理，提出教育大数据规划治理的思路、框架；第 7 章分别从三个层次(学校、社会、国家)和核心业务(智慧教学、智慧学习、智慧管理、智慧评价、智慧科研、智慧服务)出发，结合丰富案例，深入探讨大数据在智慧教育中的各种应用模式；第 8 章对我国智慧教育与大数据教育应用的发展提出了相应的建议。

本书面向的读者范围很广，包括高校教育学与教育技术学专业的本科生和研究生、教育科研人员、负责教育信息化工作的教育行政管理人员、电教系统工作人员、政府主管信息化人员、教育企业信息化产品研发相关人员等教育界人士，以及智慧城市、大数据相关研究者。书中对智慧教育及其大数据应用模式进行了阐述，书中的一些观点、创新应用思路、实践案例等将为教育行业企业服务智慧教育发展提供指导。本书的研究还可为教育主管部门提供一定的政策研究和决策参考。

本书在写作过程中，得到了业内专家的指导与大力支持，在这里一并感谢，他们是：华中师范大学校长杨宗凯，教育部教育管理信息中心处长张鹏高，中央电教馆馆长王珠珠，中国教育技术协会秘书长刘雍潜，教育部考试中心主任戴家干，中国教育科学研究院院办、党办主任于发友，北京师范大学教育学部副部长余胜泉，北京师范大学教授黄荣怀，华东师范大学开放教育学院院长祝智庭，北京市信息化专家咨询委员会秘书处副秘书长李丽勤，北京立思辰科技股份有限公司董事长池燕明，深圳市电教馆信息中心副主任陈颖，北京市十一学校副校长田俊，北京市朝阳区职业教育教产合作促进中心副主任张峰，华中师范大学教授吴砥，宁波市教育局装备与电教中心主任张曦。

感谢天津市信息中心刘叶婷、北京师范大学教育学博士江新，为本书写作所做出的贡献。此外，还要感谢张先锋、冯大志、高步云、朱婕、易欢欢、赵国栋等广大业内同仁的支持与鼓励。最后，还要感谢所有的读者，本书只是我们对于智慧教育和大数据应用的初步探索，希望能抛砖引玉，未来与大家共同在这个领域深入研究下去。

作　者

2015 年 1 月 10 日于北京

目 录

contents

01 智慧教育兴起的背景与发展概况

1.1 智慧教育兴起的背景

我们的社会正在变得越来越扁平化、互联化和智慧化。与商业、交通、医疗等行业的信息化浪潮相比，教育领域的信息化变革却显得步伐迟缓。有人曾开玩笑说，100 年前的外科医生，如果坐时间机器穿越到今天，面对着各种医学设备集成的手术台，那么将无法做手术；而 100 年前的教师，如果坐时间机器穿越到今天，那么会毫无压力地继续使用黑板和粉笔进行授课。虽然这是个笑话，但却反映了一个现象，那就是新技术对教育教学的改变还比较有限。

当前的教学组织形式，仍然是大工业时代的缩影：流水线一样的年级制度，按部就班的随大流上课，忽略了学生个体的不同发展状态；标准件一样的教材，一股脑传递给所有的孩子，难以针对学生不同的兴趣特长、知识基础而因材施教；标准化的考试制度，用一套考卷去衡量所有的学生；变化缓慢的学科设置，人才培养模式的僵化，容易造成学生就业供求匹配度不高……所有这一切，都在向现有的教育教学体系提出严峻的挑战。

一个新生事物的诞生与发展，必然伴随着特定的时代背景和现实需求。一方面，智慧教育的出现是教育发展的现实需求，当前教育发展面临诸多瓶颈，需要应用新的方法、新的思维方式、新的教育模式；另一方面，智慧教育作为未来教育发展主流模式已在世界范围广受关注，多个国家纷纷出台相关政策推动智慧教育快速发展，抢占未来教育制高点。近年来，智慧城市建设的兴起也为智慧教育提供了一个良好的发展平台和时机。

1.1.1 教育发展面临众多瓶颈，亟需新方法破解旧难题

目前，我国教育还不完全适应国家经济社会发展和人民群众接受良好教育期盼的要求，存在一系列教育发展难题和瓶颈，亟需新的方法突破。

从体制机制上来看，一方面，我国与教育相关的法律法规仍不完善，特别是在学前教育、特殊教育、职业教育等领域，相关法律法规尚存在空白，难以保障教育事业健康、可持续的发展；另一方面，我国目前的教育管理模式与机制尚待完善，教育不公平问题长期存在，教育资源配置不均衡，优质教育资源短缺，教育质量亟待提升。

从教育投入产出来看，一方面，我国教育经费投入仍然不足，虽然我国的教育总投入已占到 GDP 的 4%，但总体比例仍低于美国、韩国、新加坡等国家，严重制约着我国教育整体水平的提高和可持续发展；另一方面，教育经费的使用效率不高，投入产出比较低。

从教学实践来看，教学内容、方法比较陈旧，传统的灌输式教育在实践中仍占较大比例，具体表现在中小学生课业负担过重，学生创造力不足，学生的参与意识、自主意识、独立意识、创新意识与能力较低，素质教育推进困难。

上述问题长期困扰着我国教育的发展，至今仍未找到有效的解决途径。信息时代如何创新应用信息技术，提升教育系统的智慧化水平，探索教育发展难题的破解之道，已成为当前我国教育发展面临的重大任务。

1.1.2 智慧教育成为发展趋势，国际纷纷制定相应战略

从数字教育转向智慧教育已是教育发展的大趋势。目前，世界上多个国家和地区已将智慧教育作为其未来教育发展的重大战略，纷纷出台制定相应的规划和政策。

马来西亚早在 1999 年就提出“智慧学校计划”，计划到 2010 年将所有学校都转型为智能学校，从而促进马来西亚教育系统的整体性变革，为培养信息时代人才奠定基础。我国台湾的桃园县在“智慧台湾 U 桃园计划”中，提出从“E 化”教育向“U 化”教育（泛在教育）发展的战略目标。美国的北卡罗来纳州立大学、新加坡的南洋理工大学等国际知名高校智慧教育解决方案的框架包括教育数据的收集、管理与分析，为学习者提供独特的学习体验和教学制度优化。新加坡在其 iN2015 计划（intelligent Nation 2015）中提出实施智慧教育计划[1]，该计划的战略重点是：①建立以学习者为中心的个性化学习空间；②建设国家范围的教育信息基础设施；③使新加坡成为全球教育领域信息技术的创新中心。新加坡智慧教育计划主要通过 EdVantage 项目的实施来落实，目标是提供一个延伸至课堂以外的，以学习者为中心的交互式学习环境，包括三部分：①iACCESS，为学习者的学习提供随时随地的信息接入；②iLEARN，为学习者提供交互式数字学习资源；③iEXPERIENCE，为学习者提供交互式智能学习应用以满足不同学习方式的需求。

韩国2011年颁布了“智慧教育推进战略”的国家教育政策[2]，主要包含六大战略：①数字教科书的开发和应用，争取到2015年取消纸质教材；②通过加强在线学习与大学先修课程制度间的联系等措施推广在线学习；③构筑教育内容的公共利用环境，确保资源在受保护的条件下被广大教师和学生自由使用；④强化智慧教学与管理，提升教学质量，促进教育管理的规范化、科学化和智能化；⑤推行以云计算为基础的教育服务；⑥设立旨在推进智慧教育的未来教育研究中心。韩国智慧教育战略体系的核心是数字教科书的普及推广，期望通过教材的彻底革新来带动整个教育体系的升级改造。

1.1.3 智慧城市建设掀起热潮，加速推动智慧教育发展

2008年IBM提出“智慧地球”(smarter planet)概念之后，“智慧地球”战略得到了世界各国的普遍响应，其中，智慧城市建设是智慧地球战略的重要组成部分。2011年以来，北京、上海、广州、宁波等国内200多个城市纷纷提出智慧城市发展战略和行动计划。上海市2011年制定了《上海市推进智慧城市建设2011—2013年行动计划》，北京市于2012年3月发布《智慧城市行动纲要》，提出“截止到2015年，北京要实现从‘数字北京’向‘智慧城市’的全面跃升”，同时全面启动智慧城市八大行动计划。

智慧教育是智慧城市健康顺利发展的基础保障，也是智慧城市发展的目标之一。智慧城市的建设需要物联网、大数据等相关技术的支持，对相关人才的要求很高，需要综合素质较高、能力强、专业技术过硬的人才。教育的发展可根据智慧城市建设的发展需求，为智慧城市培养创新性人才。同时，智慧教育的发展还能为企业技术革新提供动力，不断开展科研工作及技术钻研工作，为智慧城市的建设提供技术上的保障。

教育事业是城市建设的一项重要内容，并对未来城市的发展起着决定性的作用。智慧教育的建设不能脱离智慧城市建设大框架，各个功能模块、服务应用、接口设计、平台搭建都要做好衔接工作，从而有效避免大量的重复性建设、资源浪费等现象出现。随着交通、医疗、物流、能源等各个领域智慧化水平的不断提升，教育领域面临前所未有的巨大压力和挑战。如何提升教育领域的智慧化水平，与其他领域并驱发展，是未来智慧城市发展面临的重大现实问题。

1.2 发展智慧教育的重要意义

随着信息化浪潮在全球的兴起，教育发展已经步入一个全新的历史时期，大力发展智慧教育已成为国际社会的共识。智慧教育是对未来教育模式的创新性探索，具有强烈的现实需求。在技术变革教育的大背景下，我国发展智慧教育具有重大战略意义。

1.2.1 破解我国教育发展难题，推动教育领域全面改革

我国作为人口大国，面临的教育环境更加复杂，存在的教育问题和矛盾异常突出。例如，教育观念相对落后，内容方法比较陈旧；中小学生课业负担过重，素质教育推进困难；学生创造力不足；城乡之间、区域之间教育发展不均衡；教育公平问题长期存在；高等教育规模飞跃式扩张导致本科教学质量下滑；各地校园安全事件频发等。物联网、云计算、大数据、语义网、移动通信等新一代信息技术的发展，为解决当前诸多教育难题提供了条件。科技进步与教育发展互为支撑，坚持“科教融合”的基本战略思想，创新应用、整合各种适合的技术，解决当前教育发展面临的重大现实问题，是我国教育事业发展的必然选择。科技的创新应用既有助于教育难题的解决，又将促进大批拔尖创新人才的培养，推动我国从人口大国迈向人力资源强国。科教融合将实现智慧教育系统更顺畅、更智慧地运行和发展，为中国教育梦插上展翅高飞的“翅膀”。

1.2.2 抢占国际教育制高点，引领教育信息化创新发展

在通往信息化社会的道路上，我国的信息化发展水平和发达国家虽有差距，但在教育信息化领域，面临巨大机遇。智慧教育建设为我国抢占国际教育制高点，重塑我国在全球教育的影响力和地位提供了契机。祝智庭等认为，智慧教育是当代教育信息化的新境界，是素质教育在信息时代、知识时代和数字时代的深化与提升，是培养面向 21 世纪创新型人才、智慧型人才、实践型人才的内在需求。智慧教育的发展将引领我国教育信息化新的发展方向，带动整个教育产业的迅猛发展，培养大批世界一流的创新智慧型人才。

1.2.3 服务全民终身教育，助推中国教育梦实现

中国教育梦，即“有教无类、因材施教、终身学习、人人成才”。技术推动下的智慧教育正在成为信息时代全球教育改革的“方向标”。智慧教育面向全体公民，既可以为普通大众提供优质的、个性化的教育服务，又能够满足各类特殊人群的教育需求。智慧教育运用科技服务教育，显著提升教育智慧，能够实现“学有所教、有教无类”、“人人教、人人学”的泛在教育，是对中国教育梦的进一步阐释和丰富，将加快我国学习型社会的建设步伐。

1.3 发展智慧教育的基础条件

智慧教育是整合物联网、云计算、大数据、移动通信、增强现实等先进信息技术的增强型数字化教育(enhanced e-Education)，是对数字化教育的进一步发展。智慧教育建设不是“平地起高楼”，而是在现有教育信息化基础之上提升教学、管理、科研和服务的智慧化水平。进入21世纪以来，我国先后实施了校校通、精品课程建设、农村中小学现代远程教育、班班通等一系列重大工程，大大推动了国家教育信息化进程，我国教育信息化水平显著提升。以云计算、物联网、大数据等为代表的新一代信息技术逐步普及，教育信息化经费持续增加，教育信息化政策环境逐步完善，这些都为我国发展智慧教育提供了强有力的支持。

1.3.1 教育信息化发展政策环境良好

《国家中长期教育改革和发展规划纲要(2010—2020年)》和各省市教育改革与发展规划纲要，都充分肯定了信息技术对教育发展的革命性影响，纷纷将教育信息化作为优先发展领域。《教育信息化十年发展规划(2011—2020年)》进一步明确了未来十年我国教育信息化事业发展的指导思想、工作方针、发展任务、行动计划和保障措施。此外，国内一些大中城市已经制定了智慧城市发展规划与行动计划，正在紧锣密鼓地推进智慧城市建设。这些纲要与规划的制定为我国发展智慧教育提供了良好的政策环境。

2012年我国财政性教育经费支出占GDP的比例首次实现4%，实现了历史性突破。随着教育经费投入的大幅增加，教育信息化领域的投入力度也越来越

大。据统计，2012 年我国教育信息化领域的实际投入已经超过 9000 亿(含国家投入和各种社会资本投入)。“政府主导、企业参与、学校应用”已成为我国教育信息化建设的基本模式，必将吸引更多社会资本注入，保障了教育信息化经费的持续、大力投入。此外，随着国家智慧城市试点工作的正式启动，新一轮的智慧城市建设浪潮已经到来。教育事业是城市建设的一项重要内容，并对未来城市的发展起着决定性的作用。智慧城市行动计划的实施，必将有大量资金用于教育信息化事业的发展，为各城市发展智慧教育提供经费保障。

1.3.2 智慧教育技术不断成熟和推广应用

以物联网、云计算、大数据、泛在网络等为代表的新一代信息技术的快速发展，正在将教育信息化推向一个新的高度。物联网技术能够提升教育环境与教学活动的感知性，大数据技术能够提高教育管理、决策与评价的智慧性。泛在网络技术能够增强教育网络与多终端的连通性，云计算技术能够拓展教育资源与教育服务的共享性。近年来，这些技术在政府、企业、科研机构等多方努力和推动下不断成熟，在经济、医疗、环境等领域的应用已经取得较大进展。智慧技术的不断发展和推广应用，为我国发展智慧教育提供了坚实的技术支撑。

1.3.3 教育信息基础设施建设取得长足进步

从教育信息化的发展历程来看，硬件设施和共性支撑平台的建设是教育信息化建设的基础，总体呈现出以网络建设为重心，对公共服务平台、信息化支撑平台逐渐重视的发展脉络。2000 年教育部在“全国中小学信息技术工作会议”中提出“中小学‘校校通’工程”，“用 5～10 年时间，使全国 90%左右独立建制的中小学能够上网”[3]。2004 年，国务院颁布的《2003—2007 年教育振兴行动计划》，不仅对于网络的建设加以强调，而且对硬件、公共服务平台也予以重视[4]。2012 年，在国家教育部颁发的十年规划中，确定了 2020 年的教育信息化目标之一，即基本实现所有地区和各级各类学校宽带网络的全面覆盖[5]。从全国总体情况来看，截至 2012 年底，校均互联网接入带宽约为53.97Mbit/s[6]。

“三通两平台”建设与应用取得明显进展。“三通两平台”(简称三通工程)，即宽带网络校校通、优质资源班班通、网络学习空间人人通，教育资源公共服务平台、教育管理公共服务平台。三通工程是“十二五”期间全国教育信息化工作的核心目标和标志工程。“宽带网络校校通”建设的战略目标是：镇级和镇级以上的所有中小学在2015年之前全部接线，即这些学校基本能够接入宽带网络和基本建成网络条件下的教学环境；农村地区义务教育阶段学校95%以上接入宽带网络，多媒体教室覆盖率达到90%以上。“优质资源班班通”的根本目的和指导思想是要把信息技术在教学和教研活动中加以应用，变成教学和教研活动的常规行为。“网络学习空间人人通”的建设要形成一个系统的管理体系，即教育主管部门对学校教学活动的管理或建设，学校的机构平台对教师从事网上教研活动或建设，以及将来教师的信息技术的评价都在这个平台上进行。

2012年12月28日，国家教育资源公共服务平台正式开通上线试运行，运行效果良好，受到了广大学校、师生的欢迎。中央电化教育馆牵头制定了《国家教育资源公共服务平台管理办法》、《教育资源与应用服务审查办法(试行)》、《合作伙伴准入管理办法(试行)》、《国家数字教育资源共建共享联盟章程》等一系列相关文件。目前，已完成大批资源的征集、汇聚工作，千万名教师和学生在平台上开设了个人空间。

2013年，教育部制定了《国家教育管理信息系统建设总体方案》，采用“两级建设、五级应用”的总体思路，开始建设国家教育管理信息系统体系，核心内容是建设国家教育管理公共服务平台，建立覆盖全国各级教育行政部门和各级各类学校管理信息系统与基础数据库，包括五大类20个管理应用系统。2013年底，覆盖全国所有中小学生的统一学籍信息管理系统建成并实现全国联网运行，14320万学生数据进入全国系统并经过审核，标志着中小学管理信息化水平的全面提升。2013年9月26日，教育部办公厅发布“关于做好全国教职工基础信息采集工作的通知”，正式拉开全国教职工基础信息采集工作的帷幕。到2013年底，全国1713万教职工数据已上传入库。

1.3.4 教育信息资源建设与共享取得初步成效

教育信息资源建设是教育信息化建设的核心，目前正在从重视资源数量的积累，逐渐转向重视各级各类的优质资源的建设、整合与共享。

2000年教育部召开“全国中小学信息技术工作会议”，强调中小学信息技术教育资源的开发和建设要以媒体素材和网络课程为主要内容，并用5～10年的时间，使全国90%左右独立建制的中小学师生都能共享网上教育资源[3]。2004年，《2003—2007年教育振兴行动计划》指出“加大涵盖各级各类教育的信息资源开发，形成多层次、多功能、交互式的国家教育资源服务体系”[4]。2010 年，国务院颁布的《国家中长期教育改革和发展规划纲要（2010—2020 年）》中，将“加强优质教育资源开发与应用”作为重要模块予以强调[7]。

在上述良好政策的支持和推动下，近年来我国教育信息资源建设与共享取得了明显进展：①我国视频公开课和资源共享课建设已初具规模，享有良好的社会声誉。2011 年，教育部启动国家精品开放课程建设，目前已有数百门视频公开课上网，还将有近 1000 门精品资源共享课陆续上线。以国家重点投入，按月推出高质量课程的发展运行方式，使优质教育资源普及共享的作用迅速显现。②一些地区、高校积极开展在线教育教改实践。上海市成立了专门机构并积极推动 30 所成员高校的优质课程教学资源开发和共享；由重庆大学发起成立的东西部高校课程共享项目，逐步在交换课程、提供平台、免费上课、混合式教学、学分互认等环节进行有效的探索和实践，华中师范大学推进信息化、国际化和教育教学的深度整合，计划在 3 年内将所有本科课程制成教学视频，建成网络教学环境，网络课堂和混合式课堂将成为该校的常规课堂。③我国远程网络教育课程建设已取得一些经验，并逐步纳入整个高等教育改革发展之中，在注重整体教学设计、增强教育内容的针对性、适用性，确保课程学习环节的完整性和灵活性，以及学分制、选课制等方面都进行了积极有益的探索。④2013 年 5 月开始，国内顶尖高校也纷纷加入“慕课”，将中国的 MOOC 课程推向世界。2013 年 9 月 23 日，北京大学首批大规模在线网络开放课程（“慕课”）在 edX 平台开课，面向全球免费开放，首批 4 门课程开课后即受到国内外学生的追捧。此外，全国 20 余所高中联手创建 C20 慕课联盟在线公共课，旨在推动中国高中开发大规模在线公开微视频课程，促进“翻转课堂”的实施，改善人才培养模式。⑤微课热潮席卷全国，国家、省、地市等举办了多次微课比赛，积累了大量优秀的微课资源，各种微课资源共享平台（中国微课、浙江微课网、凤凰微课、李玉平微课网等）纷纷出现。⑥大力实施教学点数字教育资源全覆盖项目，为 6.7 万个教学点和 592 个国家级贫困县中有条件的学校提供优质资源，帮助他们开齐开好国家规定课程，目前教学点全覆盖项目地区学校的设备已全部安装到位。

1.3.5 教师信息技术应用能力和水平显著提升

近年来，我国开展的教育信息技术应用能力培训主要面向中小学教师，经过多年教育技术能力培训，我国广大教师的信息技术应用水平显著提升，出现了一大批优秀的整合课案例。为了进一步推动新课程改革，提升教师创新应用信息技术的能力，2013年10月教育部作出决定，实施全国中小学教师信息技术应用能力提升工程(简称“提升工程”)。

提升工程的总体目标和任务是建立教师信息技术应用能力标准体系，完善顶层设计；整合相关项目和资源，采取符合信息技术特点的新模式，到2017年底完成全国1000多万中小学(含幼儿园)教师新一轮提升培训，提升教师信息技术应用能力、学科教学能力和专业自主发展能力；开展信息技术应用能力测评，以评促学，激发教师持续学习的动力；建立教师主动应用机制，推动每个教师在课堂教学和日常工作中有效应用信息技术，促进信息技术与教育教学融合取得新突破。

2014年6月教育部研究制定了《中小学教师信息技术应用能力标准(试行)》，6月份研制发布了《中小学教师信息技术应用能力培训课程标准(试行)》，为接下来全国中小学教师信息技术应用能力培训工作提供了指导。2013年6月教育部启动全国县级以上教育局长教育信息化专题培训，计划用两年左右的时间对全国县级以上教育局长进行一轮教育信息化专题培训，进一步提高教育战线对教育信息化的认识。

1.3.6 教育信息化标准体系初步形成

《国家中长期教育改革和发展规划纲要(2010—2020年)》明确提出“加快教育信息化进程的要求，建立教育信息化标准体系，以保障教育信息化健康有序发展”。

2012年教育部研究制定了《教育管理信息教育管理基础代码》、《教育管理信息教育管理基础信息》、《教育管理信息教育行政管理信息》、《教育管理信息普通中小学校管理信息》、《教育管理信息中职学校管理信息》、《教育管理信息高等学校管理信息》、《教育管理信息教育统计信息》等7个教育信息化相关标准[8]。同年，中国教育信息化标准委员会(CELTSC)在基础标准、应用规范等方面加快标准化研究，重点开展了电子课本与电子书包系列标准、虚拟实验系列标准、教育管理信息系列标准、多媒体教学环境工程建设系列标准等方面的相关工作。目前，经过CELTSC多年的努力，已经初步形成了具有我国特色的教育信息化标准体系。其中，《电子书包与电子课本》等部分标准在国际上处于领先水平。

总体上说，我国各级各类学校的信息化基础设施逐步完善；教育信息资源建设成效显著，国家数字化资源体系初步形成；教育管理信息化水平快速提高；师生信息技术应用能力显著提高，整体信息素养全面提升；信息技术与学科教学整合向纵深发展，教学改革初显成效[9]，逐步形成了一套涵盖政策法规、建设路径、建设模式等在内的较为完整的教育信息化建设体系。目前来看，与“教育与信息化全面融合创新”的发展目标相比还有较大差距，需要在信息化基础设施均衡配置、信息技术与教育教学深入融合、教师信息化应用能力提升、数字教育资源共建共享等方面进一步加大投入和发展力度。

1.4 发展智慧教育的基本原则

根据我国教育信息化发展的经验，确定发展智慧教育的四项基本原则，分别是“以信息化与教育融合应用为核心，以科技破解教育难题为突破口，以统筹规划分步实施为基本路线，以政产学研用五方联合为抓手”。

1.4.1 以信息化与教育融合应用为核心

教育信息化建设要转变硬件投资为主的建设思路，坚持以信息化教育应用为核心驱动力，带动教育信息化整体水平的大幅提升。信息化的各项工作要始终围绕实际应用来展开，一方面，注重教育信息化整体应用环境的建设和软硬件、资源的协调发展，促使其在教育管理与教学中真正发挥作用，产生效益；另一方面，教育信息化的各项应用要以教学应用为先导，优先扶植能够尽快推广的具有明显提升教学效果、教学效益和社会效益的信息化教学改革试验，彰显教育信息化的价值。

1.4.2 以科技破解教育难题为突破口

物联网、云计算、大数据、语义网、移动通信等新一代信息技术的发展，为解决当前诸多教育难题(如减负、公平、安全等)提供了技术条件。科技进步与教育发展互为支撑，坚持“科教融合”的基本思想，创新应用、整合各种适合的技术，解决当前我国教育发展面临的重大现实问题，实现教育系统更顺畅、更智慧化的运行和发展。

1.4.3 以统筹推进与资源共享为基本理念

站在国家教育发展的高度，整体规划我国智慧教育的发展目标、任务、路径与配套体系，创建具有前瞻性和示范性的智慧教育环境。同时，在统一规划和总体设计的基础上，坚持突出重点、合理配置、注重效益、逐步到位的工作方法，避免区域性的不平衡或低水平的重复投入，全面推动由数字教育向智慧教育的转型。

此外，还要充分利用前一阶段教育信息化的发展成果，实行集约化建设，有效整合已有硬件、软件资源，保护已有投资。现有基础设施资源(数据中心、云计算中心)要物尽其用，做到“立新”与“利旧”相结合。所有建设的各种系统，均应遵循统一的数据和接口标准，以促进系统互联互通。

1.4.4 以政产学研用五方联合为抓手

智慧教育是一个复杂的系统工程，需要多方力量有效协同。体制上要大胆创新，健全教育信息化的管理和运作体制，在不影响教学的前提下，积极探索政、产、学、研、用合作的形式与方法，充分发挥各自优势，推动国家教育信息化的可持续发展。

此外，我国智慧教育的建设还要注重工程项目与研究性项目的有效结合。工程项目要真正“落地”，解决教育发展面临的实际问题，促进教育教学系统的变革；研究性项目要瞄准国际未来教育发展前沿和趋势，开展创新性的探索研究，引领教育信息化不断向前发展，实现教育可持续的创新发展。

1.5 国际智慧教育发展现状

在物联网、云计算、大数据等新一代信息技术的推动下，世界上多个国家和地区已将智慧教育作为国家教育系统变革的战略选择，其在智慧教育发展规划与建设方面取得的宝贵经验，对于我国发展智慧教育具有重要参考意义。

1.5.1 新加坡智慧教育发展

由于领土狭小、自然资源缺乏，新加坡一直把人力资源作为关键的资源，视教育为构建新加坡国家与民族的极为重要的组成部分。早在20世纪70年代末，新加坡政府便认识到信息技术对于推动国家经济发展的巨大潜力，并于1980年制定了第一个国家信息化战略规划。在国家信息化战略的驱动下，自1997年起新加坡教育部连续发布了三期教育信息化规划。

1997年，新加坡启动了教育信息化一期发展规划(Master Plan 1，MP1)，起止时间是1997—2002年，以加强学校和外部世界的联系，拓展和丰富学习环境，鼓励创新性思维，促进终身学习，增强社会责任感，推动教育创新，促进教育行政管理能力的提升为目标。2003年，新加坡启动了教育信息化二期发展规划(Master Plan 2，MP2)，起止时间是2003—2007年，以强调信息技术在教学中的应用，以及与课程教学的融合为目标。2008年，新加坡启动了教育信息化三期发展规划(Master Plan 3，MP3)，起止时间是2008—2013年，以利用信息技术促进学生的自主学习为目标。新加坡教育信息化发展规划战略目标及其侧重点，如表1-1所示。

表1-1　新加坡教育信息化发展规划战略目标及其侧重点

阶　段	战略目标	侧重点
MP1	1. 加强学校和外部世界的联系，拓展和丰富学习环境； 2. 鼓励创造性思维、终身学习的习惯和社会责任感； 3. 改革教育过程； 4. 发挥信息技术在教育系统行政管理方面的优势	为学校提供教育信息化的基础设施，对教师进行将信息技术整合于课程的基本技能的培训
MP2	1. 学生有效地使用信息技术进行主动学习； 2. 课程、教法和评价相结合要比以前更有效地利用信息技术； 3. 教师更加有效地使用信息技术； 4. 学校有能力利用信息技术进一步发展自身； 5. 学校在信息技术教育方面要更加主动积极地研究； 6. 要建立信息技术专门部门，更好地推广信息技术在教育中的传播和使用	将信息技术在教育中的应用推进到一个新的高度
MP3	1. 学生要具备自主学习和协作学习的能力； 2. 教师要辅助学生的自主学习和协作学习，并构建师生学习伙伴关系； 3. 学校领导要为师生创造条件，并引导信息技术在教学中的深入应用； 4. 信息技术基础设施能支持实现随时随地、无处不在的学习	将信息技术深入教学的核心，培养学生的自主学习和协作学习能力

新加坡政府于2006年6月宣布iN2015计划，由新加坡资讯通信发展管理局(Infocomm Development Authority of Singapore，IDA)主导，计划在

2006—2015 年这十年间，利用信息技术，投资上百亿新加坡元构建一个活跃的、与时代并进的信息通信生态系统，将新加坡打造成一个以信息通信产业为支撑，信息技术无处不在的智慧国家和全球化城市，提升国家的经济竞争力和创新能力。

智慧教育是 iN2015 计划的重要组成部分，目的是使公民更好地适应未来的信息社会，能够运用信息技术手段随时随地进行个性化学习与终身学习，保持个人乃至整个国家的竞争力。IDA 和新加坡教育部联手实施智慧教育计划的战略重点包括[1]：①使用信息技术改变教学方式、开发全新的学习资源、采用新的评价方式，建立以学习者为中心的个性化学习空间；②建设国家范围的教育基础设施，使所有学校都可以便捷与低成本地接入高速宽带网络，同时使学习者可以方便地获取需要的数字资源；③使新加坡成为全球教育领域使用信息技术的创新中心。

智慧教育计划的主体是 EdVantage 项目(图 1-1)，目标是提供一个延伸至课堂以外的以学习者为中心的交互式学习环境，项目共分三部分：①iACCESS，为学习者的学习提供随时随地的信息接入以满足随时随地发生的学习。到 2012 年，新加坡全岛已经部署了 7500 多个无线热点，相当于每平方公里有 10 个无线热点，有超过 210 万名用户使用无线服务。同时，IDA 还计划将全国免费无线网络使用延长至 2017 年，并将上网速度提升到 2Mbit/s 以上[10]。②iLEARN，为学习者自主学习提供交互式数字学习资源，如交互式电子教科书、数字学习游戏等。③iEXPERIENCE，为学习者提供交互式智能学习应用以满足不同学习方式的需求。

在 iACCESS、iLEARN、iEXPERIENCE 的全力推动下，新加坡教育部计划从所有学校中选择 15%～20%作为实验学校，实验信息技术在教学中的创新应用，如协作式学习工具的使用、移动学习设备的使用等。另有 5%则作为“未来学校”试点，这些“未来学校”将成为走在信息技术应用最前端、在教育和学习领域全面整合信息技术的示范学校。“未来学校”必须经过新加坡教育部的严格挑选，需要具备“关于信息技术怎样结合教育有明确的指针和见解”、“校方提出的信息技术教育方案效果有实现可能性”、“教师教学法的评价和使用信息技术的能力较高”等特征[11]，目前已有 8 所中小学被挑选成为“未来学校”样板。“未来学校”的建设方向主要体现在以下方面[12]：创新课程体系和教学方法；培养学生的自主学习能力；开发 3D 仿真学习环境；开发试验人工智能聊天机器人，通过启发式提问支持学习；开发工具提供虚拟环境以加深并展现学生对概念的理解与学习；开发支架式算法探究性学习系统，对学生学习进度和内容掌握程度进行评估等。新加坡教育部不仅希望这些未来学校能够提升教学内容的丰富性，以满足学习者的需求，还希望能提供各种可能的模式，以实现信息通信技术与教育教学实践的无缝整合。

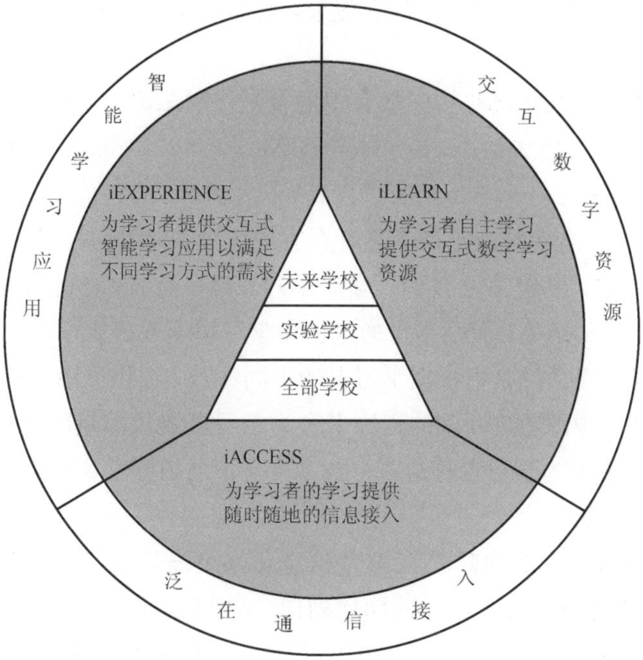

图 1-1　EdVantage 项目示意图

综上所述，新加坡智慧教育战略的制定与推进有如下几个方面的亮点：①以教育信息化“三期规划”为契机，释放技术促进教学的潜能。新加坡是世界上最早编制教育信息化总体规划的国家之一，超前的、全局性、战略性的教育信息化顶层设计结构是智慧教育发展的必备要素。②政府职能部门的强力推动是智慧教育得以可持续发展的有力保证。③新加坡智慧教育呈现“泛”特性。由于新加坡国土面积较小，无论其智慧国家还是智慧教育的建立，都呈现出“泛”特性，致力于打破部门界线、整合全国资源，服务全民。④智慧教育是智慧国家和智慧城市的重要组成部分，已经上升到国家战略。

1.5.2 韩国智慧教育发展

韩国教育科学技术部(MEST)于2011年6月向韩国总统府提交了《通往人才大国之路：推进智慧教育战略》提案，并于同年10月发布了《推进智慧教育战略》(Strategy for Promoting SMART Education)，目的是进行智慧教育变革，改造课堂，提高技术支持的学习效果，培养适应未来信息社会的创新型国际人才。

韩国教育科学技术部将智慧教育中的智慧(SMART)一词，分解成五个单词的首字母缩写，分别是"Self-directed，Motivated，Adaptive，Resource-enriched，Technology-embedded"即"自我导向、激励、自适应、丰富的资源、技术的无所不在"。自我导向是指学习者在有或无他人的协助下进行学习，诊断自己的学习需求、决定学习目标、确立学习资源、选择和执行适当的学习策略，并评估学习的结果；激励是指通过创设学习情境或提供学习体验，激发学习者学习兴趣；自适应是指根据学习者的不同特点，提供灵活、个性化的教学系统；丰富的资源即通过开放的资源平台为学习者提供海量的优质学习资源；技术的无所不在即为学习者打造一个技术支持下的智慧学习环境，使其可以做到随时随地的学习。

韩国智慧教育发展战略是在教育信息化高度发展的基础上推进实施的。经过教育信息化综合发展一至三期规划($1^{st}-3^{rd}$ Comprehensive Development Plan for ICT in Education 1996—2010)与教育、科学和技术信息化总体规划(Master Plan for ICT in Education，Science and Technology 2010—2014)等政策的实施，韩国的教育信息化基础设施已经普及，教育信息化的相关法律和标准较为完善，教师信息化能力达到较高水准，电子教材等数字教学资源与远程教学服务快速发展，数字学习与研究环境已经初步建成。2009年经济合作与发展组织(OECD)的国际学生评估项目(Programme for Internetional Student Assessment，PISA)测试中，韩国学生在数字阅读素养评价中位居首位[13]，说明韩国学生在应用数字技术支持学习方面保持国际领先地位。45%的韩国人有过远程学习的经验[14]；此外，三星、LG、SK Telecom等国际信息产业巨头也致力于推动教育信息化产业的发展，为韩国智慧教育战略的落实提供了强有力的技术支撑。

韩国的《推进智慧教育战略》包含七项主要任务[15]：①数字教科书的开发和应用；②推广在线学习，构建在线评价系统；③推进教学资源的公共利用，规范信息通信伦理教育以避免信息技术带来的社会问题；④强化教师的智慧教学能力；⑤推行以云计算为基础的教育服务；⑥升级智慧教育推动体系；⑦大力宣传，扩大韩国智慧教育政策在国内乃至国际的影响力。为了落实智慧教育推进战略的七项任务，韩国政府采取了如下策略：①对相关政策法规进行修改和制定，以应对教学模式变革带来的变化，例如，制定隐私保护法，修改远程教育产业发展法，修改私人学校与课外补习班建立与运作规定，修正版权法与版权保护制度等；②建立并推广涵盖教学环境、教学资源、教学方法、教师和学习者等各教学要素，并可以产生良性循环的智慧教育生态系统；③尽力降低智慧教育环境中的数字鸿沟和其他由信息技术应用引发的负面影响；④将飞速更新换代的技术引入课堂时，尽量选择相对经济的方案。

韩国政府期望以数字教科书为"支点"来撬动整个教育体系，因此在上述七大任务中将数字教科书的普及推广作为重中之重，是整个智慧教育战略体系的核心。韩国教育科学技术部定义的数字教科书是指"能够在学校和家里不受时间和空间的限制使用，可利用视频和动画等多媒体手段将参考书、习题集和专业词典等合并到现有教科书中，拥有多种多样的互动性，可供学习者根据自己的特性和能力等学习的教材"[16]。2007 年，韩国发布了《数字化教材普及化方案》，并提出于 2013 年实现普及数字化教材的目标。针对数字教材存在设计过于复杂、不便操作，配套的教学设计不足，相关法律和制度建设跟进迟缓等问题[17]，韩国计划推出操作更为便捷、可在不同智能电子终端产品上使用的数字化教材，进一步加快相关法律与制度的建设，同时建立数字化教材价格认定、流通与管理等具体方案。

综上所述，韩国智慧教育战略的制定与推进有如下几个方面的亮点：①关注智慧教育相关法律法规的制定，通过立法为智慧教育的发展保驾护航；②韩国对信息技术给教育带来的负面影响尤为重视，并努力消除这些负面影响对智慧教育推进造成的阻碍；③突出公众宣传，获得国民对智慧教育变革的理解和支持，汇聚各方力量共同建设与发展智慧教育，努力提升其在国际上的影响力；④打造智慧教育产业链，努力抢占国际智慧教育市场。

1.5.3 美国智慧教育发展

美国以科技立国著称，历来重视技术在教育领域的应用，在以智慧教育为特征的技术变革教育的浪潮中同样走在世界前列。早在20世纪60年代，就开始利用计算机辅助教学。20世纪80年代中期之后，随着微型计算机的进一步普及，更多的计算机进入美国校园。1996年克林顿总统提出了雄心勃勃的教育信息技术发展规划，以此为里程碑，美国教育信息化进入了全面发展时期。目前美国共发布了四个教育信息化规划。

1996年发布了第一个国家教育技术规划《帮助美国学生为21世纪做好准备：迎接技术素养的挑战》(Getting America's Students Ready for the 21st Century：Meeting the Technology Literacy Challenge)。规划指出，“要在2000年以前把每间教室和图书馆(包括所有中小学的教室和农村的图书馆)都联到因特网上”，要“让每一个青少年八岁能阅读、十二岁能上网、十八岁上大学，让每一位成年美国人都能进行终身学习”。

2000年美国发布了第二个国家教育技术规划：《数字化学习：为所有学生提供触手可及的世界课堂》(e-Learning：Putting a World-Class Education at the Fingertips of All Children)，提出了未来几年的发展目标和相应的保障措施，又进一步提出了美国基础教育信息化发展的新目标：①所有的教师、学生都能够在课堂、学校、社会和家里接触信息技术；②所有的教师都应当能够有效地运用技术帮助学生达到学业高标准；③所有的学生都必须具备技术和信息素养方面的技能；④研究和评估应促进下一代的技术在教学和学习中的应用；⑤以数字化内容和应用来改造教学和学习。2001年1月，发布了题为《不让一个孩子掉队》的教育改革计划，明确提出各学校应将技术作为工具以提高学业水平，而且课堂中最新技术应用的目的不应仅局限于其本身，进一步明确了新战略的发展方向。

2004年美国制定了第三个国家教育技术规划：《迎来美国教育的黄金时代：因特网、法律和学生如何变革教育期望》(Toward A New Golden Age In American Education：How the Internet，the Law and Today's Students Are Revolutionizing Expectations)。这个计划是布什政府的NCLB法案的一个延伸，2010年发布了第四个国家教育技术规划：《改变美国教育：技术增强的学习——美国国家教育技术计划2010》[18] (Transforming American Education：

Learning Powered by Technology-National Education Technology Plan 2010，NETP2010)作为美国未来五年教育发展的规划战略，倡导进行信息技术支持的教育系统的全方位、整体性的变革。该战略中并没有明确提出智慧教育的概念，但其核心理念与智慧教育理念不谋而合。该计划的核心是提出“21世纪的学习模型”，包括学习、评价、教学、设施和绩效五大要素：①学习方面。NETP2010要求教育工作者聚焦在“如何教”和“教什么”上，以适应学习者个性化的学习需求、学习方法、学习地点和学习时间。要求把学习者放在社会生活或尽量贴近真实的情境中，利用技术为其提供各种方法掌握自己的学习，使个性化学习成为一种普遍、广泛的学习方式，增加学生的学习动力，提升其学习能力和知识水准，获得更高的学业成就。②评价方面。NETP2010希望采取更新、更好的方式来衡量、判断学习者的真实能力水平与发展趋势。关于21世纪的新型评价，奥巴马在2009年关于教育改革的谈话中呼吁“我们国家各州主管教育的领导和国家教育部门制定评价标准，这种评价不要只是简单地衡量学生是否在测试中可以像一个气球一样被填充，而是衡量他们是否拥有21世纪的技能，如解决问题能力、批判性思维和创业创新精神[19]。”③教学方面。NETP2010要求通过促进教学模式的转变，运用技术来帮助教师提升能力。新的教学模式中各教学要素应该是相互联系的，教师与教学数据、教学工具相联系以使用相关数据进行评价；与内容、资源和系统相联系以创设、管理为学生提供的学习体验；与学生相联系以直接支持学生学习，无论其位于何处。这种联系给予教师接触资源和专业知识的渠道，以改进他们的教学实践，并且在学生进行自我导向学习时，使教师变成其学习的促进者与协作者。在这种教学模式下，教学成为团队行为。④设施方面。NETP2010认为基础设施配置应着力于构建可持续发展的学习模式，除了包含不断改进的服务器、软件、管理系统和管理工具，还应涵盖人、过程、学习资源和政策。这种基础设施建设是一项长远的工程，应确保教师和学习者在校内外均可以便捷地接入网络，并且有合适的软件和资源，用于教师和学习者的研究交流、创建内容和协同作业。基础设施建设应支持开放教育资源的开发与利用，加速开发基于技术的交互式学习工具和课程。为教师和学习者提供在线学习社区和学习平台，促进校内外学习的无缝连接，使新的学习模式成为可能[20]。美国教育信息化发展规划的战略目标及其侧重点，如表1-2所示。

表 1-2　美国教育信息化发展规划的战略目标及其侧重点

阶　段	战略目标	侧重点
NETP 1996	美国每个教室必须拥有能接入因特网的计算机、优质的学习软件和接受过良好培训的教师	信息技术基础设施建设
NETP 2000	1. 所有学生和教师都能在教师、学校、家里和社区中使用信息技术； 2. 所有教师都能有效地运用技术来促进学生的高水平学习； 3. 所有学生都具备信息技术素养技能； 4. 通过研究和评估促进技术在教学中的应用； 5. 利用数字化的学习内容和网络应用程序改变教学	信息技术在教学和学习中的应用与师生的信息素养
NETP 2004	1. 加强领导； 2. 考虑革新预算； 3. 改进教师培训； 4. 支持 e-Learning 和虚拟学校； 5. 鼓励使用宽带网； 6. 向数字化内容迈进； 7. 整合数据系统	以高效、节省的方式合理利用教育预算协同发展基础设施、数字化学习资源、教师资源的建设
NETP 2010	1. 所有的学习者都能获得参与式的学习体验，并成为全球化网络社会中积极进取、锐意创新、有知识有道德的参与者； 2. 充分利用信息技术测量教育中的重要元素，并能根据教育评价的数据对教育教学进行改进； 3. 通过信息技术为教师提供支持，帮助教师获取数据、教学内容、教学资源、专业知识和学习机会，从而激励为所有学习者提供更有效的教学； 4. 所有教师和学生都能随时随地使用综合性的学习基础设施； 5. 在更有效地利用时间、金钱和人员的同时，重新设计各级教育系统的结构，以充分利用技术来改善学习结果	利用信息技术构建技术支持下的 21 世纪学习模型，促进整个教育系统根本性变革，全面提升技术与教育融合的水平

综上所述，美国智慧教育战略的制定与推进有如下几个方面的亮点：①教育战略的制定要充分体现长期性、可持续性和总体性。②完善网络环境等是智慧教育可持续发展的保证。③在智慧教育政策制定方面，强调对教育评估的重要性。在技术变革教育向智慧教育转变的进程中，由于执行力度的区别，必然会出现区域、学校发展不平衡的状况。为有效解决这种不平衡，美国政府对教育评价、教育测量、教师专业发展和教育变革实践等四项教育改革的关键领域上对各州进行量化评估，尽管评估方式与手段的客观性存在一定争议，但是评估结果可以清楚地反映出美国各州智慧教育的发展存在极大的差距[21]。④对教育数据的深度融合和应用是未来智慧教育的“引爆点”。美国政府在NETP2010 中，明确了教育信息资源的重要性，教育信息资源将成为未来美国智慧教育的新引擎。

专栏 1-1 美国《新媒体联盟地平线报告:2013 基础教育版》

(The NMC Horizon Report:2013 K-12 Edition,以下简称 2013 地平线报告)。

报告汇集 18 个国家 55 名技术专家的智慧，共同探讨新兴信息技术对基础教育阶段教学、学习与创造性探究的潜在影响和实践应用。

2013 地平线报告显示，未来 5 年将有 6 项技术进入基础教育阶段各级学校的教学、学习和创造性探究的主流应用，大致需要 3 个阶段，分别为近期、中期和远期。其中，近期发展是指 12 个月内进入学校的主流应用;中期发展在 2～3 年内;远期发展则在 4～5 年内。上述进程主要呈现以下特点。

在近期发展阶段，云计算和移动学习这两种既有联系又各具特色的技术将进入主流应用。学生越来越期望可以借助云端服务和移动设备，随时随地进行学习。

云计算将会改变互联网用户对计算和通信、数据存储和获取，以及合作学习的认知方式。如今，许多学生都能够获取基于云的应用程序和服务，还有更多学校正在采用云端工具辅助教学。目前一些学校正在把他们的重要基础业务，例如，电子邮件和备份，外包给云供应商。像谷歌名为“Chromebooks”的新兴设备等将操控功能明确定位于云端，并且以合理的价格进入市场，使之成为“一对一”学习的可行选择。这些进展十分有助于全球基础教育学校采纳云计算方法。

移动学习正在成为基础教育必不可少的一部分。学生群体越来越普遍地持有和使用便携电子设备。平板电脑或智能手机由于屏幕可触且易于使用，即使幼儿也能轻松地用来互动交流。移动设备依托互联网，使得不受时空限制的开放性学习、合作和高效工作成为可能。最近几年，学校采取了“一对一”和“自带设备”(BYOD)的管理策略，以充分利用学生家庭拥有的移动设备。许多教育公司和网站开始为移动设备制作相应的学习程序、平台和课程。此外，学校也在通过课堂教学和课外项目教授学生开发与编写移动应用程序。

在中期发展阶段，学习分析和开放内容将引起基础教育领域日益浓厚的兴趣，预期将会在 20%以上的教育机构得到应用。

学习分析是从教育的大数据或者与学生相关的海量数据中分析学习行为发展趋势和模式，并以此促进个性化学习的基础教育支持系统。应用学生数据的初始阶段特别需要关注那些面临辍学危险的学生，以便提高学生的巩固率。如果在学习和课程管理系统广泛应用学习分析的结果，则将能够更加准确地开展学生需求分析。许多学校已经开始应用学习分析软件来提高对学生指导的有效性和针对性，而许多研究者也正在开发移动软件工具，以培养学生高效的学习行为和习惯，帮助他们获得学业成功。

开放内容运动起源于10年前。当时麻省理工学院等众多大学发起了开放课件运动。多年后，许多学校都加入分享课程、资源和学习材料的行列。如今基础教育阶段的学校和机构也开始开放越来越多的课程内容。开放内容运动并不仅仅是免费提供在线课程材料，还是回应不断上涨的教育成本，满足教育资源短缺地区学习需求的重要举措，同时还为学生灵活选择学习时间和学习方式创设了机会。

在远期发展阶段，3D打印与虚拟和远程实验室将获得广泛的应用。尽管近几年这些技术还不在主流应用之列，而且缺乏记录在案的项目实例，但是很显然，它们的影响将会日益深远。学校通过使用3D打印机来呈现设计过程、快速成型，并且通过创建模型来揭示课程内容涉及的原理。同时，虚拟和远程实验室利用无线网络、移动设备和云端软件，让那些缺少完备实验室的学校有机会进行科学实验。在虚拟和远程环境下，可以高效率、高精度地进行无数次实验。由于虚拟和远程实验室允许全天候(每天24小时，每周7天)的访问并有更大的试错性学习空间，学生可以花更多的时间进行科学测量，并在实验室中进行实践。许多学校利用这些虚拟界面和模拟仿真给学生提供真实的科学体验，而且可以节省基础设施建设和维护物理实验室的经费。

地平线报告咨询委员会也对未来5年影响基础教育技术决策的关键要素进行了排序。

· 教育范式正在向包括在线学习、混合学习和协作学习的模式转型。如今学生都在互联网上花费大量时间与他们的同学、朋友开展学习和信息交流。网络学习环境具有许多传统课堂所不及的优势，例如，当学生具备更强的数字化学习技能时，就会有获得更广泛参与协作学习的机会。这就要求学校尝试采用面授和网络混合的学习模式，为此需要加强学习者在知识学习之外形成的网络交流技能。

· 社交媒体正在日益改变人们沟通、发表观点和信息、人际交往的方式。教育者、学生乃至大众通常使用社交媒体来分享最新事件、观点和感兴趣的信息与资料。同时，科学家和研究者也在使用社交媒体向社会发布他们最新的成果。这都说明社交媒体已经成为有效吸引人们关切的信息资源平台。这些变化会带给学校教学哪些影响尚待评判，但是社交媒体在整个教育界的普遍应用已经是不争的事实。例如，在西方，教师与学生沟通时经常使用脸谱(facebook)等信息平台，而国内畅行的人人网、新浪微博和QQ群都已经成为时下不同师生群体交流分享信息、沟通情感不可或缺的工具。

· 开放内容、开放数据、开放资源等概念，以及数据和信息的透明度与易获取的理念正在成为一种新的价值观。“开放”这一术语经常在各种不同的教育情境中使用，却常被错误地认同于“免费”。开放教育的倡导者正在努力形成一个共同的愿景，即“开放”并不仅仅局限于经济上“免费”，还具有可自由复制、重组和无障碍获取、分享和应用教育资源等方面的特点。

· 随着技术成本的降低和基层学区采取更为开放的就学政策，如今学生携带自己的移动设备上学的现象日益普遍。越来越多的学校顺势而为，开展“自带设备”项目，鼓励学生在课堂上使用自己的设备。这样既可以缓解学校的财政预算困难，减少学校在信息技术上的投资，节省下来的费用又可以用来为那些家境困难的学生购买设备。越来越多的学校认识到，教师对智能手机和其他设备的教学功能有了更为积极的认识，因而对于教师尝试信息技术改进教学采取支持鼓励态度。

· 学生通过互联网获得海量信息资源和广泛的人际交流机会这一发展趋势，促使我们重新思考教育者自身的角色。在这样的世界，获取有价值信息并从中选取有意义信息的能力至关重要。因此，指导和培养学生在信息化背景下的社会生存和工作能力就成为学校的第一要务。基础教育一直被视为获得学历认证的关键途径，但是来自网络提供的信息资源将迫使学校重新定义获得学历资格的路径。

任何有关技术应用的探讨都必须考虑所面临的主要障碍与挑战，这些因素包括以下几个方面。

· 持续的教师专业发展需要成为学校发展规划的组成部分并融入学校文化。把新兴技术和新媒体融入课堂和课程，会给教师带来很大压力。当学校要求使用某一特定技术时，通常容易忽视对教师有效应用技术能力的培养。这会直接导致新的技术应用难以取得教学实效，或者在某种程度上仅成为采用新技术重复一成不变的教学方式方法，而不是去借助技术创新来更加有效地吸引学生深度参与教学过程。

· 教育自身的实践通常限制了新技术的广泛应用。许多人抵制变革只是出于安于现状的惯性。很多情况下，对新技术进行创新实验或试点，通常被视为教师或者学校领导角色之外的事情。要改变这种状况，学校就需要在观念和教学政策方面都做出改变。

· 新的教育模式正给传统学校模式带来前所未有的挑战。多数情况下，基础教育机构是远程教育领域的新兵，但是来自专业化的特许学校和营利性教育机构的竞争，都能够积极回应当今学生(尤其是面临辍学困境的学生)的需求。

· 基础教育必须面对日益增强的正式与非正式学习的融合。传统的“授课＋考试”的教学模式仍然在学校教学中占据主导地位。学生要获得有真实体验的全面教育，就必须有机会参与更多的非正式课堂活动和课外实践。目前，大多数学校并不鼓励学生参与这类学习，也不愿意学生在学习中开展实验和进行太多的冒险。但是，我们或许可以借鉴新的教学模式，如“翻转课堂”，学生可以在校外学习新概念和新资料，利用课堂时间开展专题讨论，达到深化理解或与同学协作开展问题解决或实验探索等形式的学习。但是这种方式并不是万能的，教师应当善于设计高效的混合学习模式，这才是保障高质量教学的关键。

· 当今社会越来越需要教育回应每个学生的独特需求。这一特点也将成为新技术发展的驱动力，即为学习者提供更多的选择和自主权，并为实现差异化教学创设条件。但是，目前在教学愿景和实际教学方式之间仍存在很大差距。事实表明，坚持单一不变的教学模式既不能有效吸引多元化学生群体参与学习过程，也难以保证教学效果。这一点在基础教育工作者中已经形成普遍共识。

· 在国际范围内，目前还没有找到应用信息媒体开展教学评价的方法。在过去几年，应用信息技术开展形成性评价的呼声越来越高。有些学校尝试应用简单的数字化媒体工具(如网络摄像机)，开展不间断的学习行为观察，为教师提供及时可行的反馈。然而，学校在具体实践方面还缺乏成功的实践案例。

由此可见，应用新的信息技术优化教学的成效，在很大程度上仍然取决于不同学科教师信息素养和教学实践。

资料来源：http://www.edu.cn/focus_1658/20130906/t20130906_1013059_1.shtml.

1.5.4 欧洲智慧教育发展

由于欧洲各国教育发展水平存在较大差异，欧盟教育政策一直侧重于促进欧洲教育一体化、提高接受高等教育的人口比例、推进职业教育与普及终身教育，例如，苏格拉底计划、达芬奇计划和伊拉斯谟计划等教育战略的实施，而对教育智慧化的关注还未真正提升到战略高度。以欧盟 2009 年 5 月发布的《欧洲教育和培训合作 2020 战略框架》[22](Strategic Framework for European Cooperation in Education and Training，ET2020)为例，作为欧盟指导欧洲未来十年教育发展的政策文件，ET2020 框架提出了欧盟教育发展的五大关键指标：青少年辍学率、接受高等教育人口比例、接受学前教育人口比例、青少年阅读、数学与科学能力和参与终身学习的成年人比例，2011 年欧盟又为该框架新增学生就业能力与学习流动性两项指标。对于信息时代技术带来的智慧教育变革，该战略聚焦不多，缺乏宏观层面的引导与推动，这也与全球金融危机和欧洲国家主权债务危机的大背景有关。根据 2010 年的统计，欧盟 15～24 岁青年失业率已达创纪录的 20.8%[23]，因此在教育政策的制定上，会更加注重提升学生就业能力与流动性。

当时在金融危机的影响下，欧盟各国控制财政支出，约一半的欧盟国家削减了教育经费，对信息时代的教育变革产生了一定的负面影响。以英国为例，

2010 年新政府上台后便宣布全面的财政紧缩政策，2010—2011 年度实施财政支出削减 62 亿英镑的计划。为此，教育部门削减 6.7 亿英镑经费，而作为英国基础教育信息化领导机构之一的英国教育传播与技术署(British Education Communication and Technology Agency，BECTA)就成为经费削减的牺牲品之一，遭到被关闭的命运，并且在此之前的两年内 BECTA 的年度经费预算就已经由原先的 1.12 亿英镑降低了 50%[24]。BECTA 的工作职能被分流给其他政府教育部门、公益性机构或外包给相关教育企业，尽管英国学校在信息技术的应用上可能获得更大的自由度，但是教育改革的延续性与执行度仍然会不可避免地受到影响。

但这并非意味着欧盟就此停下了教育信息化的脚步。在欧盟投资最多，也是世界上最大的官方科技计划之一的欧盟第七框架计划(Seventh Framework Programme，FP7)中，首次将信息技术在教育领域中的应用提升到研究主题的高度[25]。这些项目分为两类：一类以推动文化传承为主；另一类以提升学习者学习能力为主，目标在于推动信息技术在学习和文化资源获取过程中的带动作用，满足信息和知识的个性化需求，并最终提升欧盟教育的智慧化水平。信息技术提升学习能力计划项目主要包括以下研究内容[26]。

1. 学习系统的研究

研究信息技术学习能力提升系统，可为学习者提供学习指导，承担学习导师的部分职责。该系统能够了解学习者的学习难点和对知识的掌握程度，并通过用户和系统间良好的互动提供较好的学习指导。同时，该系统还能通过了解学习者的学习行为，制定个性化的学习策略，切实提升学习者的认知学习能力。建立具有良好交互功能的自适应学习系统，为学习者的学习过程配置适当的环境，智能跟踪学习进度，自主判断学习要求；最大限度地发挥学习者的独立学习能力和认知能力，并为学习者和教师提供合理的建议。研究具有情感预知和情感表达能力的新型系统，系统中包括学习成果评估、对学习者和教师的学习反馈和指导等功能。研究互动式学习和合作式学习的学习系统，激励、启发和引导学习者开展学习活动。研究满足特殊学习需求和学习内容的个性化学习系统等。

2. 学习工具的研究

研究教育技术在科学、技术和数学学习中的运用。利用信息技术作为学科工具，一方面，通过各种学习工具增强学生对具体学科知识的感性认识，帮助学生构建对科学、技术和数学的理性认知，启发学生对学习的好奇心，提升其知识掌握应用的能力与创造能力；另一方面，通过在欧盟境内建造的远程实验室、虚拟实验室，实现远程的学习和教学。研究具体教学情境的交互技术，增强网络实验室对复杂创作和可用性实验的支持。研究对教学具有革命性影响的学习工具和娱乐工具，提升此类学习工具的认知辅导能力，促进学习者对知识的认知和加工能力。研究计算工具对学习者创造力的培养，通过在学习过程中使用相关的计算工具，培养学习者的创造力，特别是鼓励运用创造性思维解决问题，在使用计算工具的过程中探索和创造新的知识、想法和理念，促进学习者在学习过程中对已有知识形成新的联想。

3. 整体解决方案的研究

通过快速灵活的信息化解决方案，为广大的学校或组织提供先进的信息化学习环境解决方案，为个人提供快速灵活的学习环境。这对于满足中小企业员工的学习和培训尤为重要，具有良好的市场发展前景。研究更加便捷、稳定的实时专家系统，并且具有较高的投入产出比，从而帮助用户仅需要通过较低成本的投入就可以保持较高的教育教学质量。同时这个项目还支持研究面向企业的新型培训模式，研究在联盟框架下采用较为先进和成熟的信息技术突破实体组织、网络组织和个人之间在学习过程中的阻隔。

综上所述，欧盟智慧教育战略的制定与推进有如下几个方面的亮点：①欧盟智慧教育战略关注对文化的传承，立意更高；②注重信息技术基础设施体系的建设，以及信息技术与教学、服务过程的整合；③注重教育主体的协同互动形成合力，强调将转向强化技术在提高服务供应方（如学校、教师）与接受方（如家长、学生）之间协同互动方面的职责，构建技术自信体系（包括服务供应方和接受方有效并负责地使用技术的能力）这两个较为广泛的领域。

除了欧盟对智慧教育的整体推进，欧洲多个国家也有各自发展智慧教育的计划。以英国为例，在基础教育方面，英国教育传播与技术署（BECTA）在2008年提出了“下一代学习运动”（Next Generation Learning Campaign）战略，旨在促进新一代学习者利用技术转变学习方式，提高学习效率，为个人潜能的发挥创建一个更加个性化的环境，让学习者和家庭及其整个社会都能从技术中受益。在《利用技术：下一代学习（2008—2014）》系统策略中，英国政府希望通过共同合作的方式，建立完全自信的使用技术的教育和技能系统，让所有的学习参与者（包括那些有学习障碍或特殊需求的学习者）通过技术都具有良好的自我改善能力，随时随地利用学习资源进行学习，培养学生深层次学习能力和高阶思维能力，为学生的个性化学习需求提供技术服务和支持[27]。

为了达到这些目标，英国政府采取的主要措施为：提供一个重要的信息传输渠道；开发“我的向导”解决方案，让教育服务与政府在线服务帮助包括残障人士在内的更广泛的用户群体；建立并执行共同的个人档案访问方式，支持儿童和学习者的学习转变与发展，鼓励学校、教育机构为学习者提供个人在线学习空间；促进各部门机构共有评估方法的形成，支持个性化学习发展；为学习者和儿童的特殊需要提供全面的技术支持；教育工作者能够通过共有的数字化网络学习资源链接去分享、利用和创作资源；为教育和儿童工作者提供专业培训，以支持他们在工作中有效使用信息技术；鼓励机构学校间通过信息技术进行协作与配合；集合各个部门利用信息技术引导机构转变的经验，为领导者制定一套发展计划；为学习、教学、评估、研究，以及教育部门行政职能建立一个综合网络；公布一套教育与儿童信息技术基础设施和服务最佳方案；促进数字化基础设施协作性、可及性、安全性和服务品质共有规范与标准的发展等[28]。

由上述措施内容可以看出，策略前期注重的是信息技术基础设施体系的建设和信息技术与教学、服务过程的整合。而策略后期的行动措施则将重点转向强化技术在提高服务供应方(如学校、教师)与接受方(如家长、学生)之间协同互动方面的职责，致力于建立完全自信的使用技术的教育和技能系统。

1.6 国内智慧教育发展现状

我国从20世纪90年代以来陆续出台了一系列促进教育信息化发展的政策，为发展智慧教育打下了良好的基础。从2009年开始，我国部分省市先后启动“智慧城市”建设，部分城市将智慧教育作为“智慧城市”建设的重要组成部分。部分城市在智慧教育发展方面做了积极探索，值得借鉴。

1.6.1 北京智慧教育发展

2012年，北京市在已有“数字北京”的基础上，结合智慧城市建设的需求发布《智慧北京行动纲要》，以全局的视角明确了产业发展和应用建设的总体方向，明确智慧城市建设重点领域的发展目标、行动计划和关键举措，提出“4＋

4”行动计划。具体包括四项智慧应用行动计划：城市智能运行行动计划、市民数字生活行动计划、企业网络运营行动计划、政府整合服务行动计划。四项智慧支撑行动计划：信息基础设施提升行动计划、智慧共用平台建设行动计划、应用与产业对接行动计划、发展环境创新行动计划。智慧教育作为“智慧北京”的重要组成部分，可以借助“智慧北京”搭建好的智慧平台全面发力。从智慧教育发展现状来看，目前北京尚未发布专门针对全市智慧教育建设的相关政策文件，但从教育实践来看，早在2012年北京市教育改革就已经出现了“智慧”元素，海淀区、朝阳区等提前发力，逐渐在全市范围内形成了区县先行、多点开花、以点带面的智慧教育发展态势。

根据《北京市中小学建设三年行动计划(2012—2014年)》，2012年北京市教委启动了“北京数字学校”建设，重点完成以下几项内容建设：一是开发了义务教育阶段21个学科11254节数字化名师授课资源，精心建设名师同步课程，在网络和电视双平台播出。并在全市遴选47所农村中小学试点校，以名师同步课程资源为依托，开展同步课程“点对点”应用模式研究。二是进一步完善“北京数字学校”职能，构建优质资源共享长效机制，为学生和家长提供系列公共教育服务。具体包括：①名师课程点播和直播服务，覆盖基础教育全学段；②网络自主学习英语，朗读、听力、口语训练辅导和评价服务；③引进兄弟省市优秀教育资源，帮助来京务工人员子女尽快适应北京的学习生活；④为在外地或境外生活的京籍适龄儿童提供学习服务；⑤整合和完善虚拟课堂、网上家长学校、网上学校联盟等服务；⑥提供统一身份认证服务，学生可访问名师同步课程资源，可以与其他同学、老师交流、讨论和共享资源。三是打造“两个平台”惠及全市人民。市教委和北京广播电视台签署战略合作协议，在有线电视上开辟“公共教育”栏目，将“名师请到家中”。“北京数字学校”综合服务平台(www. bdschool. cn)，除了可以提供课程直播和点播服务，借助Web2. 0模式，建立了以“用户参与和个性化应用”为核心的交互式网络虚拟学习社区。学生登录后可以进入到自己的个人空间学习交流，并对个人空间进行管理，初步完成了北京市网络学习空间人人通的基本功能。四是初步形成了北京高校特色教育资源体系，全市共有11所市属高校参与资源建设，建成348个涵盖服装、电影、舞蹈、印刷、体育、建筑等11个领域的主题资源包[29]。

此外，2012年起至今，北京市海淀、朝阳、大兴等多个城区纷纷“试水”

智慧教育，开始探索智慧教育在本辖区范围内的推广应用。2014 年 3 月，北京市海淀区发布《海淀区智慧教育中长期发展规划(2014—2020 年)》要求，海淀区智慧教育发展要“聚焦云计算技术、智能科技与教育的双向融合，推进教育云平台在海淀区的研发应用、成果转化，通过云技术与智能终端技术的深度应用，创建具有情境感知、无缝连接、全向交互、智能管控、按需推送、可视化等特征的学习时空环境，对教育与学习系统实施重大结构性的变革，实现智慧学习环境主动适应，教育信息无缝流通，教育业务智能协同，优质教育资源按需供给，学习机会人人平等，师生智慧健康成长，支持“有教无类、因材施教、终身学习、人人成才”的教育梦实现；要全面推进教育信息技术真正融合于教育系统的各个环节，通过信息技术分担大量烦琐的、机械的、简单重复的教学、学习和管理任务，满足教师、学生、管理者、家长及其社会公众的智慧教育需求，推进适应性的智慧教学、科学化的智慧管理、协作化的智慧教研和定制化的智慧服务四个方面的智慧应用；要“在教育资源均衡配置、优秀传统文化教育、减轻学生课业负担、增强学生创新精神与实践能力等十八届三中全会重点关注的教育改革领域中，充分运用信息技术的最新发展成果，推进破解教育改革与发展难题”；要“全面、均衡、可持续地提高教育整体质量，实现从数字教育到智慧教育的转型，打造代表全国乃至全球领先水平的智慧教育示范区，支撑海淀在‘十二五’期间在全市和全国率先实现教育现代化，率先建成学习型城区，创办国内领先、世界水平的海淀教育”。

北京市朝阳区加快数字校园建设步伐，全面升级教育模式。自 2007 年起朝阳区教委先后在 64 所中小学建设数字校园，在数据和质量上“领跑”北京 16 个区县。从 2012 年开始借助区域教育资源和数据中心强大的云技术支撑，在 23 所数字校园中推行“云服务”模式，大大降低了建设数字校园的成本。2013 年朝阳区利用有线电视网络平台进行名校同步课程资源建设，2014 年朝阳区计划再扩建 18 所“云服务”模式数字校园，建成 100 所数字校园。

北京市大兴区数字校园自 2011 年启动以来，首批 16 所数字校园实验学校在建设模式、评价体系、管理制度、政策保障和产品建设等各个方面都取得了突破性成果，并逐渐形成独具大兴特色的云数字校园区域统筹建设方法论，在基础架构上率先实现了“六个统一”，即统一的用户管理和身份认证系统、统一的应用管理系统、统一的消息管理系统、统一的存储管理系统、统一的个人门户系统和统一的数据互操作系统。

1.6.2 上海智慧教育发展

上海市在其发布的《上海市中长期教育改革和发展规划纲要(2010—2020年)》中明确要求,“要利用教育信息化为学生提供更加开放、便捷的学习环境,要主动适应信息化社会发展趋势,以教育信息化促进教育现代化,构建教育信息化公共服务平台,为每一个人提供个性化和无处不在的教育”。具体表现在以下几方面。

探索建立信息化教育新模式。运用现代信息技术改革教育教学内容和方法,推动课程教学与信息资源的有机整合,形成开放、互动、共享的教育模式,满足学生多元化和个性化的学习需求,提升学生信息素养和创新能力。引导学生利用现代信息技术,掌握获取知识的能力。探索使用电子书包,推动学生运用信息技术丰富课外学习和研究。加强对学生进行媒介素养教育,增强正确理解、合理运用大众传播媒体等信息网络的能力,提高学习创造和传播信息的知识和技巧。建设数字化教研服务平台,制定教师的信息化教学能力标准,开展中小学教师教育技术能力培训,引导教师充分运用信息技术创新教学方式,提高教师教育技术应用的能力。

加强教育信息化基础设施建设和信息系统建设。系统规划基于现代信息技术的教育信息化整体架构,以泛在技术为支撑,逐步建设涵盖学校、社会、家庭和职场的学习型城市基础设施。实施教育信息化公共服务平台建设工程。建设上海学习网,推进数字化学习资源库建设,鼓励政府和行业建设专业性公共教育资源库,完善教育信息系统的运行机制,更新和完善信息基础设施建设,提升其技术先进性和网络管理水平。

完善教育信息化服务体系。依托上海城市信息通信基础设施和网络,完善管理体制和机制,建设与城市信息化发展相同步,与人才成长规律相适应,与学习型社会多样化教育需求相匹配的教育信息化服务体系。建立和完善相关制度,利用现代网络技术,建设人人享有、人人利用、人人贡献的数字化优质教育资源,促进个性化学习和开放化、远程化、网络化教育,形成更为积极的、开放的学习文化,加速推进学习型社会建设。推进综合性政府教育政务信息系统和学校管理信息系统建设,推动教育管理和服务的信息化。

在“智慧上海”的建设框架下,智慧教育作为“智慧上海”建设的核心内容,发展目标更加明确。2011年发布的《上海市推进智慧城市建设2011—2013年行动计划》中明确指出，要加快推进上海数字教育工程建设，以上海教育资源库为依托，优化教育系统网络基础设施，完善和推广上海教育系统跨校认证与应用，构建覆盖不同教育类型的优质教育资源库，推进优质教育资源校际共享和向社会开放；采用“数字课程资源+移动学习终端+教育服务平台”的模式，开展数字化教学试点，促进课程、教学和学生学习方式改革，实现学生自主便捷、高效和个性化学习；以“上海学习网”为依托，为市民提供在线学习、终身学习档案建立等服务，探索建立各类成人教育课程学分和学习成果相互认定、转换的机制和学分银行系统。2013 年，上海市发布《上海推进大数据研究与发展三年行动计划(2013—2015 年)》，指出“在终身教育领域，将针对全民学习、终身教育的需求，建设教育大数据服务平台。”

具体经验做法：上海市不断创新和深化信息化技术在基础教育领域中的应用，逐渐形成电子学生证、智慧校园、数字化课堂、数字化课本课程、网络教研、数字实验室、教育评价平台、在线学习、数字出版等多种教育方法，探索出学生成长全程记录、学习过程全程捕捉、学生思维全程留痕等管理模式。

在学生成长全程记录方面，上海市大力推行电子学生证，主要应用于学生校内活动和校外实践的数据采集，并结合校园“一卡通”系统的建设，实现校园安全(门禁)、餐饮、图书馆、课程管理、体质监测、医疗等系统的有效整合，提升了学校管理的效率。同时，借助“学生在校信息上网系统”，为各类学生的数据采集提供了科学的数字信息平台，为在校学生建立全面的电子成长档案，实现学生校园自主成长全过程电子记录；在学习过程全程捕捉方面，基于电子成长档案，实现了基于 IPTV 的学生电子成长档案数字社会公共服务体系，为家长了解孩子在校活动、学校管理等提供了更及时的平台；在学习思维全程留痕方面，引入了 IMMEX 系统(多媒体互动益智测训平台)，对学生的思维过程进行全程记录和评价并形成可视化的图表报告，通过数学建模对思维效率和解题策略的成功率进行量化评估。

取得的效果：①教育云资源平台成效初显。上海市在闵行区进行试点，以电子书包和云录播应用为抓手，为闵行区教育局提供教育云资源平台。目前，电子书包已覆盖了闵行区 45 所学校。在闵行智慧校园的建设中，根据不同学校的需求，提供了个性化的解决方案，建立了具有校园特色的“易校园管理系统”。②数字校园建设效果明显。上海市蔷薇小学依托数字化学习方式，丰富师生“教”与“学”的经历，通过优化互动平台完善数字校园建设。③基于 IPTV 的教育信息化应用和服务增多。依托国内领先的IPTV智能平台，上海市提供了基于IPTV的教育信息化应用和服务。2013年，在闵行区实践了基于IPTV的学生成长档案，已覆盖闵行125所中小学，闵行区学生家长通过电视就可以查看孩子在校成绩和表现，还可以看到孩子当天在学校的午餐菜谱和相关饮食建议。

■ 专栏 1-2　上海市基础教育“地平线”报告

2013年，上海市探索并梳理出属于上海教育的“地平线”报告，对未来可能影响上海教育的新兴信息技术的即将面临的趋势挑战进行了分析说明，以期助推上海市教育发展转型。

1. 大数据在上海基础教育的应用案例

- **电子学生证。**2012年，上海市教委在全市范围内推进中小学学生学籍电子化管理工作，构建了覆盖全市的中小学生学籍信息管理系统。截止到2013年3月，闵行、静安两试点区已经完成电子学生证的发放，并将扩大到全市层面。闵行区的电子学生证主要应用于学生校内活动和校外实践的数据采集上。结合校园“一卡通”系统的建设，实现校园安全(门禁)、餐饮、图书馆、课程管理、体质监测、医疗等系统的有效整合，提升学校管理的效率。此外，闵行区率先在上海市开展了基于电子学生证的社会实践基地的刷卡应用试点工作，还将在全区主要科普、爱国主义、社会实践基地、图书馆、敬老院等公共场所布置电子学生证刷卡应用设备，使电子学生证成为连接校园和社会公共服务的纽带。而学生在校信息上网系统的正式上线，为各类学生的数据采集提供科学的数字信息平台。
- **社会性情绪课程。**自2009年起静安区试点实施“社会性与情绪能力养成”项目，探索直接运用信息化课程载体记录学生行为，实现大数据与课堂进程的结合，进行过程性的教学评估。当每个学生都有课程终端时，信息化工具便能“聆听”并“发现”每个学生的需求，提供个性化的跟进策略。例如，每个学生在每个环节所需要的学习时间多少，点击不同故事的顺序是怎样的，在不同任务中作出怎样的选择，在各种选择中是否犹豫，这些数据汇总在一起，作为实证提示老师：哪些环节需要调整，哪些素材更受学生欢迎，哪些地方学生内心想法与外在表现并不一致，哪些学生走了神。因此，大数据通过对学生在课堂中点滴微观行为的捕捉，帮助教师了解学生对知识的掌握程度和感兴趣程度，进而反思教学内容是否满足学生需求。
- **IMMEX思维评价。**在学生的日常学习过程中，教师往往只能看到他们的结果是对是错，用时是快是慢，但学生是不是真的“学会”却不得而知。2010年上海外国语大学附属大境中学引入基于计算机技术的多媒体互动益智测训平台(Interactive

Multimedia Exercises，IMMEX)，该系统可以对学生的思维过程进行记录和评价，通过数学建模对学生思维效率和解题策略的成功率进行量化评估，从而对学生思维全过程形成可视化报告而且能。

2. 云平台在上海基础教育的应用案例

服务于教育云平台的出现打破了传统的教育边界。教育云平台可以集教学、管理、学习、娱乐、分享、互动交流于一体，也可按需选取其中几个，让教育部门、学校、教师、学生、家长和其他教育工作者，这些不同身份的人群，可以在同一个平台上根据权限去完成不同的工作。未来理想状态的教育云平台，可以集中整合教育机构、培训机构、招生服务机构、宣传机构、行业协会、管理机构、行业媒体、法律机构等教育资源形成资源池，各种资源相互展示和互动，按需交流，达成意向，从而降低教育成本，提高效率。

- **“网上公益学堂”。**2005 年杨浦区启动了网上公益学堂，先后开辟出“名师辅导”、“名师讲坛”、“名师经典”三大特色专栏。“名师辅导”由特级教师、区教研员和骨干教师在网上主讲，辅导内容涉及升学知识技能辅导和心理辅导，全区初三和高三学生都可以通过远程教学平台进行共享。“名师讲坛”依托区内高校教育资源，每月邀请部分院士、教授、专家通过视频系统为中小学生开设科学类、文史类、艺术类等方面讲座，已经逐步形成“漫游星空”网络视频课程，学生可以通过开放的云平台自主地选择学习内容。“名师经典”将特级教师开设的示范课和讲座以课堂实录形式发布在网上，供教师、学生和家长观摩与学习，通过丰富区域优质教育资源提升教师专业水平。
- **“网上教研和导师带教平台”。**金山区以“金山教育即时通”为基础，整合桌面视频会议、邮件等多个系统，形成具有固定会议室、多人随开会议、共享文件柜、即时信息推送等多种特色功能的导师带教平台使用该系统，可以进行观课、说课、授课、上传教案、协同修改等，并且实现活动过程全录制，支持后期编辑，让师徒研讨互动更具实证增强带教针对性；还可以使导师带教实现异地、异时等，突破时空限制，增强带教便捷性除了导师带教平台，金山区还通过打造网上视频教研实现跨时空教研提高教研效能，不仅减少了学校调课频数，增加了参与教研活动的教师数，同时活动过程可以再现、分享并支持后续研究。

3. 智能教育在上海基础教育的应用案例

所谓智能教育即是以移动终端设备为基础，以互联网、信息技术应用为载体，结合现代教育目标，创新教学、学习和管理方式，让学习无所不在的一种新型教育模式。智能教育的提出，将教育和信息化合二为一，既变革了传统的教育方式，也顺应了大数据时代的发展要求。

2010 年虹口区承担国家教育体制改革试点项目“开展数字化课程环境建设与学习方式的变革”，成为该项目的全国首个试点区。全区共有 18 所学校参与，涉及多门学科，从幼儿园、小学、初中到高中，覆盖学生 400 多人。在虹口区的试点学校，一台专用学习计算机取代了孩子们书桌上厚厚的课本和文具盒，这台学习计算机不仅涵盖了教材、复习资料、课堂笔记、课后作业等丰富的数字化教学内容，还安装了由相关教育软件、网络服务、互动的教学体系，以及丰富的教学资源共同组成的教学平台。由于每台计算机都连着班级局域网，在课堂上随着教师的说话，学生的计算机屏幕同步显示出题目。与此同时，教师的计算机上显示着全班学生的做题进度，学生答题一结束，可以立刻显示出答案分布。这样教师就能准确“定点”了解学生知识掌握情况，进行针时性的讲解，实现“一对一”教学[30]。

资料来源：姜新杰，徐倩，赖鑫琳，等. 上海基础教育“地平线”报告[J]. 上海教育，2013，(13)：16-22.

1.6.3 广州智慧教育发展

广州市在打造智慧城市的过程中，提出了“一个中心”和“三个坚持”的发展思路：以建立国家中心城市为中心，坚持继续创新和需求驱动相结合，构建物联网应用体系；坚持重点突破与长远谋划相结合，构建物联网产业体系；坚持政产学研用相结合，构建物联网创新体系[31]。其建设重点是构建一个智慧城市的树型框架，像一棵智慧树一样，建立一批智慧的新设施来植好这个树根；通过研发和自主开发一批新技术，发展一批智慧新产业来丰满、做壮树枝；着力推进智慧城市新应用丰富树叶；打造智慧新生活，结出智慧城市的硕果[32]。智慧教育则是打造广州智慧之树的重要组成部分。

在智慧教育发展方面，广州市坚持以数字化校园建设为重点，并逐步向智慧校园建设转变的发展思路。在《广东省高等学校“十二五”信息化建设参考标准与评价指标体系》中，明确提出要加强高等学校数字化校园建设的规范化和特色化；推进移动互联网、物联网、云计算技术等支持的智能学习环境建设和泛在学习探索，搭建课程资源与知识共享环境、科研协作平台和数字化应用平台，全面实现教育教学、教育管理、科研、校园文化生活、交流合作和社会服务的数字化再造，支撑学校人才培养模式创新。

2012 年 4 月，广州市教育局发布《关于开展中小学智慧校园建设试点工作的通知》，以基础教育的智慧化为突破口，正式开始智慧校园的建设工作。广州市中小学智慧校园建设以构建生态型智慧教育体系为目标，以师生发展为根本，以促进教育改革和创新为核心，实验先行、改革探索、以点带面，推动教育信息化创新发展[33]。此次试点工作对于智慧校园基础环境的构建、教育管理模式的探索、教学支持系统的应用等方面进行重点研究，为智慧校园发展开辟了新途径。

1.6.4 宁波智慧教育发展

2010 年宁波在国内率先提出智慧城市发展战略，2011 年宁波市范围内共确定了 61 个智慧应用体系示范工程项目，坚持试点先行，示范带动，项目建设效益明显。2012 年宁波市从推进信息网络基础工程、政府云计算中心、基础信息共享工程、智慧应用工程等 30 个智慧城市建设重大项目和 19 个智慧产业重大项目建设入手，全面加速宁波智慧城市的建设与发展。

在“智慧宁波”建设的大背景下，2012 年宁波市提出智慧教育理念，以智慧教育发展推动终身教育体系的建立，力求通过信息技术的应用推动学前教育、基础教育、职业教育、市民教育的信息化发展，打造智能化终身教育服务体系。自 2012 年，宁波市已经实现所有普通教室配备多媒体，所有学校均建有校园网，并架设了一条带宽 1Gbit/s、贯通全市教育系统的信息高速公路，为优质教育资源的高速流通和教育管理的智能化奠定了基础。与此同时，数字星球实验室、电子书包教室、数码互动实验室、无线校园、新一代互联网 IPv6 等一批高智能实验室和新教学设施进入课堂教学[34]。2013 年，宁波市在全国率先进行城市层面的智慧教育课题研究，以课题研究为引领推进宁波智慧教育建设[35]。由于宁波市智慧教育起步早、建设力度大，取得效果也较为显著。

取得的效果：①市民卡进校园。在校园内，师生可凭“宁波市民卡——校园卡”进行图书借阅、计算机上网、食堂就餐、超市消费；校方可通过市民卡标识使用者身份，定位使用者位置，并应用于门禁管理、学生接送系统、考勤管理、考务管理等，家长则可及时掌握孩子到校、离校信息，对孩子在校期间的活动信息进行查询[36]。②电子书包成亮点。电子书包的应用是智慧教育发展进程中的重要组成部分，学生通过电子书包登录学校数字教育管理平台上下载电子教材、课件、辅导材料和家庭作业等，课外可以用它进行课程复习、作业提交，与教师进行实时互动交流，提升学习效率。③智慧教室居于全国领先地位。智慧教室作为智慧校园建设的重要组成部分，是促进教师教和学生学的有力保证。宁波市江北区已投资700多万专项资金，在28所中小学320个教室安装电子白板，积极推进智慧教室的建设工作。在智慧教室中，教师可以直接用手在电子白板上写字，也可以通过电子反馈系统即时统计学生的作答结果[37]。

02 智慧教育的内涵特征与概念框架

2.1 智慧教育的内涵与特征

2.1.1 智慧教育的内涵

智慧教育思想最早由哲学家提出，在哲学视角下，智慧教育的出发点和归宿点是唤醒、发展人类“智慧”。印度著名的哲学家克里希那穆提在其专著《一生的学习》中从智慧的高度解读了教育，认为真正的教育要帮助人们认识自我、消除恐惧、唤醒智慧[38]。

近年来，随着国内外智慧城市建设的兴起，智慧教育受到越来越多的关注，其内涵也在不断发生变化。目前，国内外对于“智慧教育”还没有形成统一的认识，不同领域、不同行业由于对智慧教育的关注点不同，对其理解也各有千秋。

有学者将智慧教育视为教育信息化发展的新阶段。国内教育信息化领域知名专家祝智庭等认为，智慧教育是教育信息化的新境界，并分析了信息时代智慧教育的基本内涵[39]：通过构建智慧学习环境(smart learning environments)，运用智慧教学法(smart pedagogy)，促进学习者进行智慧学习(smart learning)，从而提升成才期望，即培养具有高智能(high-intelligence)和创造力(productivity)的人，利用适当的技术智慧地参与各种实践活动，并不断地创造制品和价值，实现对学习环境、生活环境和工作环境灵巧机敏的适应、塑造和选择。金江军[40]认为智慧教育是教育信息化发展的高级阶段，是教育行业的智能化，与传统教育信息化相比，表现出集成化、自由化和体验化三大特征。

有学者将智慧教育视为一种教育的新形态。柯清超[41]认为智慧教育是信息时代教育发展的一种新形态，其愿景是要应用新一代信息技术，变革今天依然停留在工业时代的“教学工厂”式学校教育，提升教育系统的效率和智能化程度，为信息社会培养适应时代发展的人才。杨现民[42]认为智慧教育是依托物联网、云计算、无线通信等新一代信息技术所打造的物联化、智能化、感知化、泛在化的教育信息生态系统，是信息化教育的高级发展阶段和新形态。

有学者将智慧教育视为一种新型信息技术支持下的现代化教育体系。陈晓娟认为智慧教育是指以物联网、云计算、大数据处理、无线宽带网络为代表的一批新兴信息技术为基础，以智能设备和互联网等为依托，以教育资源建设为中心，以各项配套保障措施为基础，以深入实施教育体制改革为主导，全面构建网络化、数字化、个性化、智能化的现代教育体系[43]。尹恩德认为智慧教育是指运用物联网、云计算为代表的一批新兴的信息技术，统筹规划、协调发展教育系统各项信息化工作，转变教育观念、内容与方法，以应用为核心，强化服务职能，构建网络化、数字化、个性化、智能化、国际化的现代教育体系[44]。

此外，有的学者还将智慧教育视为教育改革与发展的历史进程。何锡涛[45]指出智慧教育是依托计算机和教育网，全面深入地利用以物联网、云计算等为代表的新兴信息技术，重点建设教育信息化基础设施，开发和利用教育资源，促进技术创新、知识创新，实现创新成果的共享，提高教育教学质量和效益，全面构建网络化、数字化、个性化、智能化、国际化的现代教育体系，推动教育改革与发展的历史进程。

综上所述，我们认为，智慧教育是信息技术与教育发展高度融合而产生的新型教育发展模式，旨在综合应用各种信息技术提升现有教育系统的智慧化水平，培养大批具备新世纪技能，拥有创新意识和创新能力的智慧型人才。

21 世纪人类社会已全面进入信息时代。教育的本质是培养人，信息时代的智慧教育更要“面向未来”，合理、有效、创新地应用信息技术，培养适应未来社会发展需要，不断推动社会改革与进步的创新型人才。智慧教育要教会学生 21 世纪生存技能[46]，包括学习与创新技能(批判性思考和解决问题能力、沟通与协作能力、创造与革新能力)、数字素养技能(信息素养、媒体素养、通信技术素养)和职业与生活技能(灵活性与适应能力、主动性与自我导向、社交与跨文化交流能力、高效的生产力、责任感、领导力等)。

2.1.2 智慧教育的特征

智慧教育是信息技术支持下的新型教育模式，与传统信息化教育相比，呈现出不同的教育特征和技术特征。

1. 教育特征

智慧教育的核心教育特征可以概括为：信息技术与学科教学的深度融合，全球教育资源的无缝整合共享，无处不在的开放、按需学习，绿色高效的教育管理，基于大数据的科学分析与评价。

1)信息技术与学科教学的深度融合

信息技术与教育的“深度融合”涉及方方面面，包括技术与管理的融合、技术与教学的融合、技术与科研的融合、技术与社会服务的融合、技术与校园生活的融合等。其中，信息技术与学科教学的深度融合应该是智慧教育的首要价值追求。课堂是教育改革的主阵地，学科教学是教育系统的核心业务。如果说信息技术与课程整合是教学改革的“物理反应”，那么信息技术与学科教学的深度融合则是“整合”基础上的“化学反应”。

智慧教育环境下电子书包、平板电脑、智能手机等移动终端将成为课堂教学的常规载体，BYOD(Bring Your Own Device)运动将在全国各级各类学校逐步推广普及。移动终端的引入使得课堂教学组织将变得更加灵活多样，不囿于“排排坐”的固定形式。支持各种学科教学的专用软件(如图形计算器、几何画板、ChemLab 等)将越来越丰富，可以实现更高效率的学科知识传授与学科能力培养。智慧教育需要广大师生具备较强的信息技术应用能力，合理、有效、创新地应用技术促进课前、课中和课后教与学活动的全程设计、实施与评价。信息技术在学科教学中的“消融”，教师和学生从关注技术逐步转变到关注教学活动本身，是智慧教育成功的重要标志和核心特征。

2)全球教育资源的无缝整合共享

大踏步前进的科技正在创造一个新的、更小的、更平坦的世界，“地球村”正在从预言变成现实。智慧教育要培养的不是一般意义上的国家公民，而是适应 21 世纪发展需要，具有全球视野和创新思维的世界公民。近年来，在世界知名大学的努力推动下，OER(Open Educational Resource)运动和 MOOC(Massive Open Online Courses)运动席卷全球，优质教育资源迅速传递到世界各个角落。智慧教育秉承“开放共享”理念，通过多种途径(自建、引进、购买、交换)实现全球优质教育资源的无缝整合与无障碍流通，使得世界各地的学生和社会公众可以随意获取任何适合自己的教育资源(多媒体课件、视频课程、教学软件等)。全球优质教育资源的无缝整合与共享，是突破教育资源地域限制的“大智慧”，将有可能缩小世界教育鸿沟，提升欠发达国家和地区的教育质量。

3)无处不在的开放、按需学习

智慧教育环境不是一个割裂的教育空间，而是通过网络将学校、家庭、社区、博物馆、图书馆、公园等各种场所连接起来的教育生态系统。学习需求无处不在、学习无时无刻不在发生，云计算、物联网、移动通信等信息技术的发展为人类的学习提供了无限的可能。学习不应该固定在教室和学校，而应回归社会和生活，发生在任何有学习需求的地方。智慧教育环境下的学习将走向泛在学习。泛在学习不是以某个个体(如传统学习中的教师)为核心的运转，而是点到点的、平面化的学习互联。“泛在”包含三个方面的内涵，即无处不在的学习资源、无处不在的学习服务和无处不在的学习伙伴[47]，最终形成一个技术完全融入“学习”的和谐教育信息生态[48]。

4)绿色高效的教育管理

“绿色教育”强调教育事业的可持续发展，既是智慧教育的指导理念，也是其重要特征。信息技术的普及应用为实现教育管理的智慧化，推动绿色教育发展提供了条件。云计算技术通过整合基础设施、研发平台、应用软件三种资源，对外提供服务，可以实现管理数据的统一采集与集中存储，实现管理业务流程的统一运行与监控，有效避免“信息孤岛”，减少教育管理上人力、物力和财力的浪费。物联网通过射频识别(RFID)、二维码(QR code)、红外感应、全球定位等技术，将各种教育装备与互联网连接起来，进行智能化识别、定位、跟踪、监控和管理，可以有效提高管理效率和质量。大数据技术支持全面采集各种教育数据，进行科学统计分析与数据挖掘处理，可以为教育决策(经费分配、学校布局等)提供数据支撑，而科学的教育决策又将推动教育事业的可持续、均衡发展。办公自动化全面普及，将大幅度减少纸张浪费，实现教育领域的低碳环保。不仅学生的学业需要“减负”，教育的管理业务也需要“减负”，精简管理流程，废除或优化一些不合时宜的管理制度(如烦琐的公文审批、设备采购、经费报销等)，不断提高教育管理业务系统的运行效率。

5)基于大数据的科学分析与评价

智慧教育需要更具“智慧”的教育评价方式，“靠数据说话”是智慧教育评价的重要指导思想。物联网、云计算、移动通信、大数据等新一代信息技术的发展为教育评价从“经验主义”走向“数据主义”提供了技术条件，可以实现各种教育管理与教学过程数据的全面采集、存储与分析，并通过可视化技术进行直观的呈现。智慧教育环境下包括中小学学业成就评价、学习行为分析、体质健康评价、本科教学质量评估、教育信息化与教育现代化发展评价等在内的各种教育评价与评估，将更具智慧性、科学性和可持续性。2013 年 9 月 1 日，教育部开始推行全国统一学籍，每个学生都分配一个能够跟随他自己一生的一个学籍号。“全国学生终身一人一号”的推行，为全国教育数据的统一采集提供了条件，学校不仅能对学生在校期间的学业成就进行评价，还可以通过学籍号持续跟踪学生毕业后的发展与学习情况，为教学质量评估提供更全面、更准确的科学数据分析结果。

2. 技术特征

从技术视角来看，智慧教育是一个集成化的信息系统工程，其核心技术特征可以概括为情境感知、无缝连接、全向交互、智能管控、按需推送、可视展现，如图 2-1 所示。

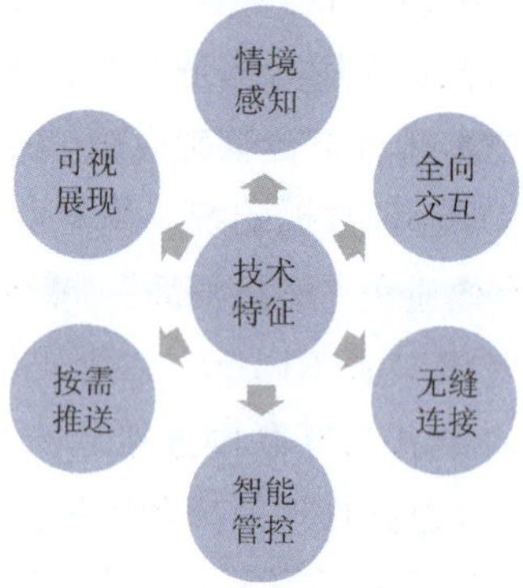

图 2-1　智慧教育的特征

1)情境感知

情境感知是依据情境感知数据自适应地为用户提供推送式服务。常用的情境感知技术包括 GPS、RFID、二维码和各类传感器(如温度、湿度、二氧化碳、光照等)。情境感知主要感知外在的学习环境与内在的学习状态，具体内容包括：①感知教与学活动实施的物理位置信息；②感知教与学活动发生、进行与结束的时间信息；③感知教与学活动场所的环境信息，如温度、湿度等；④感知学习者的学习状态，如焦虑、烦躁、开心等；⑤感知学习者的知识背景、知识基础、知识缺陷等；⑥感知学习者的认知风格、学习风格等；⑦感知学习者的学习与交往需求。

2)无缝连接

泛在网络是智慧教育开展的基础，基于泛在网络的无缝连接是智慧教育的基本特征。无缝连接具体体现在如下几个方面：①系统集成。遵循技术标准，跨级、跨域教育服务平台之间实现数据共享、系统集成。②虚实融合。通过增强现实等技术实现物理环境与虚拟环境的无缝融合。③多终端访问。支持任何常用终端设备无缝连接到各种教育信息系统，无缝获取学习资源与服务。④无缝切换。学习者的多个学习终端之间实现数据同步、无缝切换，学习过程实现无缝迁移。⑤联接社群。为特定学习情景建立学习社群，为学习者有效联接和利用学习社群进行沟通和交流提供支持。

3）全向交互

教与学活动的本质是交互，智慧教育系统支持全方位的交互，包括人与人之间的交互及其人与物之间的交互。全向交互具体体现在如下几个方面：①自然交互。通过语音、手势等更加自然的操作方式与媒体、系统进行交互。②深度互动。实现师生之间、生生之间的随时、随地的互动交流，促使深层学习发生。③过程记录。自动记录教与学互动的全过程，为智慧教育管理与决策提供数据支持。

4）智能管控

智能管控具体体现在如下几个方面：①智能控制。基于标准协议，实现信令互通，进而实现教育环境、教育资源、教育管理和教育服务等全过程的智能控制。②智能诊断。基于智能控制数据和结果，辅助管理者快速、准确诊断问题，及时、有效解决教育业务开展过程中、教育装备使用过程中存在的问题。③智能分析。在系统内各类数据的汇聚与处理的基础上，进行教育数据挖掘与行为分析，为智慧教育系统的数据共享和业务流程升级改造提供科学决策依据。④智能调节。感知教室、会议室、图书馆等物理场所的环境，依据教与学的实际需求，动态调节声、广、电、温度、湿度等环境指标。⑤智能调度。基于智能诊断、智能分析的结果，科学调度教育资源、调整教育机构布局、分配教育经费等。

5）按需推送

智慧教育要达成“人人教、人人学”的美好愿望，教育资源可以按需获取和使用，教与学可以按需开展。按需推送具体体现在如下几个方面：①按需推送资源。根据用户的学习偏好和学习需求，个性化推送学习资源或信息。②按需推送活动。根据用户的现有基础、学习偏好和学习目的，适应性推送学习活动。③按需推送服务。根据用户当时的学习状态和需求，适时推送学习服务（解决疑问、提供指导等）。④按需推送工具。根据用户学习过程记录，适应性推送用户学习所需的各种认知工具。⑤按需推送人际资源。根据用户的兴趣、偏好、学习的内容等，适应性推送学伴、教师、学科专家等人际资源。

6)可视展现

可视展现是信息时代数据处理与显示的必然趋势，是智慧教育数据分析、辅助决策、监控管理的必备功能，具体体现在如下几个方面：①可视化操作。提供具有良好体验的操作界面，以可视化的方式操作教育设备和应用系统。②可视化呈现。通过图形界面，清晰、直观、全面地呈现各类教育统计分析数据。③可视化监控。通过视窗可以监看智慧教育应用系统的运行状态。

2.2 智慧教育的概念框架

智慧教育是一个复杂的系统，为了从整体上展示智慧教育的概念和架构，本书构建了如图 2-2 所示的智慧教育概念框架，展示智慧教育的核心要素，而非建设架构。智慧教育核心要素包括智慧教育关键技术、教育数据资源、智慧教育支撑环境、智慧教育业务、智慧教育用户、配套的智慧教育标准体系和支撑智慧教育可持续发展的智慧教育产业。

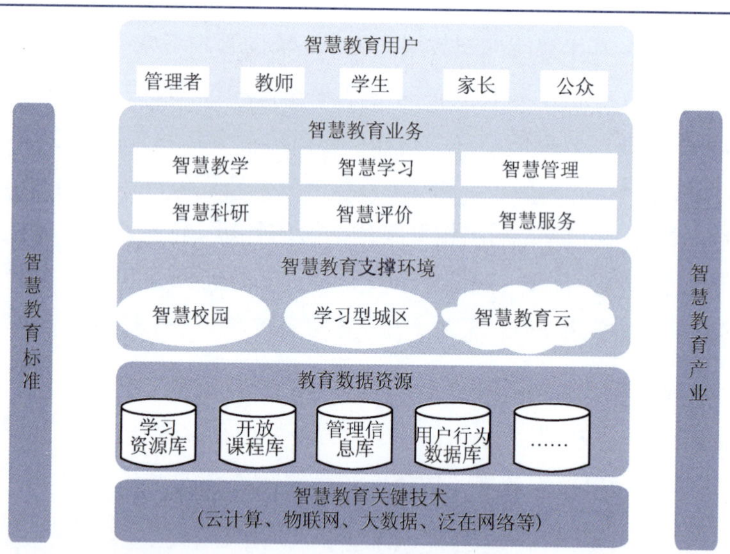

图 2-2 智慧教育概念框架

云计算、物联网、大数据、泛在网络、增强现实等先进信息技术是整个智慧教育系统建设的技术基础，其发展水平越高，对教育系统智慧性的支撑作用越大。其中，大数据在教育领域应用的关键技术包括教育数据挖掘技术与学习分析技术。大数据技术贯穿整个智慧教育体系，是实现智慧教育的关键。数字化教育主要实现了教育资源、业务与环境的数字化，而智慧教育则要在数字化的基础上实现数据化，充分应用教育大数据实现整个教育系统变革与创新发展。

智慧教育云不是一朵“云”，而是由若干个不同大小(国家云、省级云、地市云、学校云)、不同类型(公有云、私有云、混合云)的云构成的“云团”，为智慧教育内容的存储、教育业务的在线开展提供弹性、灵活、安全的云环境。智慧校园、智慧图书馆、智慧博物馆等智能化教育环境为各种形式教育教学活动的开展提供了环境保障。

教育数据资源汇聚存储了教育领域的信息资产，是发展智慧教育最重要的基础，包括教育内容库、管理信息库、用户行为数据库等。学习资源库、开放课程库等教育内容库为智慧教学、智慧学习提供资源支撑。管理信息库存储各种教育管理数据，是智慧管理的数据基础。除了常规的结构化数据，教育数据资源还包括教育用户的各种行为数据，以及教育活动过程中产生的各种教育数据。整个智慧教育系统最终服务的用户主要包括教育管理者、教师、学生、家长和社会公众。

智慧教育将改变教育产业的结构，促进传统教育产业的升级，形成规模化的智慧教育产业，从而为智慧教育的可持续发展提供源源不断的技术、产品和服务保障。智慧教育产业的快速、健康、有序发展离不开标准，智慧教育系列标准(环境、资源、管理、服务、评价等)也是智慧教育体系的重要组成部分。

此外，智慧教育不是孤立的系统，而是智慧城市的重要组成部分。因此，智慧教育体系架构需要通过标准的接口规范与智慧城市中的其他智慧系统(医疗、就业、社保、交通等)进行连通，共享基础数据。为了保障智慧教育的可持续发展，国家、地方在推进智慧教育发展的过程中，务必重视相关保障机制(如资金、队伍、制度、组织机构等)的建立与有效运行。

2.2.1 智慧教育关键技术

智慧教育的建设与可持续发展离不开云计算、物联网、大数据、泛在网络、增强现实、定位技术、语义网络等先进技术的创新应用，其中物联网、泛在网络等是智慧教育基础设施建设的关键技术。

1. 云计算：拓展教育资源与教育服务的共享性

云计算(cloud computing)被认为是继个人计算机、互联网之后的第三次

IT 浪潮。云计算中的“云”主要强调计算泛在性和分布性，是分布式计算、并行计算和网格计算等技术的延伸发展。云计算能够将分布在各地的服务器群进行联网，实现大规模计算、海量数据处理和信息服务的功能。云计算是一种按使用量付费的模式，这种模式提供可用的、便捷的、按需的网络访问，进入可配置的计算资源共享池(资源包括网络、服务器、存储、应用软件和服务)，这些资源能够被快速提供，只需投入很少的管理工作，或与服务供应商进行很少的交互。云计算技术在高校的发展，已经步入实际应用阶段，例如，在清华大学、中国科学院等单位得到了初步应用，并取得了较好的应用效果。广东省佛山市南海区教育云采用云计算技术建设了智能教育信息网络服务体系[49]。华南理工大学采用 Rocks、Lustre 和曙光等高性能计算管理系统，构建适合各种科学计算的高性能云计算平台系统。“三通工程”作为“十二五”期间教育信息化重大工程，充分应用云计算技术搭建了“教育资源公共服务平台”和“教育管理公共服务平台”。其中，国家教育资源公共服务平台已于 2012 年 12 月 28 日正式开通上线试运行。教育部“中国学术会议在线”平台和“基于网络的双课堂教学应用试点示范项目”两大项目也都采用了云计算技术。

如上所述，云计算在智慧教育体系中的应用主要集中在教育资源(硬件、平台、软件、学习资源)的共享上，可以有效解决我国教育信息化推进过程中一直存在的重复投资、信息孤岛等“顽疾”。此外，云计算还可以用于打造基于云的学习环境，学生通过电子书包等终端随时随地享受云端的各种学习服务。学习者的学习过程数据也将及时存储到云端，保证学习数据的永不丢失，为学习分析提供数据支持。

2. 物联网：拓展教育数据的采集渠道和方式

物联网是指通过各种信息传感设备，实时采集任何需要监控、连接、互动的物体或过程等各种需要的信息，与互联网等信息网络结合形成的一个巨大网络，其目的是实现物与物、物与人，所有物品与网络的连接，方便识别、管理和控制[50]。物联网的基础是信息采集，目前主要采用传感器和电子标签等方式完成，传感器用来感知采集点的环境参数；电子标签用于对采集点的信息进行标识。采集后经过网络上传至网络信息中心存储，并利用各种智能技术对感知数据进行分析处理以实现智能控制。物联网具有全面感知、可靠传递、智能处理等特征，使人们的生活、工作和学习更加智能、便捷。

教育领域的物联网应用刚开始起步，基于传感器和电子标签两大主要技术，物联网技术可以在课堂教学、课外学习和教育管理三个方面给教育提供支持，优化教育环境，丰富教学资源，改善学习方式，节省管理成本，提高管理效率[51]。2011 年，无锡成为江苏省首个感知教育实验示范区，累计建设 28 所感知教育应用实验学校，建成中小学物联网比特实验室 20 个，用于普及物联网传感技术，培养中小学生的探究精神和创新能力。江南大学应用物联网、通信、信息、控制、检测等前沿技术，自主研发了“数字化能源监管”平台，通过“数字化”的方式，将原来能源管理过程中的“模糊”概念变成清晰数据，为管理者提供更好、更科学的决策支持，打造低碳绿色校园。无锡的物联网教育应用项目“感知生长”[52]，远程观察植物的生长过程，并可智能调节生长环境的参数以改善植物生长过程。

物联网技术除了可以用于构建智能化教学环境、丰富实验教学、辅助能源管理，还可以在以下几个方面发挥优势。

学生体质健康监测。通过为学生佩戴体质监测方面的传感器，可以持续获取学生的体温、脉搏、心率、血压等动态体征数据，构建全国性或区域性的学生体质健康数据库。

学习情境数据采集。通过传感器结合定位技术，可以实时捕获学习者的学习地点、时间、内容、状态、环境信息等学习情境信息，用于适应性推送学习资源、活动、工具和服务。

拓展课外教学活动。例如，开展基于物联网的“数字化微型气象站”在科学教育中的应用实践活动，将先进的测量技术、传感技术与现代教学理念相结合，支持学生的正式学习、户外学习和区域合作性学习[53]；还可以利用智慧教育探究基地，鼓励学生亲身体验、探究各种科学现象，培养其探究精神和创新能力。

教育安全监控与危机快速处理。基于物联网、视频监控等技术构建校园安防系统，实时、全面监控校园运行情况，跟踪每个学生的进校、离校情况，准确定位危机发生地点，快速处理校园危险事件。

教学设备管理。学校的教室设备、会议设设备、实验器材等分布离散、信息透明度小、管理难度大，通过给这些物理教学设备粘贴 RFID 标签或传感器，分配专人管理，可以进行统一管理和调度，有效检测设备的工作状态。

3. 大数据：提高教育管理、决策与评价的智慧性

大数据技术是一系列收集、存储、管理、处理、分析、共享和可视化技术的集合[54]，核心技术包括大规模并行处理数据库、分布式文件系统、分布式数据库、云计算平台、互联网和可扩展的存储系统。大数据技术通过对全数据的采集、存储和分析，能够发现已知变量间的相关关系，进而实现有效的科学预测。大数据在教育领域应用的核心技术是教育数据挖掘与学习分析。

随着教育信息化进程的推进，学习、教学、科研、管理过程中无时无刻不在产生海量数据，大数据技术将对我国的教育信息化产生巨大冲击和深刻影响。美国普渡大学的“课程信号”项目是国际知名的大数据教育应用典型案例之一[55]。该项目通过“课程信号”平台全程采集、汇聚学生课程学习数据，根据成功预测算法分析学生课程学习的成功概率，然后教师进行针对性的交流反馈、推荐学习资源，最终提高了学生学习成功率和新生保有率(大一新生在结束大一课程后仍在这所大学继续就读的比例)。近年来，国内一些高校也已经开始应用大数据技术辅助教育教学管理。华东师范大学利用预警系统跟踪学生的餐饮消费数据，发现低于警戒值就发出短信慰问，确定学生是否有经济困难需要帮助。清华大学对学生成长类的数据进行分析，例如，针对进校时成绩很优秀的一批学生，追踪其在大学四年的各种数据，观察其成长路径，或者对毕业时表现很优秀的学生进行追溯，根据分析结果不断完善人才培养机制与模式。

此外，大数据技术还可以在以下几个方面发挥优势。

教育舆情监测与剖析。互联网的开放性为广大师生提供了自由发表言论的空间和机会，尤其是Web2.0时代的到来，微博、微信、QQ、论坛等各种社交工具成为师生交流的重要渠道，通过大数据技术可以准确把握师生群体的言论动向，快速预测教育舆情，并进行舆情产生原因的深层剖析。

教育信息化与现代化发展水平评估。依据信息化与现代化发展评价指标，全面、动态、持续采集各方数据，对国家或地区的教育信息化与现代化发展现状进行准确评估，同时自动诊断薄弱环节，全面推进教育信息化与现代化事业发展。

教育机构布局与教育经费调整。全面采集全国或区域范围内教育机构的分布数据、学生入学退学转学数据、教育经费投入数据等，依据科学的评估模型，调整下一阶段的教育机构布局、教育经费投入和分配等政策。

学生的发展性评价。持续跟踪、采集学生成长过程中的各种数据，进行全面、系统的统计分析和数据挖掘，为学生提供更加科学、全面的发展评价报告。

基于大数据的科学研究。动态采集科研所需数据，对大规模科研信息进行分析处理，发现其内在关联性，预测科研发展趋势，提高科研效率和科研结果的可信度。

4. 泛在网络：增强教育网络与多终端的连通性

泛在网络(ubiquitous network)是通信网、互联网、物联网的高度协同和融合，将实现跨网络、跨行业、跨应用、异构多技术的融合和协同[56]。泛在网络将信息空间与物理空间实现无缝的对接，其服务将以无所不在、无所不包、无所不能为三个基本特征，帮助人类实现任何时间、任何地点、任何人、任何物都能顺畅地通信，都能通过合适的终端设备与网络进行连接，获得前摄性、个性化的信息服务[57]。泛在网的网络架构可以划分为感知延伸层、网络层、业务和应用层[58]。感知延伸层主要实现信息采集、捕获、物体识别；网络层包括接入网、核心网，要根据感知延伸层的业务特征，优化网络特性，更好地支持物物和物人通信；业务和应用层最终面向各类应用，实现信息的处理、协同、共享、决策。

泛在网络是智慧教育系统全面连通、无缝访问的基础，用户可以在电信网、移动网、互联网、卫星网等多个网络之间畅通无阻地享受高质量的网络服务。泛在网络技术也是物联网、大数据、云计算等技术发挥智慧作用的支撑性技术。

目前泛在网络已经在许多产业领域得到应用，如政府管理、金融服务、后勤、环境保护、家庭网络、医疗保健、办公大楼的自动化和智能化服务等[59]。泛在图书馆是泛在网络技术在教育领域应用的典型代表。区别于一般的数字图书馆，泛在图书馆将数字资源、先进移动技术与泛在网络环境进行优质高效整合，为用户构建一个触手可及的泛在网络环境和易于识别、掌握、获取知识的信息共享环境，确保用户在尊重知识产权的条件下，通过各种学习终端随意获取所需图书资源[60]。2012 年启动的北京数字学校工程，通过泛在网络技术打通互联网与有线电视网，市民在家中通过歌华有线高清交互电视首页“公共教育”栏目中的“北京数字学校”，就可将“名师请到家中”。智慧教育环境中，泛在网络技术的有效应用将大力推进“三方连通”：学习、生活与工作的连通；学校教育、家庭教育和社会教育的连通；手机、平板电脑、个人计算机、学习机、电视等各种终端设备的连通。

5. 增强现实：增强教学交互与虚拟空间的体验性

增强现实(augmented reality)是一种利用计算机产生的信息对用户所看到

（包括文字、图像、三维物体等）以视觉融合的方式添加到真实场景中，在用户眼前呈现出“增强”的世界[61]。增强现实系统的核心技术包括显示技术、空间定位和跟踪技术、计算机图形图像技术等，具有虚实结合、实时交互、三维定向等核心特征。谷歌眼镜就是一款运用增强现实技术的硬件设备。

2010 年、2011 年地平线报告中强调了增强现实在教育中的应用前景，被认为是 2～3 年内会在教育领域得到广泛应用的技术[62]。增强现实作为一种高新技术，能帮助教师优化教学过程，解决传统教学中高成本、高风险、低复用率等问题，具有仿真性、超时空性、可操作性等优势，在有效减少教学成本与风险的同时，加强学生技能熟练程度，提高教学效率。目前，国内一些增强现实技术提供商已纷纷推出在教育领域的增强现实产品，如虚拟仿真实验室、虚拟现实教学平台、三维虚拟校园、虚拟展馆、虚拟课件等，并在高职院校中进行示范应用。很多高职院校开始探索增强现实技术与各学科（如物理、生物、化学）实验教学的整合，通过对实验教学的各个环节进行真实的模拟仿真，节约现实教学资源，共享教学设施，提高学生的学习兴趣，促进学生的实践操作能力。

增强现实技术除了可以用于增强电子书开发、实验模拟和虚拟空间构建，还可以在如下方面发挥优势。

教学内容的增强演示。通过增强现实技术可以将较为抽象、难以观察到的物体结构（几何形状、化学粒子、生物细胞、地形地貌、人体内部结构等）以仿真模拟的形式进行演示，给予学习者形象直观的感知体验[63]。

体感教育游戏。用户可以以自然的交互方式（肢体动作）参与游戏之中，符合当前国际上流行的具身认知理论，可以大大增强学习的刺激性和体验感。

残障人士学习与康复训练。增强现实技术能摆脱传统人机交互的复杂度，通过自然的信息交互方式（体感交互、语音交互等）和逼真的学习场景，为残障人士提供更多便捷的学习机会，同时在真实的虚拟三维场景下，引导残障人士进行心理和动作康复训练，可以唤醒有缺陷的神经元参与运作，改善其心理、运动和认知的能力，加快康复的进程。

6. 定位技术：感知位置信息，提高教育服务的针对性

定位技术，是一种应用广泛的高科技技术。目前常见的定位技术主要有 PPD 定位技术、GPS 卫星定位、蓝牙定位、WIFI 网络定位、GPRS/CDMA 移动通信技术定位等[64]。20 世纪 90 年代末，随着信息技术和通信技术的发展，人们对于导航定位技术的要求也在不断提高，希望能够出现使用小终端、高精度、多功能的定位服务，以满足不同领域、不同场合的定位需求[65]，从而诞生了“基于位置服务”(Location Based Services，LBS) 的概念。LBS 是指通过一组定位技术获得移动终端的位置信息(如经纬度数据)，根据授权提供给移动用户本人或他人及其通信系统，实现各种与位置相关的业务[66]。简单来说，LBS 就是要借助无线电通信网络(如 GSM 网、WCDMA 网)或外部定位方式(如 GPS)，完成定位和服务两大功能，首先是确定移动设备或用户所在地理位置的定位功能；其次是提供与位置相关的各类信息服务功能，主要包括社交分享、信息搜索等功能。

目前，LBS 的应用无处不在。在生活中，用户可以快速获取自己所处位置周围场所的信息，如查询附近最近的购物商场、附近是否还有泊位的停车场等。在教育领域，LBS 也得到广泛应用，例如，在国内，新生可以用 LBS 定位技术快速了解学校各个机构所在的具体位置，帮助新生快速适应新的学校生活。在美国东北部和中西部地区的校区，LBS 平台在寒冷的冬季把校车所在位置发布给等待校车的人们，节省等待时间[67]。此外，利用 LBS 定位技术还可以在校园中实施紧急救援行动，对于需要援助的用户快速定位，安保人员会快速赶到现场，排除险情。

LBS 除了位置导航、紧急救助、信息查询等功能，还可以在教育领域的如下几个方面发挥优势。

学习资源适应性推送。云学习系统可以根据学习者所处位置，分析潜在的学习需求，进而推送更加适合学习者的个性化学习资源，例如，用户到国外旅游，检测到所处位置是商店，则可以推送购物相关的语言知识。

促进协作学习。学习者遇到问题百思不得其解时，可以立即发布求助信息，通过 LBS 技术附近的学习伙伴、学科专家等可以及时获取该求助信息，并及时响应，进行学习指导。

保障人身安全。LBS 不仅可以提供校内紧急救援的服务，还可以对校外进行教学、科研活动的广大师生、科研人员进行实时定位跟踪，实施安全监控。

7. 语义网络：让机器读懂教育资源与服务

语义网络(semantic web)的核心思想是对现有万维网上的资源(如 HTML 页面)附加能被机器所理解的语义，使互联网成为一个通用的信息交换媒介。

简单地说，语义网络是对当前万维网的扩展，其中的信息被赋予明确的含义，可以使人与计算机之间更好地协同工作[68]。同现在以 HTML＋XML 文档为主构成的 Web 相比，语义网络由于强调对网络资源附加可供机器理解和处理的语义信息，一方面使得资源提供的信息更精确；另一方面使得对这些资源的大规模重用和自动处理成为可能，也是实现未来智能型网络的数据基础。语义网络将为各种智能型学习平台、工具和资源的建设提供重要支撑。

近年来，随着语义网络技术的不断发展，各种语义网络的应用项目开始不断涌现，如 DBpedia、FOAF、SIMILE、Linking Open Data（LOD）、GoPubMed 等。其中 DBpedia、FOAF 和 LOD 项目在业界比较有名，基于 DBPedia 的典型应用开发[69]、FOAF 规范在各种网站的推广应用[70]等表明语义网络技术正在逐步受到实践领域的认可。此外，Google、Yahoo、Microsoft 等 IT 商业巨头也开始纷纷进军语义网络领域，一些较为成熟的语义网络产品开始出现，如 Freebase、Google Base、Twine、Semantic Mediawiki、Powerset、Search Monkey 等。这些语义网络产品的面世使得语义网络不再神秘，越来越融入人们的日常生活。

由于语义网络技术在知识表示、信息共享、智能推理上的优势，许多 e-Learning领域的研究者也开始对语义网络技术产生了极大的兴趣和热情。目前，语义网络本体技术中的本体技术和推理技术在 e-Learning 领域的应用最为广泛，主要集中在自适应系统开发、学习资源管理与共享、适应性资源配送和个性化学习内容推荐、语义检索、智能答疑等方面。

2.2.2 教育数据资源

教育数据资源是开展智慧教育服务的基础，也是教育智慧沉淀、分享的重要载体，需要重点建设学习资源库、开放课程库、管理信息库、用户行为库等若干教育数据库。教育数据资源统一存储在教育云中，根据内容的私密程度确定相应的安全保护级别，安全性要求较高的数据需要存放在私有云中(如学生的学籍信息、财务信息等)，安全性要求不高的数据可以放到公有云中(如学习资源库、开放课程库和部分管理信息库)。

1. 学习资源库

学习资源库是教师智慧教学和学习者智慧学习所需资源的基本来源，该库主要由教学案例、多媒体课件、试题和试卷、电子图书、媒体素材、资源目录索引、教育网站、研究专题、认知工具、文献资料和基本的网络课程等资源组成。学习资源库的建设要以应用为导向，紧密围绕新课程，统一整合来自多个渠道的优质教学资源，以自建与购买相结合的模式建设新课程教育教学资源网站群，建立符合新的国家课程标准的教学资源体系及其相应的建设和应用模式，促进优秀教育教学资源广泛共享与应用。此外，还可以通过数据挖掘、语义技术和机器学习等技术将教学和学习活动中生成性信息资源进行持续采集，加工整理后入库。

学习资源库主要面向学校教育，服务于广大在校师生，由教育主管部门和教育机构主导建设。

2. 开放课程库

开放课程库是坚持开放共享的理念，灵活采用共建共享、商业开发和公建众享的多元课程资源建设与分享模式。通过部署开放教育应用平台，建设一批通过网络向社会大众提供可公开访问的，并支持超大规模学生交互式参与的在线课程。构建一个“学教并重”、“建用并举”的交互式、开放的在线学习环境，建立促进区域开放课程动态生成、有序进化的共建共享体系，吸引 e-Learning 服务商、出版社、培训机构、学校等广泛参与各类开放课程建设。建设一批优秀的视频公开课、微课程、校本课程、MOOC 等，并将现有的网易公开课、新浪公开课、凤凰微课等开放课程资源通过合理途径集成到开放课程库中，建设教育教学视频资源群，促进优秀教育教学资源广泛共享与应用。

开放课程库主要服务于学生、教师和广大民众，一部分由教育主管部门和学校负责建设，一部分由社会化机构和企业自行建设。开放课程库可以尝试引入市场机制，鼓励学校、企业创新运作机制，激发优秀的一线教师开设、创作开放课程的动力和潜能，让更多的优质开放课程涌现出来，让更多的民众从中获益。

3. 管理信息库

学校是一个相对独立运作的社会实体，其主要功能是教书育人，但同所有的社会实体一样，其主要功能发挥得如何，管理则至关重要。管理信息库是教育行政部门经常需要用到的一些基础业务管理数据的汇总，如学籍、人事、科研、体卫、设备、财务数据等。管理信息的大规模、标准化采集是实现教育业务智慧管理的重要前提。统一开发校务与教学管理系统，统一使用数据标准，与地区教育信息数据中心数据库无缝连接，实现教育基础数据的从下到上的持续采集与动态更新。

我国教育部已经对教育管理信息化进行了顶层设计，研制了《教育管理信息》系列标准，制定了《国家教育管理信息系统建设总体方案》，为今后全国教育管理基础数据的采集和更新提供了基础保障。各省、市、县区、学校等参与主体要严格执行标准，按要求统一部署运行相关教育管理信息化系统，确保国家规定的基础教育数据采集的全面性、及时性和准确性。

4. 用户行为库

教育行为有很多种，如收发公文、录入成绩、设备报修、财务报销、教师备课、学生写作业等。其中，教学行为数据(包括教师的教和学生的学)在所有行为层数据中占据主导地位。大数据时代可以采集更多、更细微的教学行为数据，例如，学生在何时何地应用何种终端浏览了哪些视频课件、观看了多长时间、先后浏览顺序、是否跳跃观看等细颗粒度的行为都将以日志记录的形式被保存下来。GPS 定位、情境感知、移动通信等技术使得各种教与学行为的日志信息更加丰富，不仅可以记录什么人在什么时间什么地点做了什么，还可以采集行为发生时的周边环境信息、个人体征信息、情绪状态等。这些看似无用的数据都将成为后期数据挖掘与学习行为分析的宝贵数据源，为个性化学习、发展性评价、学习路径推送、教学行为预测等提供数据支持。

2.2.3 智慧教育环境

智慧教育环境是智慧教育实施的基础和保障，为泛在学习、入境学习、群智学习、探究性学习等多种创新学习方式提供环境支撑。需要创新应用物联网、云计算、大数据、语义网、移动通信等信息技术，重点完善三类智慧教育环境，分别是支持学校教育的智慧校园、支持终身教育的学习型城区和为各种教与学活动提供无处不在的资源、工具与服务支持的智慧教育云。

1. 智慧校园

智慧校园是以云计算和物联网等新一代信息技术为基础，对校园的基础设施、教学内容、教育活动、教育信息等进行数字化改造，并通过网络互联而构建的虚实融合、信息无缝流通、智能适应的均衡化生态系统。一般由教育主管部门主导建设和推进。

智慧校园的建设内容包含：智慧教室、智慧备课室、智慧语音室、智慧图书馆(学校)、智慧探究实验室等智慧型功能室；对现有网络设备进行升级与改造，普及高速无线校园网；建设基于 RFID 技术和传感器技术的智慧型教育装备，使其能实现各类物体的互连、识别，以及智能化的数据传递服务；推广RFID在教育管理领域的应用，如学生行踪、门禁系统、图书管理等；推广传感器在课程内外教学中的应用，如实验活动的开展、学生听课状况的记录、学生健康安全的监测等方面。

2. 学习型城区

学习型城区建设以教育宽带网为主要平台，充分利用教育信息化的基础设施和现代网络远程教育手段，集中网络教育系统和其他教育资源优势，初步构建支持地区终身教育体系的智慧学习型城区。学习型城区一般由民政、文化等政府行政部门主导推进和建设。

学习型城区重点建设智慧博物馆、智慧美术馆、智慧图书馆、智慧公园、智慧社区、智慧教育探究基地等各种智慧化学习环境。其中，对博物馆、图书馆、公园、社区等公共场所需要依据教育实际需求进行智慧化改造，强化其支持基于情境感知的无缝学习的功能。此外，还需要大力推进各种智慧教育探究基地的建设。智慧教育探究基地是向公众普及科学知识，传播科学思想和科学方法的重要场所。它面向学习者提供了一个激发想象力和创造力的环境，在其中可以进行探索、发现，以更有趣味的方式进行学习，培养学生的独立探索精神。

3. 智慧教育云

智慧教育云的建设是智慧教育发展的基础，对突破教育信息化中普遍存在的“资金难筹措”、“应用难推进”、“共享难实施”等三大瓶颈有着至关重要的作用。

智慧教育云提供统一门户、统一身份认证、统一接口和统一数据中心等基础支持服务，有效整合现有的软硬件资源和信息数据，为学校提供计算、存储、网络安全等服务，实现通用教育业务的集中化管理和信息资源的按需分配。整合现有各类教育软件系统（如人人通系统、校园门户系统、协同办公和政务管理系统、智能考务系统、教育决策支持系统、网上协同教研系统、资源管理系统、安全预警系统、远程督导系统等），促进应用系统贯通与集成，形成基于统一数据环境的集成、智能的信息平台，为广大教育用户提供“人人通”空间服务。

智慧教育云的建设要合理定位，适度超前规划，构建基于人、财、物、教学资源等基础数据库的大集中方式的应用系统平台，使其成为教育数据存储、数据交换、数据运算、网络管理服务、应用服务的中心和枢纽，为区域提供“辐射状”网络应用服务，支撑全系统教育信息化应用工作的开展。

智慧教育云体系的布局和建设应当由教育部统一规划和布局，各省市区教育主管部分和相关企业共同建设，其建设应当遵循相关技术标准，其运行、维护与管理应当严格遵循相关规章制度。

2.2.4 智慧教育业务

智慧教育要推动信息技术与教育教学的深度融合，有效支撑包括智慧教学、智慧学习、智慧管理、智慧科研、智慧评价和智慧服务在内的六大主流教育业务的顺利开展。

1. 智慧教学

随着科学技术的发展，教学形式也在不断发生改变。根据各种技术工具在教学中的应用情况，可以将教学发展过程分为传统教学、电化教学、数字化教学和智慧教学四个阶段。智慧教学是教师利用各种先进信息技术和丰富的教学资源开展的教学活动，具有高效、开放、多元、互通、深度交互等基本特征，可以提升教师教学智慧，促进教师专业发展，培养创新人才为目的，可以有效改善传统课堂教学存在的机械、低效、参与不足等现象。

教学环境的改变对教师的信息化教学能力提出了更高要求，因此需要进一步实施教师信息技术应用能力提升工程，开展全员培训，鼓励教师在智慧教室实施各种新型的教学模式，构建智慧课堂。课前，教师利用智能备课系统进行电子备课；课中，既可以使用视频会议系统开展异地同步互动教学，还可以监控每一位学生的学习过程，了解其学习进展与困难，进行个性化指导；课后，教师通过智能作业批改系统，自动分析学生作业成绩，通过可视化图表方式呈现学生作业结果和变化趋势。

2. 智慧学习

智慧学习是在各种智慧环境(智慧校园、智慧图书馆、智慧博物馆、智慧教育探究基地等)中开展的完全以学习者为中心的学习活动。学习者不仅能够即时获取自己所需的资源、信息和服务，还能够享受到个性化定制的资源和服务，不断发掘自己的兴趣爱好，挖掘自己的潜能，使得学习过程更加轻松高效。智慧学习具有个性化、高效率、沉浸性、持续性、自然性等基本特征，能够帮助学习者不断认识自己、发现自己和提升自己。

智慧学习的开展需要学生具备较强的学习力。学习力是组织和个体掌握知识、创造知识、传承文化的基础，它主要包括组织学习活动的能力、获取知识的能力、运用知识的能力、创造知识的能力，以及伴随学习过程而发生的一系列智力技能[71]。智慧教育环境下要着重培养学生在认知、创造、内省和交际四大领域的学习能力。

3. 智慧管理

不可否认，我国的教育管理信息化已经走在了教学信息化的前面。然而，当前的教育管理信息化体系仍有待完善，智能化水平有待提升。频繁的数据录入、导出、统计、更新、报表制作等大多数管理工作仍需要“人工”完成。对教育数据的使用多限于简单的统计分析，未对教育数据做深度挖掘。

为了提升教育管理的智慧水平，使教育管理从“人管、电控”走向智能管控，需要建设统一的智慧管理平台，对外界需求进行智能处理，提供资源配置、数据集成、信息管理、运行状态监控、教育质量监测等业务支持，实现教育的智能决策、可视化管控、安全预警和远程督导。

4. 智慧科研

传统科研存在科研信息无法及时共享、团队智慧性难以充分发挥、“高门槛”实验难以开展等弊端。智慧科研以数字科研为基础，以许多新兴前沿技术(如大数据、物联网、视频会议等)作为支撑和保障，注重协作性、共享性和创新性，强调将个人的小智慧汇聚成集体的大智慧，通过科研成果的共享，启迪研究者的研究智慧，促进科研的创新发展。

对于学校的一线教师，需要创设良好的网上教研环境，建立基于网络的教师协同教研平台，使得基于网络协作教学研究在全区范围内得到广泛应用开展，真正提升教学教研质量，促进教师专业发展。对于国家研究机构或企业的科研人员，组建科研网络共同体，汇聚每位科研人员的集体智慧，促进科研成果的快速流通和转换、科研数据的及时分享，实现技术支持下的协同创新。

5. 智慧评价

传统教育评价存在评价标准和内容过于片面，缺少真实性与动态性评价，对数据利用和挖掘不够充分，难以开展持续性和终身性评价等弊端。随着信息技术的发展和智慧教学环境的完善，学习者的学习行为和结果数据将越来越丰富。

智慧评价需要充分利用大数据(教育数据挖掘、学习分析技术等)、云计算等先进技术，定期、持续采集各类教育数据(学业成就、体质状况、教学质量等)，并对数据进行深度挖掘，以得出更加科学、准确的评价结果。学生和教师的档案袋数据可以永久存储在云端，同时通过科学的评估模型，客观、全面评价教师的教学绩效和学生的学习绩效，并提出更具针对性的发展建议。

6. 智慧服务

教育的本质是一种特殊的服务，信息技术的进步为教育服务的智慧化水平提升创造了条件。智慧服务是整个智慧教育系统和谐运转的基础，主要包含运维云服务和培训公共服务。其中，智慧教育运维云服务提供全天候的智慧教育系统运维服务，保障智慧教育系统的和谐运转；智慧教育培训公共服务提供惠及全民的个性化学习与培训服务。

2.2.5 智慧教育用户

教育管理者、教师、学生、家长和社会公众是智慧教育系统的五类核心用户。智慧教育要为各类用户提供最需要、最适合、最准确、最便捷的教育服务。

1. 为管理者提供智慧管理服务

可以为各级教育主管部门更便捷地提供所辖范围内的教育资源配置状况；查看任意时间段各个学校的运行状况(教学、管理、安全等)；查看所有教育设备和资产的运行状况；查看各地区、学校的教育发展统计报表；依据全面的教育统计分析数据，更加科学地确定教育经费投入和分配政策；科学评估教育产生的社会经济效益；全面掌握所辖范围内教育均衡发展现状；更加直观地查看各个地区、学校的数字教学资源建设、应用与共享状况；实时监控所辖范围内任何学校、任何班级的考试情况；全面掌控校园安全状况，及时处理安全事故，打造平安校园。

2. 为教师提供智慧教学服务

教师可以主持、参与跨区、跨校名师公开课；将名师资源引入课堂教学；全面掌握学生的学习成绩分析数据，开展针对性教学；实时了解班级学生出勤状况；及时与家长、同事、校领导沟通交流；加入教师社群，开展网络教研活动；更加高效、便捷地进行网络备课；对学生的作业和试卷进行自动批改和自动分析；快速获取、加工和集成教学资源，支持课堂教学；根据学习者特征，进行快速分组，组织课堂协作学习；灵活控制学习终端，实时向学生推送相关学习资源；登录个人教学空间，动态获取系统推送的优质教学资源。

3. 为学生提供智慧学习服务

学生可以利用博物馆、图书馆等数字场馆资源开展自主探究学习；免费学习国际、国内名师开放课程；参加校际同步课堂，享受优质教学资源；及时与教师、同学沟通交流，解决学习、生活中遇到的难题；利用各种媒体终端进行随时随地的学习、交流和分享；登录个人学习空间，动态获取系统推送的个性化、优质的学习资源；及时获得学习的评价反馈信息，弥补自身知识缺陷；将学习过程中的关键信息存入电子学档，开展发展性评价；享受学习、交通、购物、医疗等一卡通服务。

4. 为家长提供智慧沟通服务

家长可以及时查收学校、教师发布的教学、考试、出勤等信息；将孩子的家庭作业完成情况及时反馈给教师；及时了解孩子是否安全达到学校；学校开放日通过网络实时查看教师的授课情况；随时查看孩子在学校的学习情况；及时了解孩子的学习成绩和变化情况；了解各学校最新信息，包括升学率、就业率、热门专业、优势学科等。

5. 为社会公众提供智慧资源服务

广大市民可以免费享受各级各类教育机构开放的优质教育资源；在线接受各种信息技术应用培训；通过多种终端设备获取系统推送的个性化学习资源；为教育发展出谋划策，将建议通过多种渠道反馈给教育主管部门；参加各种正规教育与非正规教育，实现终身学习。

03 智慧教育的标准体系

> 智慧教育环境标准
> 智慧教育资源标准
> 智慧教育管理标准
> 智慧教学能力标准
> 智慧学习能力标准
> 智慧教育评价标准
> 智慧教育服务标准
> 相关行业技术标准

目前，包括 ISO、IEEE LTSC、IMS GLC 等在内的知名国际教育信息化标准制定组织还未正式启动智慧教育系列标准研制工作。我国也尚未出台智慧教育标准体系，但是教育部教育信息化技术标准委员会(CELTS)已经在电子课本、电子书包、智慧校园等标准制定方面开展了大量工作，为我国下一步全面推进智慧教育系列标准的研制工作奠定了基础。

目前可供借鉴的教育技术领域标准主要分为两大类：一是软硬件技术标准，主要解决的问题是物理性技术的统一性，如教育部制定的《现代远程教育技术规范(教学资源相关部分)V1.0 版》，目的是教育资源的有效交流和共享；二是行为、素养性规范，主要解决的问题是学习对象掌握教育技术知识和能力的整体性水平与程度，如国际教育技术协会(ISTE)制定的《面向学生的国家教育技术标准》，目的是衡量教育技术的掌握尺度和质量水平[72]。智慧教育的标准体系，应包括但不局限于以上两个方面，除了软硬件与师生的行为素养标准，管理标准、服务标准、评价标准等也应囊括在体系之中。基于国内 CELTS 标准，构建了如图 3-1 所示的智慧教育标准体系。

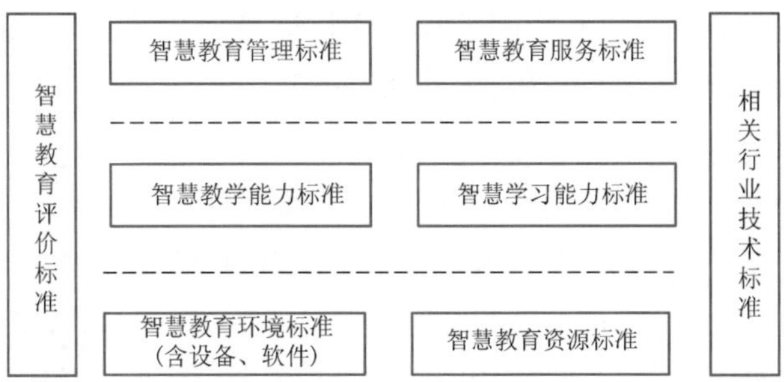

图 3-1 智慧教育标准体系

3.1 智慧教育环境标准

目前已有的教育环境标准，大多针对传统教学设施与教学环境，如《学校课桌椅功能尺寸》(GB/T 3976-2002)、《中小学校教室采光和照明卫生标准》(GB 7793-2010)等。然而，教育环境中的信息化设备应用，缺少相应的标准进行规范，仅有《电视教室座位布置范围和照度卫生标准》(GB 8772-2011)与《教学视听设备及系统维护与操作的安全要求》(GB 12641-2007)、《网络远程教育平台总体要求》(GB/T 21644-2008)等，无论时效性还是涵盖的环境元素都有相当的不足。标准的缺失使教育机构在进行信息化教学环境乃至智慧教育环境建设的时候无章可循，往往收不到预期的效果。

智慧教育环境是教育共同体在教育活动开展过程中起支持作用的智能化空间和条件，由物理环境、社会环境和网络环境等多种要素共同构成。智慧教育环境是一个技术沉浸的环境，科学的智慧教育环境标准，必须对环境中使用的技术与各种设备，设备之间如何协调，虚实环境如何集成与融合起到正确的引导与规范作用。

物理环境方面，应该对智慧教育环境中适用的设备性能与安装使用等方面制定相应的规范，如交互演示设备(如电子白板)、情境感知设备(如 RFID 传感器)、学习终端设备(如平板电脑)等。网络环境方面，教育部教育信息化技术标准委员会正着手制定相应的学习环境类标准，包括平台与媒体标准组谱、学习管理标准、协作技术与协作学习标准、工具/代理通信规范、虚拟学具标准、企业接口标准与教育云框架标准等。

智慧教育起步阶段，学校与课堂仍然是教学的主阵地，出台适合国情的、科学的智慧教室、智慧校园等环境建设标准至关重要。智慧教室建设标准制定需考虑到智慧教室应具备的情境感知、全向交互、可视化、智能化控制等特点，顺应个性、协作、探究、互动等课堂教学变革的重要趋势。智慧教室中的课桌椅应该是灵活的，易于移动和组合，符合人体工程学基本原理，可以根据不同教学形式的需要，进行拼接和组合成适度规模的学习小组[73]。智慧校园建设方面，应综合制定包括智慧教室、图书馆、实验室、校园一卡通、信息管理系统、虚拟校园平台等在内的一系列标准，以满足智慧教育对学校教学、科研、社会服务功能提出的更高要求。标准还应对校园网络覆盖、传感器与监控设备等硬件设施做出具体的规定，防止因规范标准不明确造成资源浪费和安全问题。

3.2 智慧教育资源标准

教育资源的标准化工作推进较之教育环境标准要顺利许多，IMS 全球学习联合组织与美国国防部下属的高级分布式学习(Advanced Distributed Learning，ADL)组织研制了许多教育技术领域的重要规范，如 LRM(学习资源元数据)、IMS-CP(内容包装规范)、IMS-LD(学习设计规范)、IMS-QTI(问题与测试互操作规范)等，这些规范有的已被 IEEE、ISO 等标准化组织吸收并修订为正式的国际标准。ADL 组织从 2000 年开始制定的用于在线课程封装和共享 SCORM 规范，被企业界广泛使用，特别是在企业培训和职业教育的在线课程制作商和 LMS 开发商，大多数都会遵循 SCORM/SCORM2.0 规范中的核心部分，已成为 e-Learning 领域事实上的行业标准[74]。

我国教育部教育信息化技术标准委员会(CELTS)在上述国际资源标准的基础上开展了大量的本土化工作和创新设计工作，制定了学习对象元数据(CELTS-3)、课程编列(CELTS-8)、基础教育资源元数据应用规范(CELTS-42)、教育资源建设规范(CELTS-41)、练习与测试互操作 XML 绑定(CELTS-10-2)、内容包装(国家推荐性标准 GB/T 26222-2010)、学习设计(CELTS-21)、数字化学习对象语义描述(CELTS-56)等一系列标准。2010 年正式成立“电子课本与电子书包”标准专题组，开始电子课本与电子书包标准的研制工作。目前，电子课本与电子书包的体系结构(CELTS-49-1)、电子课本的信息模型(CELTS-49-2)、电子书包终端技术的通用规范(CELTS-49-3)已经完成，其中 CELTS-49-2 已经顺利通过中国国家标准化管理委员会的国标立项公示期，标志着我国电子课本标准研制工作走在了国际前列。

总的来说，目前已有的这些教育资源标准，在资源描述、资源封装与资源重组等方面确立的规范已较为成熟。然而，智慧教育对教育资源的泛在性、情境性、联通性等方面提出了更高的要求，若现有的标准不进行适应性改进，则将很难满足智慧教育发展需要。智慧教育资源标准的制定应在现有国内外资源标准的基础上，重点从语义化、多终端适应、过程性信息采集、社会认知网络描述与构建等方面进行扩展。

智慧教育资源标准制定的要点如下：①将资源的语义属性涵盖在内，使资源可以被机器自动识别和处理，以实现资源的智能与个性化推送；②确定多种标准的多媒体资源展示格式，实现资源对学习终端的智能适应，针对学习者使用的不同终端，自动将资源转换为适合的格式；③规范化描述资源应用过程中产生的生成性信息，如批注、评论、帖子等；④规范化描述资源、用户之间的语义关联，实现知识网络与社会认知网络的共享。另外，对于新兴的开放教育资源形态 MOOC、微课程等，也应将其纳入智慧教育资源标准体系，以实现教育资源的深层开放与共享。

■ 专栏 3-1　电子课本与电子书包的总体框架模型

电子课本与电子书包的总体框架模型是制定电子课本与电子书包标准体系的基础，它是从系统工程的角度抽象概括出电子课本与电子书包的技术框架，一方面从技术角度规定了电子课本与电子书包标准的涵盖范围和对象；另一方面也使得技术人员和用户能直观地了解具体电子课本与电子书包标准的实际应用场景和相互关系。

从概念上，电子书、电子课本和数字化学习终端之间的关系如图 3-2 所示。其中，电子课本作为一种特殊的教育专用电子书，是教科书电子化或数字化之后形成的具有教育教学属性的数字出版物，是学习者使用电子书包进行学习的主要内容，在功能上兼具阅读性与教学性；而电子书包是整合了电子课本阅读器、虚拟学具，以及连通无缝学习服务的个人学习终端；数字化学习终端是学习者进行学习的一种实体化工具，它为学习者提供电子课本的阅读功能和其他学习服务和学习工具。

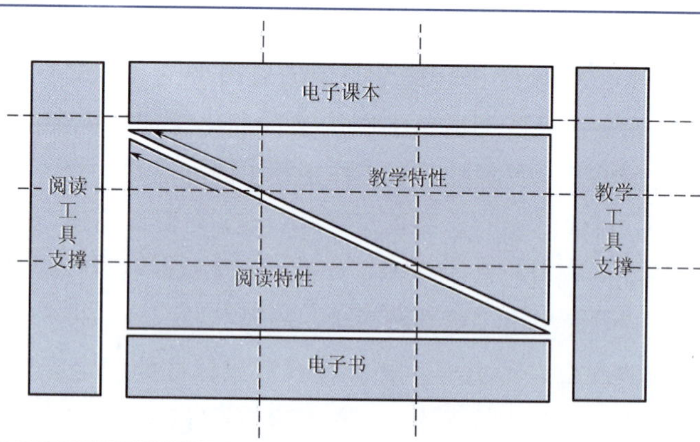

图 3-2　电子书、电子课本的特性关系

从教育应用角度，电子书包系统至少包括学习内容、学习终端和学习平台三大部分，如图 3-3 所示。其中，学习内容包括了电子课本，电子书和其他泛资源，是学习者使用电子书包时的学习对象，其中电子课本作为核心内容；学习终端则为学习活动的开展提供硬件支撑的设备，是使用电子书包进行学习时的主要媒介，学习工具和本地的学习服务承载在学习终端上；学习平台则为电子书包系统提供各种安全的网络学习服务和资源管理平台，如学习者能力评测、学习活动分析、多学习环境无缝切换、自适配式学习资源推送、学习活动跟踪管理等。从图 3-3 可见，电子课本与电子书包系统可划分为学习内容、学习终端、学习服务和教学工具四个部分。

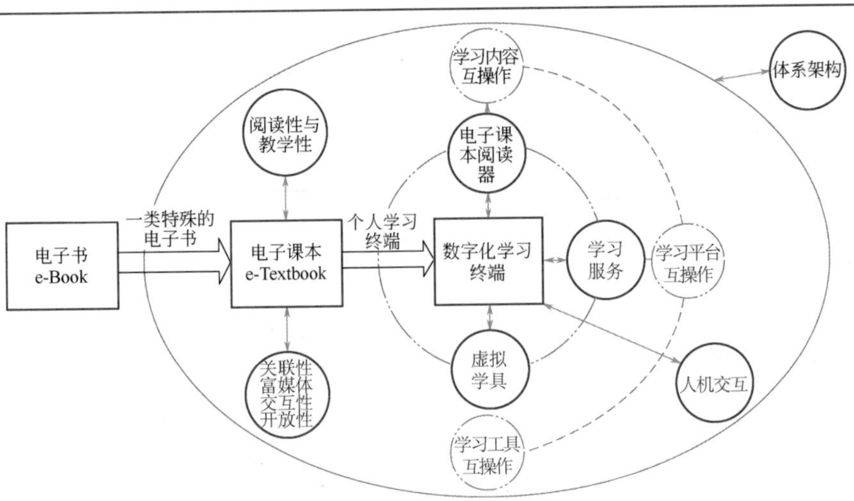

图 3-3　电子课本与电子书包的概念模型

从系统层次结构来看，电子课本与电子书包作为一个软硬件结合的系统，它的各个部分之间的层次关系如图 3-4 所示。

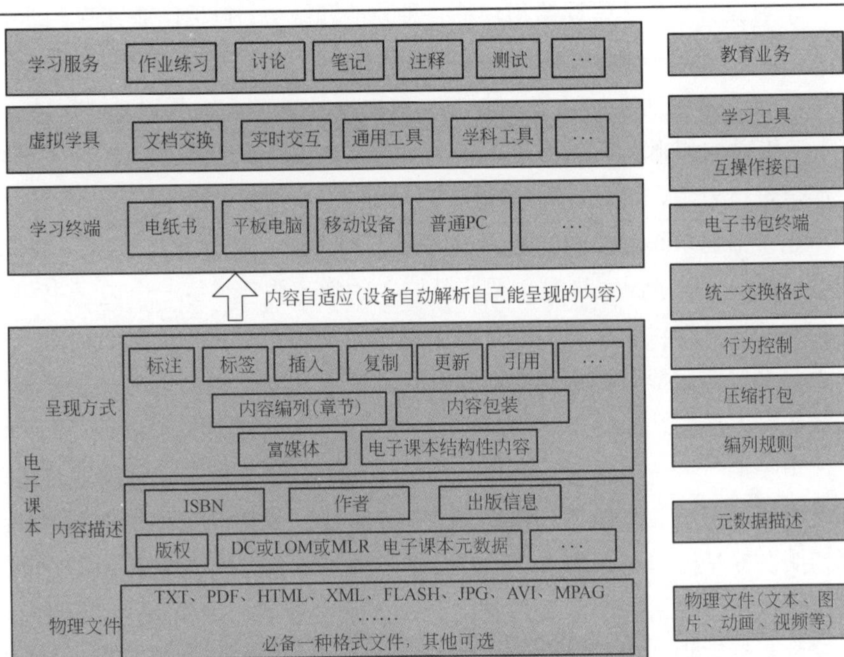

图 3-4　电子课本与电子书包系统层次结构示意图

电子课本作为系统的内容层，包含了物理文件、内容描述和呈现方式三个部分。

• 物理文件：承载学习内容的文件，其格式可以为 TXT、PDF、HTML、XML、FLASH、JPG、AVI 和 MPAG 等。

• 内容描述：对于电子课本和内容的元数据描述，例如，ISBN、作者、版权等信息，可参考 DC 或 LOM 元数据标准，制定电子课本元数据规范。

• 呈现方式：规定电子课本内容的组织和呈现形式，包括内容排版、内容编列、内容包装和行为控制等。

学习终端是系统的硬件支撑，不同的硬件设备对电子课本内容进行自适应以呈现各自能解析的内容，其可以是电纸书、平板电脑、移动设备、普通 PC 等。

虚拟学具是对系统中服务教与学活动工具的统合，划分为通用工具和学科工具两大类，通用工具实现认知和沟通两大基本功能，而学科工具用以支撑各学科的教与学。

学习服务是最终呈现给用户的各种功能和服务，包括作业练习、阅读、讨论、注释和测试等。

从电子书包功能的角度，电子课本与电子书包系统可以从“媒体-功能”二维建构和拓展集成及其“核心、可选、扩展”三级配置与功能关联两个维度进行思考，如图 3-5 所示。

电子书包系统涉及的学习内容包括三种类型：电子课本、电子书和泛资源。其中，电子课本是最主要、最核心的学习内容，每一个电子书包系统都必须对其提供阅读支持；而电子书作为一种电子课本之外的补充，电子书包系统应该提供相关的功能支持；泛资源作为一种学习拓展，电子书包系统可以提供功能支持。

电子书包系统的学习服务也分为三类：本机学习服务、班级学习服务和社会学习服务。本机学习服务对学习者个人、本地学习提供支持；班级学习服务对学习者在课堂内的协作、交流提供支持；社会学习服务对学习者课外的基于网络的学习提供支持。以上学习服务可由第三方平台提供，电子书包系统提供接口。同样，电子书包系统的学具也可划分为个人学具、班级学具和社会学具。

电子书包系统的学具与服务支持架构采用分级式的发展思路，从核心、可选、扩展三个层面实现学具集与服务集的配置和升级。

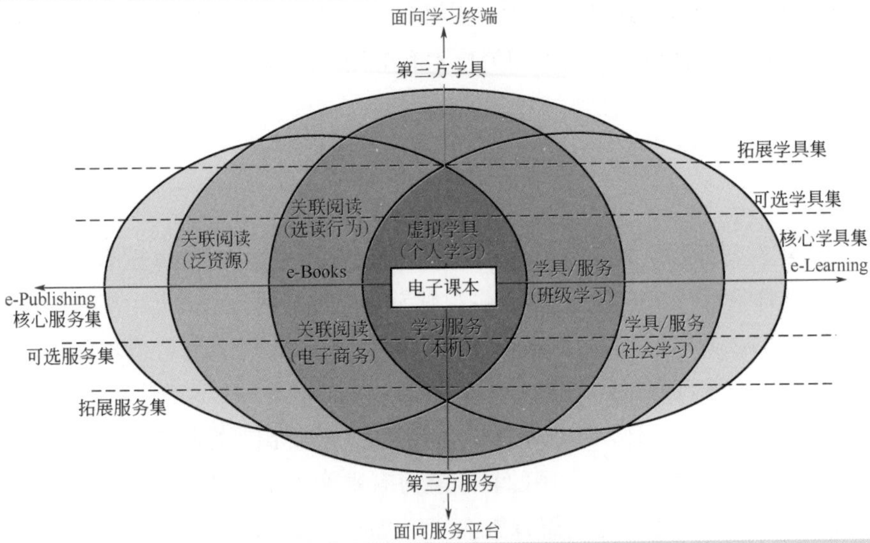

图 3-5　电子书包系统功能建模

资料来源：全国信息技术标准化技术委员会.《中国电子课本与电子书包标准体系研究报告》，2012.12.

3.3　智慧教育管理标准

2012 年，教育部研究制定了《教育管理信息教育管理基础代码》等 7 个教育信息化相关标准，并作为教育部行业标准予以发布。2013 年，教育部印发《中小学生学籍管理办法》，为每名学生建立全国唯一的电子学籍档案，对学籍注册、学籍档案管理、学籍异动、升级、毕业、成长记录等进行全程信息化管理，实现全国范围内学生流动情况的实时监控与管理。教育管理信息系列标准的发布和统一电子学籍制度的建立，标志着我国教育管理信息化水平有了实质性的发展，为我国教育管理事业朝着健康、有序、科学的方向发展提供了保障。

然而，当前已有的管理标准主要针对静态化的教育管理基础数据，而对教育教学活动产生的海量动态数据缺乏相应的管理规范。为了适应大数据时代发展需要，下一步需要对现有教育管理标准体系进行扩展，将管理标准的涵盖范围扩大至教育行政部门和学校日常管理的方方面面。智慧管理标准应重点关注教学活动与教育管理绩效数据，积极研制教育数据的云存储、数据挖掘、数据安全、管理信息系统建设等相关技术和应用标准。

3.4 智慧教学能力标准

2004年教育部制定并发布了《中小学教师教育技术能力标准(试行)》，以提高中小学教师教育技术能力水平，促进教师专业能力发展。经过近十年的教育技术能力培训，我国中小学教师的教育技术能力大大提高，为开展智慧教育奠定了很好的基础。随着智慧时代的到来，各种新的教育环境、教学工具、教学模式、教学方法与理念不断涌现，对教师的智慧教学能力又提出了严峻挑战。

智慧教学的成功实施与教师的教学能力有密切关系，教师能否合理使用智慧环境提供的资源、工具等开展智慧教学，提高教学质量和效率，很大程度上取决于教师在智慧环境下的教学能力水平如何。借鉴当前国内外主流教师信息技术能力标准，构建了智慧时代教师的智慧教学能力结构(图3-6)，主要包括：智慧技术应用能力、智慧教学设计能力、智慧课堂把控能力、跨区域互动授课能力、智慧资源整合能力和智慧教学评价能力。

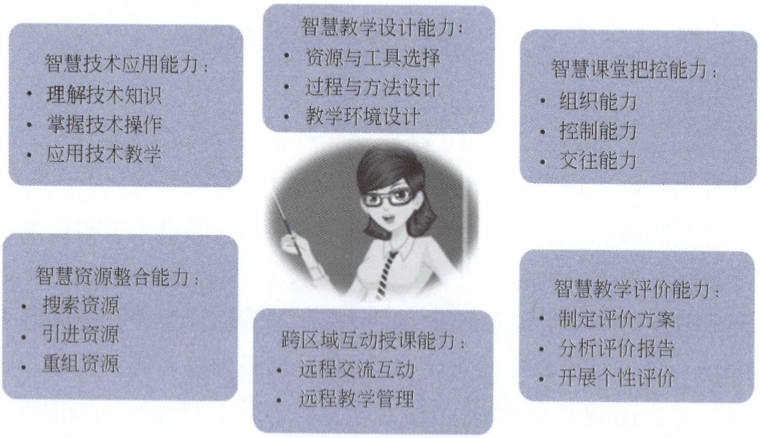

图3-6 教师的智慧教学能力结构

3.4.1 智慧技术应用能力

TPACK 模型是当前国际上教师信息技术应用能力培训的主流理论框架，该模型提出教师信息技术应用能力是一个完整体系，是对教育教学过程与教学资源的设计、开发、组织、管理和评价能力，包括信息技术能力、技术支持的学科教学能力和教师专业发展能力[75]。其中，信息技术能力是教师信息技术应用的基础能力，包括信息技术基础知识和信息技术基本技能两个部分；技术支持的学科教学能力是教师信息技术应用能力的核心，即信息技术与不同学科整合的能力；教师专业发展能力指教师作为专业人员，从专业思想、专业知识、专业能力等多个方面不断发展和完善自我的能力。

能否合理使用各种智慧技术和工具是考核教师的智慧技术应用能力的核心。教师能够理解各种各样的技术和工具在教学活动中存在的目的和意义，掌握它们各自的优势和特点，正确、合理、熟练的操作技术与工具，根据不同的教学情境和教学活动选择合适的教学工具并进行有效组合，以支持教学活动的有效开展。

3.4.2 智慧教学设计能力

教学设计能力是教师教育技术能力标准的核心。智慧环境拥有海量的教学资源、丰富的教学工具和功能强大的教学平台，如何精心设计教学过程，恰当引入各种资源与工具，有效发挥教学平台的支撑作用，是智慧教师的必备能力。智慧环境中的教学资源不仅包含图、文、声、像等常见资源类型，还包括各种虚拟仿真教学工具和学科专家、名师、学习伙伴等人际资源。教师要从整体上准确把握教学目标，提前预测学生的个体需求，选择和推送最适合教学的资源，同时满足学习者对各种资源、工具和人际交流的个性需求。技术的发展推动在线教学平台的功能越来越强大，教师要能够依据教学目标，合理设计和选用平台功能，创建最优化的网络教学环境，开展真正有效的、能激发学生潜能的、促进学生深度学习的混合式教学。

3.4.3 智慧课堂把控能力

智慧课堂是开放的课堂，是深度交互的课堂。为了保证智慧教学活动的顺利开展，智慧教师需要具备强大的课堂组织能力、控制能力和交往能力。智慧课堂中每个学生都拥有一部智能学习终端，内置丰富的教学资源，可以无缝访问各种云平台。一对一环境是一种开放的学习环境，学生具有更大的灵活性和自主性，因此，教师需要精心设计、严密组织课堂教学活动。智慧教师要能够根据教学活动的形式及时调整设计教室的环境布置，例如，在开展小组活动时，教师要能够帮助学生快速设计好讨论的场所和所需的学习工具。

课堂教学活动的实施过程中，教师还要能够利用智能监控软件实时监督每个学生的学习行为，确保学生不偏离学习“轨道”，控制课堂活动有序进行。课堂教学是一种互动过程，教师还需要具备较强的人际交往能力。教师要能够利用智能分析与监控技术第一时间捕捉学生学习遇到的困难和问题，甚至洞察学生的不良情绪，及时通过多种途径和方法解答学生疑惑，激励学生迎接学习挑战，战胜学习困难。

3.4.4 跨区域互动授课能力

智慧教学是开放的，随着视频会议、智能录播、无线通信等技术的不断发展，未来的教师将跨越学校界限，组成教师教学共同体，实施联合跨区域互动授课。教师之间发展各自专长，为学生提供最优质的教学。远程授课将不再是名师的“专利”，普通教师在智慧教学环境下也需要具备跨区域互动授课能力。跨区域互动授课与传统授课及简单的远程视频授课不同，教师不仅要了解虚拟授课环境、掌握各种虚拟教学工具，还需要准确把握远程学习者的学习心态、特征和需求，具备远程交流互动的能力和远程教学管理的能力。教师要能够利用远程授课系统实时分析提供的远程学习者的学习情况，调整教学活动，改变教学策略，推送教学资源，与现场教学实现无缝连接。

3.4.5 智慧资源整合能力

智慧资源整合能力是指教师多渠道获取教学资源并进行有效重组以满足个性化教学需求的能力。开放性已成为教学环境发展的必然趋势，各种开放教育资源不断涌现，为教师开展开放教学创造了条件。教师要能够利用搜索、RSS 和策展等方式快速准确地获取自己所需的资源，并对资源进行重组改造以满足自身教学的实际需要。其中，策展技术的掌握能够帮助教师在分享资源的同时创造资源；在获取信息的同时，积极分享和传播有价值的信息。同时，教师还需要具备外部资源整合的能力，可以将外部优质的人力资源引入课堂（如邀请名师远程授课，邀请行业专家实时讲解等），拓展课堂的教学深度和广度。此外，智慧教师还要能够利用智慧环境提供的各种资源制作工具，在已有资源的基础上进行不断创新改造，以满足动态变化的教和学的需求。

3.4.6 智慧教学评价能力

智慧教学不同于传统的数字化教学，由于新技术的引入而呈现出一些新的特征。教师要能够根据教学目标，确定合适的教学评价方案。数据挖掘、内容分析、可视化等技术的发展为开展更具智慧化的教学平台提供了条件。教师虽然不需要完全掌握这些技术，但要具备解读学习评价报告的能力，能够从学生评价报告中分析学生的知识缺陷、学习进步等情况。此外，教师还需要综合学生历次学习成绩和学习过程表现给予全方位的个性化评价。个性化的评价既包括对学生学业成绩的客观评价，也包括对学生情感、态度、价值观发展方面的评价。

3.5 智慧学习能力标准

智慧教育要培养具有高级智慧的创新型人才，学生应当具备较强的智慧学习能力。目前，我国还未制定学生教育技术能力相关标准。为了提升学生信息技术应用能力，实现每位学生的个性化发展，急需制定面向 21 世纪的学生智慧学习能力标准。

智慧学习是发展学习者的数字学习智慧，实现学习者的自我发现、自我认识和自我提升，成为智慧创造者。随着社会的不断进步和人才需求的变化，学习者的学习能力结构也需要不断地完善和提升。在综合借鉴不同机构组织提出的 21 世纪能力[76-78]基础上，提出了智慧时代学生智慧学习能力结构(图 3-7)。该框架从认知、创造、内省和交际四个领域来描述智慧学习者应具备的能力。

3.5.1 认知领域

智慧学习者在认知领域应具备以下几方面的能力：①认知策略。使用智能工具和智慧技术实现认知加工、发展和知识迁移的能力。②高阶思维与推理能力。能对复杂的情境问题进行较高认知水平层次的综合处理，通过合理的逻辑推断，寻求最佳的问题解决途径。③个人知识的智慧管理能力。以可视化、智能化的方式分析和管理个性化的知识网络，促进个人知识结构的发展完善，实现个人知识网络的联通与持续进化。④学习资源智慧选择与应用的能力。能够对智慧学习系统推送的学习资源进行合理分析、评价、选择与应用。

图 3-7　学生智慧学习能力结构

3.5.2　创造领域

智慧教育的目的是培养具有创造能力的学习者，造就一大批能够引领社会进步发展的拔尖创新型人才。智慧学习者在创造领域应具备以下几方面的能力：①批判与创新的能力。运用批判思维和发散思维、逆向思维等创造性思维，对学习和生活中的知识、制品等做出合理批判，并进行创新性改造。②承担风险的能力。对创新和创造中出现的错误持平常心，具有强大的心理承受能力，不抱残守缺、限于常规，敢于应付挑战、承担风险，不断提升个人创造能力。③智慧工具与技术的创新使用与管理能力。能够熟练地使用与管理各种智慧技术和工具，以支持智慧学习活动开展与生活中制品的开发、知识的创造和问题的解决。

3.5.3　内省领域

内省是一股隐性的力量，可以促使学习者逐渐认清自我，从而提升自己。智慧学习者在内省领域应具备以下几方面的能力：①自我评价的能力。能够熟练使用各种智慧评价工具，应用数据挖掘与分析技术，对自己的身体状况、学习活动表现、学习成果等进行科学、客观的评价。②自我反思的能力。在自我评价基础上，认真反思技术工具难以测量与评价的情感、态度、价值观等方面的发展变化和学习的得与失。③自我规划的能力。依据自我评价和自我反思的结果，利用智能化、可视化的工具制定符合个人能力基础的发展路径，并能在规划执行中根据能力变化进行适当调整。

3.5.4 交际领域

社会交往是人类社会的基本存在形式，交际能力是人类适应的必备技能。智慧学习者在交际领域应具备以下几方面的能力：①适应智慧环境的能力。对各种智慧技术和工具的应用保持积极的态度，快速适应智慧技术创造的新环境。②参与智慧活动的能力。能够熟练应用各种智慧技术，乐于体验新的智慧学习模式，能否积极参与群体协作活动中。③构建个性化人际网络的能力。智慧学习过程中能够通过多种途径和方法，动态构建个性化的人际网络，实现自身外部社会网络的不断优化和发展。④跨领域协作学习和交流的能力。合理应用各种通信技术，开展跨学科、跨地域的协作学习和交流。

3.6 智慧教育评价标准

智慧教育在我国尚处于起步阶段，还没有制定完善的智慧教育评价标准。“以评促建”是一种发展智慧教育的方式，通过评价标准的制定提前规划我国智慧教育的发展。国家相关部门需尽早开展智慧教育评价标准的研制工作。

目前，教育部在教育发展领域已经制定了一些评价标准和方案，如《社区教育示范区评估标准（试行）》、《中小学教育质量综合评价指标框架（试行）》、《中小学教师水平评价标准条件（试行）》、《普通高等学校本科教学工作水平评估方案（试行）》等。各省市区也有发布教育评价方面的标准，如2013年江苏省教育厅发布了《江苏省国家教育信息化达标率评价标准（试行）》，2014年成都市教育局发布了《成都市中小学教育质量综合评价指标》。这些评价标准和方案为智慧教育评价标准的制定奠定了基础。

智慧教育评价类标准应当涵盖如下方面：教育发展水平评价、教育质量综合评价、教育信息化发展水平评价、教育现代化发展水平评价、教育环境成熟度评价、教师智慧教学能力评价、学生智慧学习能力评价、教育资源建设与应用效果评价、信息化系统建设与应用效果评价等。各种评价标准在研制的时候应遵循一些基本原则，例如，强调基于大数据的客观量化的评价，强调以促进教育发展为根本宗旨，更加注重发挥评价的引导、诊断、改进、激励等功能，改变过于强调甄别和简单分等定级的做法。

智慧教育发展水平评估应当围绕智慧教育的内涵、特征与目标开展。衡量智慧教育发展水平的最终指标要落实到广大教师、学生的个体成长上，体现“以人为本”的指导思想。衡量区域层面(省、市、区县等)的智慧教育发展水平，需要把握如下几个重点。

系统性。智慧教育发展水平评估涉及硬件、软件、资源、业务、能力、成效等多个方面，是一种综合性的、复杂性的教育评价。指标体系要具备充分的合理性、全面性，各指标的权重设置也要经过严格的计算，保证评价结果的可信度。

客观性。避免过多人为的主观判断，应积极采用数据模式，一切评价靠“数据”说话，对评估结果进行量化、客观的分析。随着大数据技术的不断发展，教育领域的一切事件将有可能被如实记录下来，成为教育发展水平评估的重要依据。

发展性。强调发展性评价的核心理念，发展水平评估的最终目的是更好地促进国家或区域下一阶段智慧教育的发展，而非对当前教育发展水平下定论。因此，评估的结果是诊断问题并给出发展建议。

持续性。智慧教育发展过程中的评估数据要实现持续性的采集和动态更新，评估工作也应当通过制度化的手段实现常态化。通过对周期性、连贯性的发展水平评估数据的深度挖掘，除了可以比较前后发展差异，还可以发掘大数据背后隐藏的教育发展规律。

为了促进智慧教育发展水平评估工作的开展，本书参照智慧教育的概念框架提出了一套初步的评价指标体系，包括智慧教育基础条件、智慧教育环境、智慧教育资源、智慧教育应用系统、智慧教育业务、智慧教育成效等六个一级指标。区域智慧教育发展水平评估参考框架，如图 3-8 所示。

智慧教育基础条件。主要评价智慧教育的网络设施建设情况，还包括智慧教育的政策条件，评价有无完善的促进区域智慧教育发展的相关制度，制度的完善程度与实施情况；评价区域智慧教育建设队伍的构成情况，是否有梯队、配置是否合理、专业知识与技能掌握情况等。

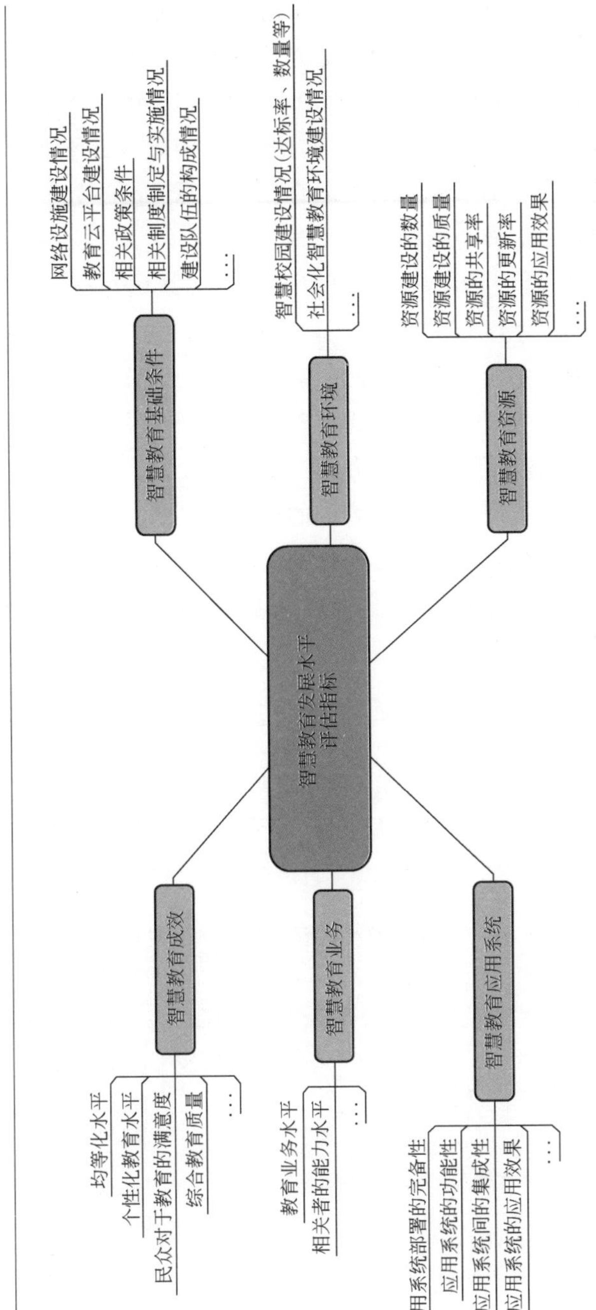

图3-8 区域智慧教育发展水平评估参考框架

智慧教育环境。主要评价区域智慧校园建设的达标率，核心指标包括智慧教室、智慧图书馆、智慧实验室等各种智慧教学环境的完善程度和建设数量与比例，无线网络的覆盖率与速度等；区域智慧博物馆、图书馆、探究基地等各类社会化智慧教育环境的完善程度和建设数量与比例，还有教育云环境建设情况。

智慧教育资源。主要评价区域各类教育教学资源建设的数量、质量、共享率、更新率和应用效果等核心指标。

智慧教育应用系统。主要评价区域门户、应用系统(智慧教学、智慧研训、智慧管理、智慧社区、智慧分析等)和教育大数据中心的部署、集成与应用情况，如各应用系统部署的全面性、功能的智慧性等。

智慧教育业务。主要评价智慧教学、学习、科研、评价、服务、管理能力(如能力的达标率、平均水平等)。

智慧教育成效。主要评价区域教育内的均等化水平、个性化教育水平、民众对于教育的满意度、综合教育质量等，目前在基础教育阶段国家已发布《中小学教育质量综合评价指标框架(试行)》，可供制定智慧教育成效评估指标时参考。

专栏 3-2　中小学教育质量综合评价指标框架(试行)

为进一步推进中小学教育质量综合评价改革，教育部于 2013 年 6 月 3 日正式发布了《中小学教育质量综合评价指标框架(试行)》，以指导全国各地更好地开展基础教育质量综合评价。中小学教育质量综合评价指标框架如表 3-1 所示。

表 3-1　中小学教育质量综合评价指标框架

评价内容	关键指标	指标考查要点	评价主要依据
品德发展水平	行为习惯	学生在文明礼貌、勤俭节约、热爱劳动、爱护环境等方面的认知和表现情况	社会主义核心价值观、义务教育课程方案和相关学科课程标准、普通高中课程方案和相关学科课程标准、《中小学德育工作规程》、《中共中央国务院关于进一步加强和改进未成年人思想道德建设的若干意见》、《中小学生守则》、《小学生日常行为规范(修订)》、《中学生日常行为规范(修订)》、《中小学文明礼仪教育指导纲要》等
	公民素养	学生在珍爱生命、遵纪守法、诚实守信、团结友善、乐于助人等方面的认知和表现情况	
	人格品质	学生在自尊自信、自律自强、尊重他人、乐观向上等方面的认知和表现情况	
	理想信念	学生的爱国情感、民族认同、社会责任、集体意识、人生理想等方面的情况	

续表

评价内容	关键指标	指标考查要点	评价主要依据
学业发展水平	知识技能	学生对各学科课程标准要求的基础知识、基本技能的理解和掌握情况	义务教育课程方案和各学科课程标准、普通高中课程方案和各学科课程标准与其他相关规范性文件等
	学科思想方法	学生对各学科思想和方法的理解和掌握情况	
	实践能力	学生关注现实生活、参加社会实践和志愿服务活动、解决实际问题、进行职业准备等方面的情况	
	创新意识	学生独立思考、批判质疑、钻研探究,解决问题的思路、方式方法等方面的情况	
身心发展水平	身体形态机能	学生身高、体重、肺活量、身体运动能力和视力状况等达到《国家学生体质健康标准》要求的情况	义务教育课程方案和相关学科课程标准、普通高中课程方案和相关学科课程标准、《国家学生体质健康标准》、《国务院办公厅转发教育部等部门关于进一步加强学校体育工作若干意见的通知》、《中小学学生近视眼防控工作方案》、《中小学健康教育指导纲要》、《中小学心理健康教育指导纲要(2012年修订)》、《学校艺术教育工作规程》、《教育部办公厅关于在义务教育阶段中小学实施"体育、艺术2+1项目"的通知》和其他相关规范性文件等
	健康生活方式	学生对健康知识与技能的了解和掌握情况,生活与卫生习惯、参加课外文娱体育活动等方面的情况	
	审美修养	学生在审美情趣和艺术修养等方面的发展情况	
	情绪行为调控	学生对自己情绪的觉察与排解、对行为的自我约束情况,应对和克服学习、生活中遇到的困难的态度和表现情况	
	人际沟通	师生关系、同伴关系、亲子关系等方面的情况	
兴趣特长养成	好奇心求知欲	学生对某些知识、事物和现象的专注、思考和探求情况	
	爱好特长	学生课余生活的丰富性,在文学、科学、体育、艺术等领域表现出的喜好、付出的努力和表现的结果	
	潜能发展	学生在某些方面表现出的突出素质和进一步发展的能力	
学业负担状况	学习时间	学生上课时间、作业时间、补课时间、睡眠时间等	义务教育课程方案和各学科课程标准、普通高中课程方案和各学科课程标准、《中共中央国务院关于加强青少年体育增强青少年体质的意见》、《中小学学生近视眼防控工作方案》、《教育部关于当前加强中小学管理规范办学行为的指导意见》和其他相关规范性文件等
	课业质量	课程教学、作业和考试(测验)的有效程度及学生的感受和看法	
	课业难度	课程教学、作业和考试(测验)的难易程度及学生的感受和看法	
	学习压力	学生在学习过程中表现出的快乐、疲倦、焦虑、厌学等状态	

资料来源:教育部网站,教育部关于推进中小学教育质量综合评价改革的意见(教基二[2013]2号).

3.7 智慧教育服务标准

教育服务可以看作一种特殊的教育产品，随着学习型社会的建立，教育服务的提供主体变得更加多元化，企业等营利性机构将在教育服务行业中扮演更加重要的角色，为学校、教育管理部门和学习者提供高质量的、多样化的教育服务。目前国家颁布的教育服务标准仅涉及非正规教育与培训，如《非正规教育与培训的学习服务质量要求》、《成人教育培训组织服务通则》等，对高等教育、职业教育、基础教育、学前教育的服务内容与提供商没有明确的规范标准。已有的教育服务标准体系也不够完备，导致教育服务的质量参差不齐，难以满足智慧教育发展需要。

为进一步规划教育服务市场的规范化、高质量、有序发展，国家需要抓住智慧教育大发展的时机，积极组织制定智慧教育公共服务系列标准。智慧教育公共服务标准大体应当包括：教育服务提供者资质标准、教育服务质量标准、教育服务管理与流程标准、教育培训服务行业标准、教育服务购买支付标准等。标准在具体制定的过程中可以借鉴参考国家已经颁布的其他服务行业的相关标准。

3.8 相关行业技术标准

云计算、物联网、大数据、泛在网络等新一代信息技术是支撑智慧教育的核心技术，目前这些技术尚未具备完善的行业统一标准。例如，云计算技术方面，目前标准制定内容涉及云计算的定义、互操作和集成标准、服务接口标准、程序开发标准、可移植性标准、安全标准等，涵盖了云计算的建设、开发、服务、运维等整个生命周期，至今已经输出了一些得到广泛认可的技术标准或规范。但大多数云计算标准处于草案编制阶段，很多标准化组织的工作都还刚刚起步，极不成熟，亟待进一步的研究和改进。另外，很多厂家考虑到自身的利益原因不愿推动公开标准的研究与发展[79]。

物联网标准方面，由于物联网还没有实现大规模的应用，主要应用还是由各种小规模的垂直行业应用与基于公众通信网的应用构成的，所以物联网标准大体分成 4 类，即物联网总体性标准、物联网通用共性技术标准、物联网公共标准和电力、交通等行业的专属物联网标准。总体性标准方面，工业和信息化部与物联网协会等于 2013 年完成了《物联网总体框架与技术要求》(YD/T 2437-2012)的制定与发布，由于物联网涉及的技术广泛，标准化方面形成了多个国际标准和工业标准并存的局面，在此就不一一赘述。泛在网络方面，由于运营商和设备商组成的联盟推动，已形成了多个标准体系。而大数据技术方面的标准仍是一片空白。

智慧教育和其他智慧领域存在一些共性的基础技术，如物联网、云计算等，而这些技术标准的制定应当由国家、企业、行业协会等多方完成。智慧教育发展过程中更多的是遵循、应用、适当改进这些技术标准即可。

04 智慧教育的产业基础和实践

> 智慧教育的产业基础分类

> 智慧教育的产业发展面临的问题

> 智慧教育的产业发展实践

按经济学传统的定义，产业是具有相同性质企业或组织群体的集合。智慧教育的发展，既离不开相关产业发展的支持，同时又能为相关产业的发展带来契机。有研究报告显示，2011 年全球智慧教育市场规模达到 730 亿美元，2017 年该市场规模将会激增至 2200 亿美元[80]。

在对智慧教育相关产业进行分析时，不可避免地会将“教育信息化”等概念范畴下的产业纳入一并观察。本书没有刻意区分哪些产品服务具备了智慧教育元素，而哪些还不具备；更没有在严格的本体论、认识论或价值论的高度分辨哪些产品服务及其商家具备智慧教育的理念，而哪些还不具备。我们认为具备智慧教育元素或标签的技术、产品和服务会不断涌现，并遵循创新扩散的规律传播；产业内的任何一个商家，任何一个学习者、教育工作者或监管者都将被这个趋势推动前进。智慧教育的相关产业包括教育信息化产业和衍生产业，是依托云计算、物联网、大数据、移动互联网等新一代信息技术，围绕教育活动提供相关设备、内容、工具、集成应用环境和服务的新兴教育产业。

智慧教育相关产业主要服务于五类用户：终生学习者、教师、管理者、学习者的利益相关者、监管者和公众。用户所处的环境有两大类别：一是“校内”，通常为全日制的各级各类公立或准公立的学校及其各级主管部门；二是“校外”，即家庭和社会所提供的学习环境；在全民学习和终身学习的视角下，在信息化所提供的资讯空间中，“校外”这类学习环境的重要性正日益提升。

智慧教育相关产业中的产品和服务提供商也分为两类，一类是教育专业领域的服务商；另一类则不是教育专业领域的服务商，其服务带有公共特性，但其产品和服务可以为教育所用，如通用的终端设备制作商（含其上游的芯片、OS 等厂商）、通信网络服务提供商、公共资讯资源服务商（门户网站、App-Store、WIKI、搜索引擎等）、社会化网络服务提供商（即时通信、微博、微信等）等。无论从产品在教育用户中的影响力，还是从其业务规模在产业中所占的比例来分析，后一类厂商的作用都无法被忽视。

4.1 智慧教育的产业基础分类

如前面所述，两类服务商，向处于两类环境中的五类用户提供了多种形式的产品和服务，我们尝试提出一个产品和服务的分类框架，进一步详细剖析智慧教育的产业构成和发展状况。

广义上看，自人类创立现代教育制度以来，人类的学习大多数发生在专职的教育机构之外。而狭义上看，自工业革命以后，关于文化、知识、技能类的教学大部分由专职教育机构(学校)通过班级授课模式而进行；而如今，随着现代信息技术的发展，人们得以用更多方式和途径去获取知识，学校的“围墙”逐渐在消除。

从一个生活在现代城市中的学习者的视角看，他(她)接触或可获得信息化的教育产品和服务主要包括：①各种各样的设备，如非教育专用的各种计算机、移动终端、可穿戴设备等；以及教育专用的学习机或电子书包等。设备是获得所需电子化学习服务的基础。②网络通信，固定或移动的网络，能够让设备获得学习资源、服务。③学习者可以从各类门户站点、垂直资源和搜索引擎、文库、WIKI 等站点获得资源。同时，学习者还可以利用各类工具，加入各种社会化网络和学习社区中，以获得所需要的社交支持。在此过程中，学习者都可能尚未直接接触任何一个专业的教育服务机构，也未直接使用专业教育服务机构的产品。

当学习者进入专业教育服务机构学习时，通常会在整合后的集成应用环境中获得信息化学习所需要的各种支持。例如，在校园网络中(或称为数字校园、智慧校园)，使用校园卡出入校园、进行餐饮等消费和访问其他各类校园中的物理资源。在集成的校园网络环境中，最重要的应用体系包括内容与资源、工具类应用、管理类应用。

学习者可以在校园集成应用环境中获得非常专业和精准的内容与资源，其中甚至有的是校本类的资源，如由本校教师编写和创立的资源。校园网络内还会提供一系列的信息化工具，常规到邮件、VPN 等工具，新型的有基于大数据技术的学情预警工具等。学习管理系统(Learning Management System，LMS)或校园管理系统(OA 或 EMIS)是集成化的校园信息化环境中不可或缺的一个部分，学习者也是这个子系统的关键用户之一。

至于数据与策略服务将会默默地发挥作用，例如，当一个学习者搜索驾驶相关知识时，网络就会收集关于他(她)的数据，综合分析，并不失时机地向他(她)介绍其他与驾驶技术获取相关的资源和服务提供者。当然，目前这种已经广泛应用于公共网络环境中的数据和策略的应用，暂时还少见于集成的教育应用环境中，但至少作为一种技术已经成熟，后面会专门阐述。

还有标准和监管两项，用于规范整个产业的产品和服务，规范产品与服务者的行为。虽然学习者并不直接接触这两项，但标准和监管无处不在。

总之，当我们从一个学习者的视角观察时，可以得到以下的产品和服务分类框架，也许并非那么全面周到，但至少可以作为一个分析框架，见图 4-1。

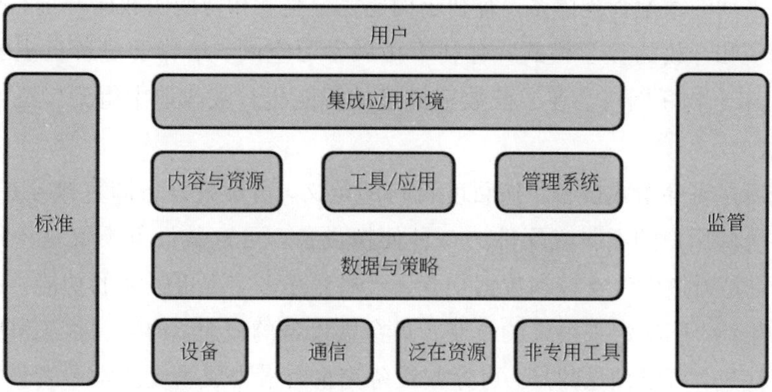

图 4-1　智慧教育相关产业的产品和服务分类

基于上面的产品和服务分类框架，接下来我们进行逐一分析。

4.1.1　基础支撑类产品和服务提供商

基础支撑类产品和服务提供商主要包括：设备提供商、通信运营商、泛在资源提供商和社会网络等工具提供商，这是支撑智慧教育其他应用服务的基础。

1. 设备提供商

设备提供商提供各类能为学习者或教师所使用的现代信息与通信技术(ICT)相关设备。如校园网、综合布线、一卡通系统、数字语音教学系统、班班通、视频会议系统等。技术和应用的不断创新，使更多新型信息设备运用到教育中。

首先是平板电脑和智能手机。据美国调研公司 Flurry 的报告，截至 2013 年 6 月，中国激活的智能手机和平板电脑数量为 2.613 亿部，占全球智能手机和平板电脑保有量的 24%[81]。我国已经有多地开始使用平板电脑作为教师的教学工具和学生的学习工具，并开始尝试将平板电脑的使用引入课堂常规教学中。研究者社群中也开始了基于 Pad 的新型教学方法的实验研究。

其次是物联网感知设备。物联网就是物物相联的互联网，通过智能感知、识别技术与普适计算，广泛应用于网络的融合中，被称为是继计算机、互联网之后世界信息产业发展的第三次浪潮。物联网为人们提供一个完全不同的生活与工作环境，物联网对教育的促进作用体现在四个"有利于"：有利于建立全面和主动的教学管理体系；有利于构建完全交互和智能的教研环境；有利于重构创新和开放的教学模式；有利于拓展学习空间、培养学习者自主学习能力[82]。未来物联网将会在学校数字环境的智能化升级改造中得到广泛而深入的应用。

最后是可穿戴式设备。按百度百科的定义，可穿戴设备即直接穿在身上，或是整合到用户的衣服或配件的一种便携设备。可穿戴设备不仅是一种硬件设备，更是通过软件支持和数据交互、云端交互来实现更强大的功能，将会对我们的生活、感知带来很大的改变。可穿戴设备的概念、构架、形态和功能仍在不断演进，可以预见的是，可穿戴设备完全有潜力成为支持学习者学习、校园生活管理，以及学习者身心全面发展的重要工具，将在智慧教育产业的发展过程中扮演重要的角色。谷歌眼镜助推了公众对可穿戴设备的关注热情。国内已经有商家开始通过各类终端技术的综合应用，开发教育领域的智能终端设备，如电子书包、录课笔、智能学习笔、智能白板等。2011 年在国家相关政策的推动下，我国多个省市扩大了对电子书包的试点推广。国家相关主管部门研究机构开始致力于研究发布并推行电子书包的国家级标准。随着企业产品的研发和推广、国家标准的制定与推行，特别是在实践应用中不断总结和提高，电子书包作为一种智慧学习终端终将会进一步普及应用，因此可能催生一个围绕电子书包生产、运营和服务的细分产业。

2. 通信运营商

通信运营商是指为智慧教育发展提供有线网、无线网和专网运营服务的企业。互联网技术的蓬勃发展给在线教育带来了新的思维、新的应用模式和新的想象空间。

中国教育和科研计算机网 CERNET 和 CERNET2[83]，是我国开展现代远程教育的重要网络。与 CERNET 联网的大学、中小学等教育和科研单位达 2000 多家(其中高等学校为 1600 所以上)，联网主机 120 万台，用户超过 2000 万人。CERNET 建成了总容量达 800GB 的全世界主要大学和著名国际学术组织的 10 个信息资源镜像系统与 12 个重点学科的信息资源镜像系统，以及一批国内知名的学术网站。第二代中国教育和科研计算机网 CERNET2 是中国下一代互联网示范工程 CNGI 最大的核心网和唯一的全国性学术网，是目前世界上规模最大的采用纯 IPv6 技术的下一代互联网主干网。CERNET2 主干网充分使用 CERNET 的全国高速传输网，以 2.5～10Gbit/s 传输速率连接全国 20 个主要城市的 CERNET2 核心节点，实现全国 200 余所高校下一代互联网 IPv6 的高速接入，同时为全国其他科研院所和研发机构提供下一代互联网 IPv6 高速接入服务，并通过中国下一代互联网交换中心 CNGI-6IX 高速连接国内外下一代互联网。赛尔网络有限公司是经教育部批准的中国教育和科研计算机网(China Education and Research Network，CERNET)的运营商。

更多的教育机构和学习者使用面向社会公众的商业化运作的现代通信网络，随着 4G 网络的日趋普及，我们已经步入移动互联网时代。

移动互联网(mobile Internet)是指互联网的技术、平台、商业模式和应用与移动通信技术结合并实践的活动的总称。截至 2014 年 1 月，我国移动互联网用户总数达 8.38 亿户，在移动电话用户中的渗透率达 67.8%；手机网民规模达 5 亿，占总网民数的八成多，手机保持第一大上网终端地位。我国移动互联网发展进入全民时代[84]。

我国移动电信运营商主要包括中国移动、中国联通和中国电信三家，都在积极建设和推广 4G 移动网络通信技术，并探索包括全球微波互联接入(Worldwide Interoperability for Microwave Access，WiMax)等在内的新移动通信技术的商业应用。移动通信技术将持续改变人们的通信模式——集可视化、多媒体化和数字化于一体；通过高速的数据传输效率改变人与人之间、人与网络、人与物之间的连通关系。

3. 泛在资源和工具服务商

泛在资源和工具服务商主要包括提供信息资源和工具的各类企业。人们已经可以越来越便捷地在专业的教育机构之外获取信息与知识，找到并获取专家和同伴支持。除了得益于终端设备、通信网络的普及，泛在的资源建设和工具(特别是社交工具)服务是另一个重要因素。

人们越来越依赖搜索引擎，很多人习惯有事就问“度娘”，以致于容易忽略那些生产资讯、汇聚内容的门户网站和垂直专业站点。搜索引擎作为一种学习工具，对于现代的学习者来说是不可或缺的，当然，对搜索结果的甄别是需要学习者具备足够的现代信息素养，而这种信息素养的养成途径之一就是反复使用搜索引擎，并对搜索结果进行判别。

百科(维基百科或百度百科)、文库、视频站点等在持续生产内容，而且内容的生产方式越来越中心化，每个网民个体既是信息使用者，也是信息的生产者。这些资源汇聚在一起，将共同构成一个不可忽视的泛在的“学习资源”库。

社会化网络相关工具，如QQ、微信等；自媒体的不断发展，如博客、微博、播客等，让人们可以非常方便地找到社交归属、同伴、专家或网络意见领袖。从教育的视角看，这与文本或多媒体资源同样重要，都是促进网络环境下有效学习必不可少的条件。

这些泛在资源和工具的服务商在创新各自商业模式、开发运营产品和提供服务的同时，客观上为学习者提供了便利。至于那些专门为教育目的建设资源和开发工具的服务商，我们会在下面详述。

4.1.2 应用体系类产品和服务提供商

智慧教育应用体系的企业主要包括内容资源、教学工具、教育管理相关应用的产品和提供商。他们是智慧教育产业链中的重要一环，而在具体每一细分类别下，相关公司提供的产品和发展模式的侧重点有所不同。

1. 内容与资源提供商

内容建设一直是教育信息化的一个重要组成部分，在教育信息化发展的初期所提出的“教育信息化六要素”[85]中就包含数字资源。加强数字资源的建设和网络传播一度被认为是打破教育资源地域间不平衡的关键砝码，因而从国家、区域到学校的各级各类教育信息化建设中无不对资源建设提出明确的规划。教育内容与资源建设的主体有两类：一类是非商业化的专业教育机构(学校和各级教委)，多为内容的贡献者；另一类是商业化的教育企业，多为内容的运营服务者。两者也存在很多交集。

各级教委与学校主导的教育内容与资源建设，往往走“精品”化的路线，例如，教育部主导的精品课程建设，即“具有一流教师队伍、一流教学内容、一流教学方法、一流教材、一流教学管理等特点的示范性课程；它是高等学校教学质量与教学改革工程的重要组成部分[86]。”精品课程的评选有严格的指标体系和评分标准，其最终的表现多为一个基于Web站点访问形态的、适用于学习者自主探索和自主学习的、有序的资源集合。精品课程于2003年启动，截至2010年底，已累计建设国家级精品课程3700余门，覆盖了全国31个省、自治区、直辖市的近千所高校，并带动起近一万门省级精品课程和校级精品课程。早在2000年的互联网泡沫破灭之前，互联网并未像现在这样普及，终端和带宽等资源仍严重不足的时候，各地曾涌现出很多“网校”。“网校”作为一种商业模式发展至今，仍有待持续探索和改进。

在智慧教育的发展浪潮下，内容与资源提供商已开始频频作出尝试，教育内容与资源建设呈现了一些新的趋势和特征。

开放化。例如，慕课(MOOC)，慕课是大规模开放在线课程(massive open online course)的简称，其概念首现于2011年，一度被誉为“印刷术发明以来教育最大的革新”，呈现“未来教育”的曙光[87]。2012年被《纽约时报》称为“慕课元年”。与前面所述的“精品课程”不同，从课程内容来看，慕课提供了更为简单的、线性的视频流，更多地依赖于讲授者(名师)本身的魅力吸引学习者；而更大的不同则在于，慕课的服务商(国外三大MOOC服务商是Coursera、edX和Udacity)找到了将慕课内容进行商业应用与服务的模式。国内学校和商业机构也已经尝试慕课类型的资源、资源工具和服务平台的建设，慕课所包含的资源建设与商业运作方向不可小视。

平台化。我国有很多企业逐渐转向平台化，选择从工具转向平台。“平台化”主要表现在两个方面：一是利用其手中用户数据的优势，将用户数据开放给数字内容销售、应用分发、在线课程等多样化的合作伙伴，通过提供服务获得更多的用户。接受O2O、数字内容销售、应用分发、在线课程等方式的合作，同时会向合作伙伴提供相应的内容模板，如图文课程、电子书、互动答题、背单词、公众账号等，让传统的合作伙伴也能快速将自有内容互联网化，变成适合手机或计算机学习体验的形式。二是平台向用户开放，引导拥有教材内容、视频教学内容的机构和老师可以将自己的内容放到在线教育平台上，使自身移动端上的学习内容和资料更加丰富[88]。

微课化。随着移动学习概念的提出，为了适应碎片化的学习情境和各取所需的学习需求，一部分内容和服务提供商开始了微课形态资源的实践。从资源形态上看，微课教学时间较短(一般不超过10min)，从教学设计的视角看，每个微课则需要有相应的教学情境、学习目标和教学策略。微课因其短小精悍，适宜草根研究、趣味创作；更为重要的是，微课所依托的对于微教学单元的划分，有助于在更适宜的小粒度上支持学习者进行查漏补缺的个性化、自适应学习。

互动化。随着内容与资源的建设不断丰富，教育研究和工作者提出和实践了翻转课堂(flipped classroom)这一新的教学模式。在“翻转课堂”教学模式下，学生在课前通过检索内容与资源库，自主地完成知识的学习；而课堂则转变成为老师与学生之间、学生与学生之间互动的场所，包括答疑解惑、综合运用、观点碰撞，或基于问题和项目的研讨等，从而达到更好的学习效果。

智能化。试题库是一类比较重要的资源，但如何智能化地使用试题库，不使其成为学习者望而生畏的“题海”，涉及相应工具的配合使用，更需要方法和理念上的提升。

2. 教学软件和服务提供商

教学工具软件是为了解决某些特定教育情境下特定教育任务或目标而开发的，如教师备课工具、几何画板、虚拟实验室、智能录播、远程视频会议、家校沟通软件等。教学工具逐渐向移动化、一体化和游戏化方向发展。

教学工具软件可以按照使用场景分为学校环境、学习者个人或家庭环境等；按使用者可分为学习者、教师和教育管理工作者等；一些教育教学工具软件需要与特定的教育教学硬件和网络设备配合使用，另一些则可以使用通用的计算机、平板电脑或其他移动终端。很难对教育教学工具软件的类型及其提供商的类别进行非常精确的分类，但我们可以观察到教育教学工具软件的几个发展趋势。

首先，随着移动 App 应用模式和移动互联网市场的逐渐成熟，以 iOS 操作平台为例，教育教学工具软件提供商逐渐将 AppStore 作为一个重要的舞台，同时一些中小开发者也纷纷借助于 AppStore 市场开发和投放各类小型的教育教学工具。根据截至 2013 年 9 月 25 日的数据，苹果 AppStore 提供的教育类应用数量为 95 065 个，是苹果 AppStore 中排名第四的应用类别，而教育类应用中约有 80%是面向儿童使用而开发设计的。移动应用在辅助教育方面的潜力巨大，调查显示，目前儿童已成为移动互联网的重要消费群体，拥有平板电脑的家庭中 70%的 12 岁以下儿童使用平板电脑，而美国 2～14 岁儿童中，52%有使用移动型应用的经历[89]。

其次，教育教学工具软件呈现一体化的发展趋势，用户从购买和使用产品转变为直接使用服务。例如，实时视频互动教学服务、MOOC 录制与视频托管服务等渐渐形成气候，这为教育教学服务提供者和学习者提供了便利。

最后，教育教学工具软件还呈现向协作化、支持学习的游戏化等发展特点。随着增强现实、体感技术等媒体呈现技术不断发展，可穿戴设备等泛在终端，泛在连接，各种设备性的综合体验等的发展，社交网络技术、教育教学工具软件和服务的提供商将不断推陈出新。

3. 教育管理系统服务商

随着信息化的发展，教育管理已经从“人管、电控”的传统阶段向智慧管理迈进。智慧型管理系统软件的研发与应用，不仅可以节约管理成本，更能提高教育管理者的工作效率，最大限度地发挥教育管理的效益，实现教育的可持续发展。

一类是服务于各级各类学校、教委的教育管理系统，通常被称为教务管理系统，包含了教育业务的办公自动化(OA)、管理信息系统(MIS)、教育 ERP 和 CRM。教务管理系统已经有了数十年的发展历史，是校园和学区层面教育信息化发展建设中的一个重要组成部分。而今，随着智慧教育的发展，教务管理系统出现了一些新的特点，例如，通过云平台将资源和工具整合在一起，为使用者提供一体化的应用体验；与物联网相结合，有效管理校园中的物资和设备；与大数据结合在一起，承担数据的收集、汇总、分析，并有效地支持教育教学管理决策等。

另一类是服务于非学校环境下的教育管理系统，通常被称为学习管理系统(Learning Management System，LMS)，典型地应用于企业内部或其他类型的组织内部，用于管理雇员的在职学习、技能评价，并与员工绩效系统相结合。学习管理系统对学习型组织非常重要，成为组织人才战略的重要支持系统。

一方面学习管理系统管理学习内容(课件资源和讲师资源)和学习者(通常包含组织层级结构关系)；另一方面为学习者和学习内容间的对应关系提供工作流程的支持。根据国际标准化组织发布的《ISO10015：1999 质量管理—培训指南》，学习管理系统应拥有培训需求、培训计划、培训实施、培训评估、培训监控等标准管理流程。

学习管理系统在近期的发展中呈现出以服务购买代替软件购买的变化，另外，支持正式学习与非正式学习相结合、支持学习与实际的工作任务目标相结合、支持学习与绩效目标管理相结合、支持学习者职业发展需求与产业对人才的需求相结合等，也是学习管理系统服务提供商持续孜孜以求的系统功能演化。

4.1.3 数据与策略类服务提供商

教育数据与策略服务是智慧教育发展阶段的新特点，也是大数据时代催生的细分领域。

回顾现代信息与通信技术所带来的教育核心特征，分别是媒体性(起源于20世纪80年代)、远程性(起源于20世纪90年代)、社会性(起源于21世纪初)。媒体性除了可以让抽象的学习内容具象化，还可以以超链接的方式组织内容便于学习者的使用；远程性让资源的分享变得前所未有的方便快捷；而社会性让学习者方便地与老师、同伴、意见领袖沟通，让学习者不再孤单。

媒体性、远程性和社会性作为核心特征渐次叠加应用于技术支持下的教育中，而今，另一个元素，以数据收集分析、策略应用为运作机制的“计算性”成为第四个技术特征可以应用于教育中，从而使教育有潜力走向以数据驱动的科学。现代信息与通信技术所具有的特征分析，如图4-2所示。

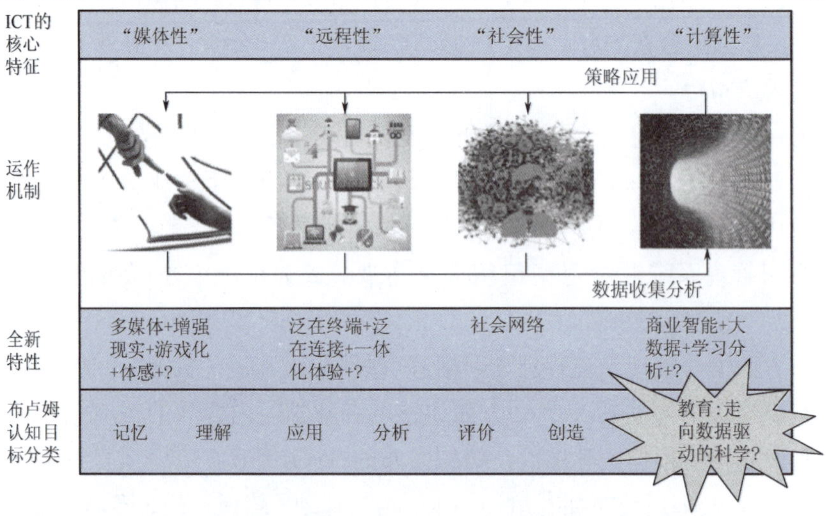

图4-2 现代信息与通信技术所具有的教育特征分析

数据和策略的应用是使教育具有智慧特质的重要元素，原因在于，一切教育都需要因材施教，都需要因学习者和学习内容而异。例如，什么时候该利用媒体把抽象的东西具象化以帮助学习者快速理解，什么时候又不该使用媒体的具象化优势以免破坏学习者抽象思维能力的培养？什么时候需要让学习者远离社会网络，什么时候又需要把学习者置于社会网络中，以及应该为学习者构建什么样的社会网络，这些都需要因时、因地、因学习者、因教学内容而异，这时，数据的收集——学习者个体的特征，学习者群体的数据表现等，以及根据所收集的数据形成相应的学习策略就显得尤为重要。

学习分析学(learning analytics)被新媒体联盟在其2013年的年度“地平线报告”(Horizon Report)中提及，其后迅速被教育行业重视。学习分析学的发端与教育数据挖掘(Education Data Mining，EDM)和商业智能多年来的发展，以及近年来大数据的兴起均密切相关，可视为大数据在教育领域的应用。

学习分析学是以理解和优化学习及其学习发生之环境为目的，所进行的有关学习者及其环境的数据之测量、采集、分析和报告。学习分析技术的应用有望给予学习者以全面评价，而不再像以往一样单靠考试而进行的片面评价；可以给予学习者基于成长全过程的评价，而非某一具体时点的评价。学习分析学可以真正支持个性与特长的发展，并提供完全自适应的学习和教学方案。

学习分析学可以在三个不同的层次上提供数据和策略支持：在微观层面，有助于识别学习者处境并提供及时干预，可以让学习者了解自己的学习习惯并获得改进建议。在中观层面上，可以改善管理决策和组织资源分配，形成更透明的数据和分析易于达成一致的理解，实现及时的信息和迅速的反应以提升组织效率。而在宏观层面上，它具有促进现有教育系统、学术体制和教育模式创新的潜力。宏观、中观、微观层面的学习分析，如图4-3所示。

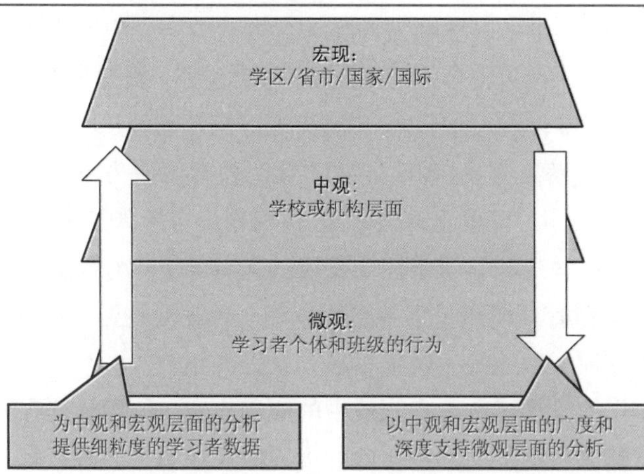

图4-3　宏观、中观、微观层面的学习分析[90]

在教学和教育方向上运用学习分析学，提供数据与策略服务，国内尚未有相关成熟应用的案例，但国外这一领域已经出现了较为成熟的应用形态。

BrightBytes 是一个典型的教育管理上的学习分析学应用案例，他们提出了四个分析维度(Classroom，Access，Skills，Environment，CASE)和 21 项关键指标(success indicators)，并提供各种报表(dashboard)，用于及时地反映班级、学校、学区不同层面技术在教育的使用率和使用效率。Knewton 是另一个在微观教学层面，通过学习分析技术提供自适应个性化教学典型案例。Knewton 提出自适应学习是“一个以课程应该适应每一个用户的思想为前提的教学方法”，他们的白皮书中描述了高效自适应平台的几个特征：知识图谱(knowledge graph)，连续性而非单点的自适应(continuous，as opposed to single-point adaptivity)，空间强化(spaced reinforcement)、记忆力和学习曲线(retention & learning curves)等。

如今，在对于互联网用户的行为分析和商品推荐上，大数据已经在不知不觉中开始了对于个体行为特征数据的收集、分析与消费引导，可见此类应用本身并不存在技术障碍。随着智慧教育应用的深入和产业的发展，必然会对教育大数据和决策支持寻找支撑，期望国内有相关应用、平台的服务提供商能尽早脱颖而出。

4.1.4 集成应用环境类服务提供商

集成应用环境，也可以理解为各类综合解决方案。集成应用环境的服务商旨在为教育客户提供经过整合的终端设备、通信链路、资源和工具及其各类应用系统，构成一个完整、有机的环境，以支持有序高效的教学、学习和管理过程。

智慧教育综合解决方案(包括早期的数字教育解决方案)，包括智慧教室、智慧校园或数字校园、智慧学区等概念和规划，均体现了集成应用环境的特征。此外，在全民教育和学习型社会发展的大背景下，与智慧城市相结合的广义上的泛在智慧教育环境还包括智慧图书馆、智慧博物馆、智慧美术馆、智慧社区、智慧教育探究基地等。这里不展开一一介绍。

教育云，作为云计算在教育领域中的应用模式，是智慧教育环境中的一个重要构件，而其本身也是一类整合后的集成应用环境。教育云可以更加高效便捷地实现教育资源(硬件、平台、软件、学习资源)的共享，可以有效解决教育信息化推进过程中一直存在的重复投资、信息孤岛等“顽疾”。一旦与数据和策略类的服务整合在一起，教育云将能提供更具更智慧化的服务。《教育信息化十年发展规划(2011—2020 年)》中提出“充分整合和利用各级各类教育机构的信息基础设施，建设覆盖全国、分布合理、开放开源的基础云环境，支撑形成云基础平台、云资源平台和云教育管理服务平台的层级架构。”

有相当多的从业企业，包括国内外知名的 IT 设备厂商在内，通过集成应用环境的建设服务于智慧教育，他们所提出的解决方案均基于自己所拥有的产品和资源优势而各不相同。教育主管部门、学术研究团队和个人正试图努力厘清各类智慧教育解决方案所应有的要素和所应达到的标准，但要各方达成共识，还有待时日。

集成应用环境的服务商通常需要为教育客户伴随提供集咨询、运维、培训等为一体的开放式的智慧服务体系，能充分发挥市场运作的灵活性、快速响应优势，支撑智慧教育的可持续发展。

4.1.5 标准制定者与监管者

智慧教育产业基础除了提供教育产品和服务的机构，还需要有标准制定者和监管者。标准的完善、推广和应用将有助于智慧教育产业的健康发展，有助于各类应用系统间的共享交互。智慧教育产业是教育信息化产业的延续，而教育信息化相关标准已经发展了多年，智慧教育产业的相关标准必然会在其基础上逐渐建立。

从学校、教委等教育信息化建设主体来看，监管者是其上级主管部门和同级政府机构指定的教育督导室和督学；从行业企业的视角看，则存在相关市场秩序的监管部门。还应包括一批从事产业数据分析和研究的第三方研究机构，为所有市场活动主体提供客观、科学的分析和参考。

1. 标准制定者

2001 年年初，现代远程教育技术标准化委员会成立，2002 年更名为教育部教育信息化技术标准委员会，并经国家标准化管理委员会批准成为全国信息技术标准化技术委员会教育技术分技术委员会，授权承担全国教育技术相关标准的研制、认证和应用推广工作。

目前在该标准委员会官方网站可查的标准文库分为以下八类：指导类、学习资源类、学习者类、学习环境类、教育管理信息类、多媒体教学环境类、虚拟实验与学习工具类、电子课本与电子书包类等。

教育信息化标准委员会明确提出了“六个结合”的工作思路，即长期规划与短期目标相结合、国际引进与国际参与相结合、技术条件与教育文化相结合、高校力量与企业力量相结合、标准沿用与开发创新相结合、国际化与本地化相结合。

2010 年 11 月，全国信息技术标准化技术委员会和教育部教育信息化技术标准委员会联合成立了电子课本与电子书包标准专题组，开始了电子课本与电子书包国家标准的研制与国际标准化工作(ISO IEC/JTC1 SC36)，此项工作于 2012 年基本完成。

标准研究者跳出数字出版和硬件装备的视角，从教育教学系统功能架构角度，将电子书包(e-Schoolbag)理解为学生的个人学习环境，是整合了电子课本阅读器、虚拟学具和连通无缝学习服务的个人学习终端。将电子课本(e-Textbook)理解为一种特殊的教育专用电子书，是教科书电子化或数字化之后形成的具有教育教学属性的数字出版物。

电子课本和电子书包标准体系的研究(图 4-4)，可以促进电子课本与电子书包的教育应用，形成行业、国家和国际标准，规范电子课本与电子书包市场，推动教育创新，促进我国教育信息化和教育现代化。

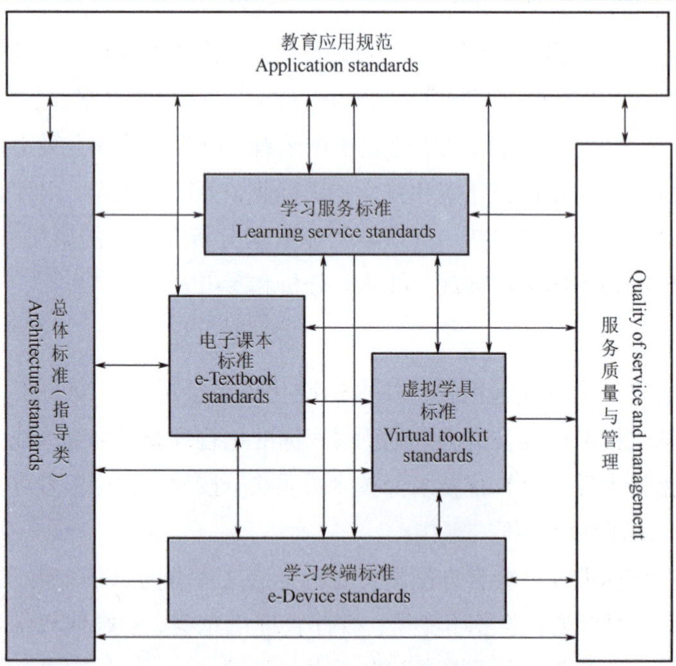

图 4-4 电子书包和电子课本标准体系[91]

随着各类应用、工具、环境的需求日益明确，智慧教育相关行业产业标准也将逐步增加和丰富。

2. 监管者

教育是一个相对特殊的领域，一方面，教育需要体现其普惠性、公益性、均衡性诉求，特别是在公办教育机构和学习者的关系处理上；另一方面，教育需要相关产业支撑，为其提供产品和服务，特别是在教育信息化或智慧教育相关产业上。

各级教育主管部门，对于其下属部门和学校来说，是体系内的上级管理部门，通过行政管理体系、项目申报审批、预决算管理等方法，可以对教育信息化或智慧教育相关项目进行有效的监管。同时，整个教育系统又受同级政府机构指定的教育督导室和督学的监管。教育督导是根据国家有关教育方针、政策、法规和制度对教育行政部门和各级各类学校进行监督、检查、评估、指导和帮助，旨在加强国家对教育事业发展的全面管理，以保障教育方针和政策的贯彻执行，提高教育质量，促进教育事业的健康发展。据 2009 年公布的《国家教育督导条例》(征求意见稿)，教育督导分为综合督导、专项督导和随访督导。

从行业企业的视角看，还应存在着以维护市场秩序和反商业欺诈为目的的各类监管机构；这些机构以市场经济活动主体按公平公正原则进行自由交易为主要监管目标，在此不作赘述。

4.2 智慧教育的产业发展面临的问题

新形势下，目前我国的智慧教育的相关产业发展面临着一些突出问题，具体包括：既有机制体制上的，如顶层设计缺失导致的基础设施重复建设，标准化不统一带来的资源整合难，市场监管不到位造成的互联网教育乱收费等问题；也有产业发展本身的，如在线教育内容严重缺乏带来的优质资源不足，盈利模式不明确制约着产业发展规模等。

4.2.1 顶层设计需要升级

我国智慧教育产业发展尚缺乏国家层面的顶层设计，制约我国智慧教育产业未来的健康发展。一是导致教育信息化和互联网教育重复建设现象严重；二是导致区域合作度较低。从国内现状来看，教育系统纵向、横向存在共享难的问题。在教育信息化进程中，部门间都存在着教育资源共享需求、教育学分互认需求、教育科研互动和协同协作需求，以及跨地域、跨领域、跨行业的协同科研需求等，但国家层面智慧教育产业顶层设计的缺失，导致这种资源共享较难推行和实现。

4.2.2 行业规范不完整

目前，我国教育信息化进程受历史原因、区域经济发展制约等，各地发展水平参差不齐，例如，北京、上海、广东等省市教育信息化水平较高，进入融合创新应用阶段，而西部一些省市尚处于信息基础设施建设和完善阶段；各级教育管理部门或每所学校都在发挥各自的优势，建立自己的管理体系和信息化建设平台，但缺乏统一的信息资源标准规范，难以有效对接；目前全国从事在线教育的专业机构较多，以及专门的教育管理软件开发和信息化建设企业数量庞大，都在积极谋求市场份额，造成开发分散、水平低，且不规范。一方面，标准规范的缺失使得教育信息资源难以整合共享。随着智慧校园、智慧教室等的发展，学校的教学管理系统、科研管理系统等不断成熟，但由于数字校园设计、基础设施建设、应用系统建设等数据接口、数据标准等的不规范，学校与学校间、地区与地区间的教育资源无法共享。另一方面，行业规范缺失导致传统教学机构如中小学、大学等教学资源与互联网在线教育提供的教学资源无法实现共享，难以有效融合，形成合力。

4.2.3 产业融合不足

促进教育发展与信息技术的深度融合是智慧教育发展的重要任务。目前来看，智慧教育产业融合尚处于起步阶段，主要表现在产业间融合度不够和产业内各环节融合度不高两方面。产业间融合度不够突出表现为政府主导的“教育信息化”产业与市场主导的“互联网教育”产业融合度、关联化发展不高。两者在教育信息资源上共享度较低，随着我国教育基础网络设施的完善，国内多所高校积累了丰富的教学资源。近年来，在线教育的快速发展，针对计算机、职业培训等的培训机构积累了丰富的教学资源，但两者在教学内容上并没有形成合力。智慧教育产业化工作不单单是政府的工作，它需要各级政府引导、鼓励企业、学校，乃至学生、家长等各方面力量全方位、多方面的积极参与，发挥各自不同的优势。同时要引入市场机制，让智慧教育的需求变成智慧教育的市场，最终实现以应用为驱动，利用市场机制来实现教育现代化的全面健康持续发展。

产业内各环节融合度不高还突出表现为智慧教育内容、软件提供、技术服务、终端服务等多环节融合度不足。仅从互联网教育产业现状来看，我国在线教育企业发展存在着业务冲突、流量获取难、变现能力差等问题，例如，线下大品牌难以线上化，线上线下业务博弈成本较高，技术和设备等“硬件”基础较好，但适合学生的内容还有待进一步开发完善。智慧教育需要整体环境上的深度融合，合适的课程内容、信息与通信技术、教师专业化发展、学生和家长乃至社区都是相辅相成，缺一不可的。

4.2.4 优质资源不足

传统教育模式的局限性促使现阶段对教育个性化的需求越发旺盛，教育的外延也在逐步放大。得益于国家课程改革、地方教育基础设施和数字校园建设，在线教育被普遍认为具有广阔发展空间，但在实际发展过程中，受制于线上教育资源的短缺，在线教育的优势无法有效发挥。从我国智慧教育发展现状来看，市场主导的民办教育本身就是从产业链低端成长，由于考试标准由政府制定“一刀切”，国内知识产权长期重视保护不足，在线教育的学习本应作为学校教育的补充，但是由于很多在线教育企业更多关注技术手段和市场占有率，并不注重和现有学校教育特别好地融合和衔接。

4.3 智慧教育的产业发展实践

我们已经把智慧教育分为两大类学习环境，通俗命名为“校内”和“校外”。“校内”教育环境即各类学校及其各级教育主管部门，这类环境相关的产业，我们可以称为教育信息化产业，教育信息化产业的购买决策由各类学校和各级教育主管部门主导，产品、服务与解决方案的提供者则来自各类市场主体。但是，在“校内”环境中，教育机构与学习者之间并不具备商业属性。

“校外”学习环境的消费决策者为学习者或其家庭，虽然公立学校和教育机构具有名师和优质资源，但通常来说，不被允许向处于“校外”环境的学习者提供商业性的学习服务；所以“校外”环境的服务主体通常是商业机构，不管这个机构冠名为某公司或某培训学校，消费者与服务提供者之间一般是较为纯粹的商业关系。我国以服务“校内”为主的“教育信息化”企业和以服务“校外”的“互联网教育”企业都进行了大量的摸索和实践。

4.3.1 “校内”的“教育信息化”产业实践

1.“教育信息化”市场规模与成长性

不同的市场研究机构对于我国教育信息化市场规模的调查和预测数据差别很大。例如，据计世资讯(www. ccwresearch. com. cn)的调查，2013 年我国教育信息化投入约 525 亿元，行业保持 18%～20%的成长性[92]。而据中国行业咨询网(www. china-consulting. cn)的预测，2013—2015 年我国教育信息化投入预测值分别为 1760 亿、1900 亿和 2015 亿元[93]。又据智研咨询集团于 2014 年 5 月出版的《2014—2018 年中国教育信息化产业市场分析及投资战略研究报告》，2013 年我国教育信息化行业市场规模为 2085 亿元(而 2011 年和 2012 年的数据分别为 1322 亿元和 1779 亿元)[94]。

不同的报告，对市场规模的分析和预测所得出的结果差距非常大，大概是出于各自的统计口径不同，也由于统计数据本身不容易获得等。但是，分析不同的教育信息化市场分析报告，可以发现一个共同的规律，即是均为高达 15%～20%的高速复合增长率。

另外，对于教育信息化市场规模估算在 2 千亿左右的一个共同的逻辑推论出自于：国内生产总值的 4%为国家财政性教育经费支出规模，而教育经费的 8%(至少)是教育信息化经费。2012 年的国内生产总值为 51. 93 万亿人民币，按上述计算方式，教育信息化经费应为 1660 多亿元。

然而，“各级政府在教育经费中按不低于 8%的比例列支教育信息化经费”的约定只存在于《教育信息化十年发展规划(2011—2020 年)》的征求意见稿中，征求意见稿中还规定了:“基础教育数字校园达标计划”中的“政府投入建设的经费和生均经费中教育信息化应占 10%以上”;“基础教育信息化示范校”的指标之一是“学校信息化经费占同期教育经费投入的 10%以上”。

虽然，在最终版本的《教育信息化十年发展规划(2011—2020 年)》中，上述投入约定全部被删除了，但教育信息化经费占教育经费的 8%，作为一种行业共识，将有助于解决教育信息化建设过程中的投入问题。

2.“教育信息化”的市场主体

各级政府中的教育主管部门(即各级教委)、各级各类学校是教育信息化市场中的产品和服务的主要购买者。

国家部委直接主导的教育信息化建设项目有 CERNET 这类的广域网络、CEBset 为代表的卫星传输系统、国家级资源库和精品课程建设乃至国家级的教师教育技术能力建设工程等项目。更为重要的，在教育部层面，还需要发布指引与规划，如宏观发展方面的《教育信息化十年发展规划(2011—2020 年)》、各类建设标准、数据规范、评价指引和对教育信息化示范区与示范项目的评比与支持等。

从各级省市区域层面看，各类硬件和网络配备、资源库和精品课程、能力建设等均需要得以一一落实；并需参照十年规划制定本区域的中长期教育信息化发展规划，为辖区内的下级区域或各级各类学校的教育信息化建设提供发展指引，同时也需要在项目建设目标与项目绩效考核等方面来管理、规划和约束辖区内各类学校的相关教育信息化建设工程。

各级各类学校的校园网络多纳入数字校园、智慧校园等建设目标，涵盖从硬件采购、网络与通信链路、数字资源采购与建设、教师教育技术能力培训等方方面面。

教育信息化市场的另一类重要的市场主体则为产品、服务和解决方案的提供者。参照前面“从产品和服务类别看产业结构”中的分析框架，涉及基础支撑类产品和服务提供商、应用体系类产品和服务提供商、数据与策略类服务提供商、集成应用环境类服务提供商等。绝大多数的教育信息化工程都需要按政府采购所需要的招投标流程进行。

教师、学生、行政管理者乃至学生家长和社会公众是教育信息化建设工程项目的最终使用者和受益者，也可算是一类不可忽视的市场主体，会对项目的规划者，以及服务提供者的产品设计、用户体验等提出相应的需求。

3.“教育信息化”的行业发展建议

当前教育信息化正处于向智慧教育发展的过渡阶段，对于教育信息化市场主体来说，不论购买的决策者，还是产品、服务和解决方案的提供者，为了让教育信息化建设工程和项目更具前瞻性，为了让自己的产品、服务和解决方案更加契合教育现状和未来发展的需求，必须能把握住下列关键发展趋势。

要了解并遵循教育信息化的整体战略布局。既然教育信息化建设是一个由各级政府主导、由教育财政列支的项目，那么国家层面《教育信息化十年发展规划(2011—2020年)》和各级政府层面相应配套的规划就理应成为工程项目决策者和行业从业者一个非常重要的工作指南。在深入分析和研究《教育信息化十年发展规划(2011—2020)》所定义的八项发展任务、五项行动计划和四项保障措施的同时，还需要结合技术发展的趋势进行灵活、动态的解读。如今的技术和应用的发展日新月异，例如，在规划公布的2012年，移动互联网还没有展现它的格局和社会生活的广泛影响；而当前的教育信息化工程项目必须考虑移动互联网这样的一个重要因素。

“云端＋智慧终端”已经成为教育信息化集成环境建设的重要模式。不论学习者使用的电子书包和电子教材，还是教师和学生在其中互动的智慧教室，抑或是管理者、教育者、学习者共处的智慧校园，都将依赖于教育云的建设。

教育云通常由区域教育主管部门整体规划，以使其区域内各类教育与培训机构或个体，都能在教育云平台上，零门槛、微费用享用多种教育信息化应用服务资源，并快速形成一个高效的教育系统管理与服务网络；从而多、快、好、省、跨越式地提升本区域教育系统整体信息化的应用水平。目前，教育云已经从市场培育期转入高速发展期；以区域为单位的教育云建设模式已经兴起，并逐步取代原有的零散建设模式，通过统一建设和集约化管理，节约教育机构信息化经费开支，同时，有利于实现区域内的办公协同与信息资源共享。例如，北京西城区建设了区域虚拟化服务平台，统一向辖区所有学校提供服务，类似的建设模式将会大批涌现。同时，终端设备的移动化、泛在化、开放性将给厂商带来发挥创意和创新的无限空间。

教育资源建设和能力建设越发重要。教育信息化的最重要的目标还是为了支持更高效的学习和教学工作，而这个目标的实现最终要落实在优质教学与学习资源的建设及其获得的便利性上。资源建设从早期的静态资源的收集转向资源云平台服务的提供；不仅需要为使用单位提供数字资源，更要提供资源管理、维护和鼓励校本资源建设的机制；资源需要在使用过程中根据用户的评价得到过滤、筛选和净化。

能力建设特别是教师的教育技术能力，即是将信息技术应用于教育教学中的能力建设，一直是教育信息化发展过程中一个不可或缺的重要课题，因为在设备、网络、资源、应用都已经具备的情况下，最终仍需要教师在教育教学中有效、创新地应用这些装备，方可对教育教学产生最终的效果。

教育部非常重视教师的教育技术能力建设，2004 年，教育部发布了《中小学教师教育技术能力标准(试行)》，该标准定义了三类人群的教育技术能力，即教学人员教育技术能力标准、管理人员教育技术能力标准和技术人员教育技术能力标准。以教学人员教育技术能力标准为例，从意识与态度、知识与技能、应用与创新和社会责任四个方面作了要求[95]。

2013 年，教育部发布了《关于实施全国中小学教师信息技术应用能力提升工程的意见》[96]。意见提出了教师队伍建设是教育信息化可持续发展的基本保障，信息技术应用能力是信息化社会教师必备专业能力。并明确目标：到 2017 年底完成全国 1000 多万中小学(含幼儿园)教师新一轮提升培训，提升教师信息技术应用能力、学科教学能力和专业自主发展能力。

资源建设和能力建设将是教育信息化整体发展建设工程中非常重要的一环，值得行业企业深入钻研，设计好产品并做好服务。

教育信息化或智慧教育是对传统教育的创新而非简单增益。早在 1999 年，知名学者何克杭就提出了“现代教育技术是整个教育改革的制高点或突破口”的 ME 命题[97]。其后，众多学者先后论述过教育信息化对于教育所拥有的创新和变革力量。

杨宗凯教授曾提出，《教育信息化十年发展规划(2011—2020)》贯彻了《国家中长期教育改革和发展规划纲要(2010—2020 年)》关于“信息技术对教育发展具有革命性影响”的定位，体现了“以教育信息化带动教育现代化”的发展思路[98]。

由此可见，不论学术界还是教育政策的制定者，都认识到信息技术对于教育的变革力量，这不仅体现于学习和教学方式的变革，也将体现于对整个教育管理体制的变革。

教育信息化行业的市场主体同样需要认识到这种变革力量，教育信息化的目标并非只是对传统教育教学的简单补充和增益。根据这一认识和思路来设计和规划教育信息化项目、指导教育信息化产品和服务的开发，方可在市场中把握好发展机遇。

4.3.2 “校外”的“互联网教育”产业实践

在幼儿园、小学和初中(九年义务教育)、普通高中和职业高中、大学和高职院校、电视大学(开放大学)等不同的学习阶段里，学习者在校内接受教育的同时，仍需要从“校外”获得额外的学习资源(产品和服务)。校外学习或可用于补足和增加校内功课的习得，如各种类型的中小学课外辅导；或可用于兴趣、特长和爱好的培养，如音乐、舞蹈、烹饪等；或可用于原本不属于校内教育范畴内的知识和能力的获得，如各类职业技术培训、就业求职相关培训、各类具体工作场所中所需要的工作技能等。

“校外”学习可以发生在学习者的家庭，俗称为“家教”；也可以发生在校外办学机构(含校外办学机构在公办学校内租用的场地)。和“校内”教育环境一样，“校外”学习中仍以“线下”学习为主，但“线上”已经越来越成为一种不可或缺的形式。校外学习中的“线上”形式或表现为纯在线的学习、线上线下相结合的混合式学习，也包括以线上作为教育教学的辅助工作，用以培训机构与学习者之间的沟通交流、评价评估等。因而，几乎所有的校外培训机构都或多或少地开始利用线上环境进行教学或辅助教学的工作。

下面将着重描述校外学习中使用现代信息与通信技术所形成的相关产业，常称为“互联网教育”或“在线教育”产业，分析其产业规模、市场细分与商业模式等。

1.“互联网教育”市场规模与成长性

从我们对于互联网教育的“校外”特性定义看，很显然，学习者个人或者学习者家庭，是互联网教育市场中的消费行为决策者和买单者。

我国教育消费人群数量巨大，据国家统计局的数据，我国 5～24 岁的学龄人口数量达到 3.3 亿，占人口总量的 24.5%。在终身学习理念下，学习可能发生在任何一个年龄段。据《2012 中国家庭教育消费白皮书》调查显示，教育消费作为家庭消费的重头，占到中国社会中坚阶层收入的 1/7(中国和美国家庭教育占收入比例分别是 14.3%和 1.6%)，并且该比例预期还将持续增长，预计 2011—2013 年中国家庭教育支出有望达到 8000～10 000 亿元[99]。

《2013 年中国在线教育盈利模式分析》报告对我国在线教育市场规模的估算方式采用了以下步骤：以不同年龄段的人口统计数为基数、通过在线教育参与人数(渗透率)、在线教育人均消费水平等参数的估算，得出了不同年龄段人口的在线教育市场规模，并进行了加总。该报告对 2012—2015 年的在线教育市场规模作了如图 4-5 所示的估算和预测[100]。

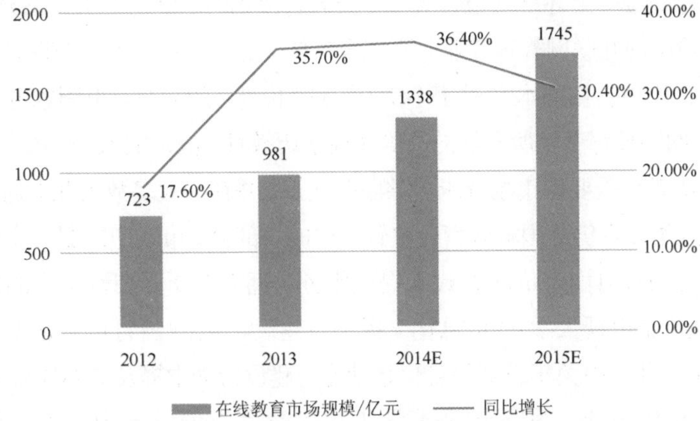

图 4-5 凤凰教育：中国在线教育市场规模估算

艾瑞咨询发布的《2013—2014 年中国在线教育研业研究报告》对 2012 年和 2013 年的市场规模统计值和凤凰教育的报告相差不大，分别为 700.6 亿元和 839.7 亿元，但其对未来数年的预测值更为保守，预测年均复合增加率在 20% 左右，如图 4-6 所示。

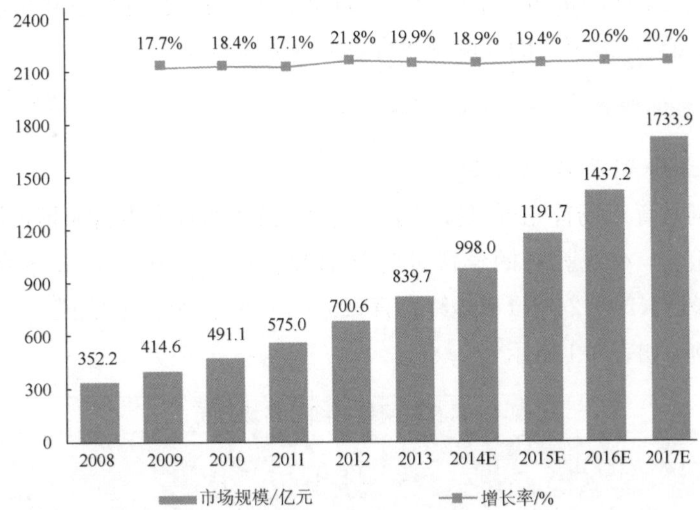

图 4-6 艾瑞咨询：2008—2017 年中国在线教育市场规模[101]

注：在线教育市场规模为学前教育、中小学教育、学历教育、职业教育企业 e-Learning、语言培训之和。

资料来源：综合企业财报及企业访谈，根据艾瑞统计模型核算。

需要说明的是，上述统计报告对于在线教育市场的统计与本书试图分析的“校外”教育环境中的互联网教育产业并不完全一样，主要区别在于是否将高等学历教育纳入统计范围内。按照本书对于“校内”和“校外”的划分，由国家开放大学和68所大学的网络教育学院所开展的高等在线学历教育，应该纳入“校内”教育的范畴。虽然这类教育需要向市场寻求公共服务支持，并在绝大多数情况下通过网络教育进行；但这类教育仍是国家教育行政管辖中的一部分，市场中的服务主体并不能向这部分学习者按自由定价的方式来提供服务。拥有360万在校学生的国家开放大学(原中央广播电视大学)的信息化支撑平台建设，也是《教育信息化十年发展规划(2011—2020年)》中关于教育信息化基础能力建设行动中提及的四项行动之一。

按照艾瑞的统计，2013年高等学历在线教育市场占比为50%，约合400多亿元的规模，凤凰教育的报告也得出基本一致的数据。高等学历在线教育是在线教育的重要组成部分，也是在线教育最早形成产业规模的领域所在，互联网教育在这一领域必将有所渗透，除了通过早已开展的公共服务方式进行，随着慕课(MOOC)等教育形式的发展，随着高等教育的逐步开放，例如，网络教育学分认定的逐步开放，当学习者逐步拥有课程选择的自主权时，互联网教育的服务提供者必将在这一领域有所作为。

最后，从不同的机构对于市场增长的预测看，与对教育信息化市场预测相比，普遍给予了“校外”的互联网教育更大的成长空间。

2.“互联网教育”的市场细分与商业模式

1)按学段划分的互联网教育市场

互联网教育市场首先可以按照学段划分，按凤凰教育引自天拓咨询数据来源的分析报告，在线教育的学段分为学前教育(0～4岁)、K12教育(5～19岁)、高等教育(20～24岁)和继续教育(25～49岁)四个主要阶段。以2013年的数据为例，如表4-1所示[102]。

表4-1 互联网教育细分市场分析

	人口基数/亿	总人口比例	参与人数/亿	渗透率	人均消费/元	同比增长	市场规模/亿元	同比增长
学前教育	0.8	5.90%	0.07	9.0%	254	30.0%	18	70.9%
K12教育	2.4	17.5%	0.38	16.0%	529	15.0%	202	32.1%
高等教育	1.4	10.5%	0.66	46.0%	675	20.0%	444	30.3%
继续教育	5.8	42.5%	0.58	10.0%	403	20.0%	233	51.3%
其他							85	30.0%

艾瑞咨询的报告则分为高等学历在线教育、在线语言培训、职业在线教育、中小学在线教育、企业 e-Learning、学前在线教育六个部分，除了在线语言教育比较特殊，职业在线教育和企业 e-Learning 可归于继续教育范围，与学段的划分基本吻合。

2)互联网教育市场的商业模式

互联网教育有面向最终学习者的自由定价权，因而天然带有“盈利驱动”属性。目前，我国互联网教育正处于发展初期，各大教育机构正积极探索产品、服务和解决方案，寻求可持续发展的商业模式，并试图通过互联网教育“颠覆”传统教育模式，而形成可观的用户规模效应，进而扩大商业利益。除了前面提及的，按适用人群和学习年龄段的划分方式，业内对于互联网教育的商业模式，通常还有以下几种分类方式。

• 从服务提供者和买单者的属性，可分为 B2C、B2B、C2C、B2B2C 等，其中 B 代表机构，C 代表学习者个体，数字 2 之前为服务的提供方，其后为服务的需求方。

• 从提供服务的内容形式分类，可分为以硬件设备(如学习机)为中心的服务，以优质资源取胜的内容模式，进行知识和技能测评的评价模式，为服务提供方与需求方提供沟通和交易服务的平台模式，提供各类创新应用的其他工具模式等。

• 还有纯在线学习模式、线上与线下相结合(O2O)的模式的区分。

不同的互联网教育的市场主体，从不同的角度切入这一市场，依托各自的优势建立起错综复杂的商业模式组合。通常来说，当前已经进入互联网教育市场的主体包括以下内容。

• 携用户优势以图左右市场的互联网巨头。阿里、百度、腾讯等互联网公司利用其庞大的用户优势和技术优势推出了“淘宝同学”、“百度教育”、“腾讯大学”等教育平台。这类企业以整合内容、构建沟通和交易平台为主要的商业模式取向。

• 试图借在线教育持续保持领先的教育类上市企业。新东方、好未来、弘成、学大教育等教育培训企业携其线下教育成功的经验，依托其门店和服务网络，天然的优质内容积累，最适宜的 O2O 服务渠道等，谋求互联网教育创新，以主动应变的姿态避免被“颠覆”。

• 通过多种经营或试图经由互联网教育转型而获得持续发展的非教育类企业

或上市公司。YY从娱乐走向教育，是其中一种重要的代表；随着国内民办教育政策出现松动，一批A股上市公司也纷纷涉足教育领域，如立思辰、全通教育等。

· 从风险投资或A轮融资起步的创业型或准创业型教育企业。这类企业已经成为现阶段互联网教育投资的主战场，将在下面进行详细说明。

近年来，国内掀起"互联网教育"的投资热潮，随着互联网巨头的强势进入，在线教育行业迎来井喷式发展。从2011年1月—2013年7月，教育培训行业各类投资事件34起，投资总额为76.7亿元人民币，涉及在线教育的投资金额占比超过60%。2013年1—7月在线教育类投资金额就占到近三年来教育培训行业投总额的43%。其中平台、系统及其语言占在线教育领域的88%。

另据相关统计，与2013年全年(投资事件200起，交易额9.37亿美元)相比，2014年上半年我国在线教育投融资持续高涨，半年内的投融资总额超过25亿元[102]。中国经济网教育频道细数了2014年上半年投融资主要涉及的八个类别：语言培训、K12教育、母婴教育、IT教育、在线教育自媒体、出国留学、职业教育、技能培训等。

好未来(原名学而思)在其发布的《中国在线教育行业分布图谱》中，利用三维解码方法，通过对692个在线教育项目，以及其中89个获得总额超过5.6亿美元投资的项目进行详细的分析，得出在线教育行业的全景图(图4-7)。

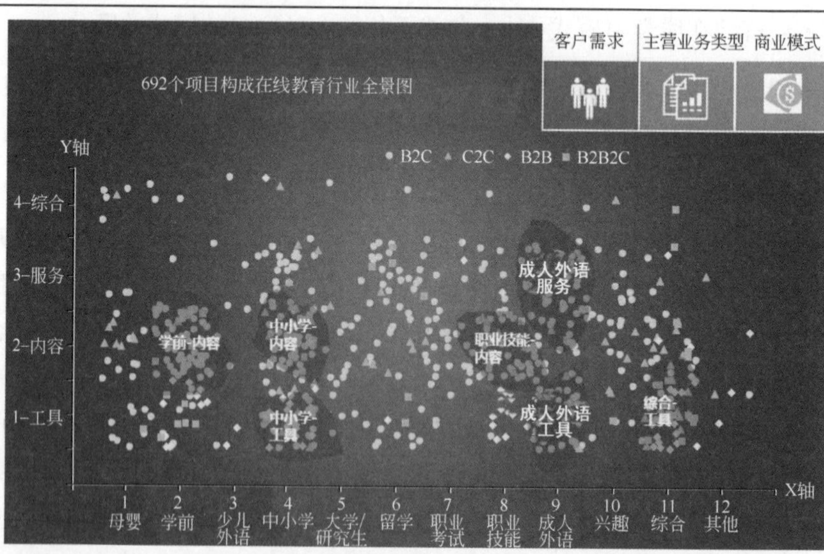

图4-7　好未来：2013—2014年在线教育项目行业全景图[103]

随着互联网教育的日益火爆，互联网教育产业逐渐呈现出精细化产品服务的态势。部分企业从教育阶段分类为切入点，针对 K12(基础教育)、职业教育、特殊教育等提供精细化产品和服务；部分企业专注于教育环节，围绕入学教育、教学管理、考试管理、培训平台等提供服务。总体来看，互联网在线教育已经围绕“中国教育的全流程”，尽可能推出精细化产品服务，以抢占未来教育的先机。

3. “互联网教育”的行业发展建议

互联网教育是市场滋生的新兴教育方式，如果健康发展，则可以成为现有教育体系的有益补充，满足学习者多样化的学习需求。例如，在教育目标上从关注群体到关注个性发展，在内容生产上从封闭走向开放，在学习形态上从正式学习到更加重视非正式学习，在时间利用上走向碎片化，从自我学习到社交支持等。如今，几乎每一个互联网教育行业的进入者都怀揣着扮演行业“颠覆者”的梦想，已经形成规模的教育企业则因为害怕被“颠覆”正主动寻求改变。互联网教育行业有广阔和光明的发展前景，但存在无序发展现象，投资泡沫已经开始显现，而且需要理性地分析和对待。

1)互联网教育行业发展的政策调整和市场空间较大

可以预见，互联网带来的教育和教育资源的去中心化，必将影响到未来教育政策作同步的改变，虽然过程也许漫长而复杂。

长期以来，教育企业都选择在海外上市，而无缘国内股市；原因在于受到相关政策的制约，特别是《教育法》中所规定的“任何组织和个人不得以营利为目的举办学校其他教育机构”。虽然《民办教育促进法实施细则》中写道“出资人可以从民办学校的办学结余中按一定比例取得回报”，但如何把握“一定比例”的尺度未有说明；另外，民办教育培训机构需要在民政部门登记为非企业法人，接受教育部门和工商部门的双重管理，如此种种，都成为包括互联网教育企业在内的教育培训企业的发展障碍。

自 2013 年始，相关政策开始破冰，教育政策顶层设计的重大调整即将展开[104]。相关法律修订正在进行中，民办教育机构或实行分类监管。

2013 年 9 月 5 日，国务院法制办公布《教育法律一揽子修订草案(征求意见稿)》向公众征求意见，拟对《教育法》、《高等教育法》、《教师法》和《民办教育促进法》进行统一的修改。与互联网教育行业相关的修改包括：《教育法》中取消了教育机构“不得以营利为目的”的表述；《教育法》中还区分出财政性经费、捐赠资金举办或参与举办的教育机构，明确该类机构不得设立为营利性组织；《民办教育促进法》中允许民办学校自主选择登记为非营利性或者营利性法人，原来可以取得“合理回报”的模糊规定则已经删除；《高等教育法》中也删去了设立高等学校“不得以营利为目的”的内容。

有业内研究人士认为，教育体制或将发生一些根本性调整，教育资产与资本市场的方向对接将更为明确。未来充分发挥市场的作用，通过实行股份制、混合所有制等方式，用市场的力量来办学指日可待。这种政策上的松动，推动了互联网教育投融资的热情。

2)需要理性对待技术的被关注度和成熟度

绝大多数的互联网教育企业会以各类技术的创新应用作为项目发展的最重要的核心竞争要素之一；然而每一项技术在每个不同的应用行业领域都有其固有发展规律。关于技术发展规律周期的论述和分析，最有名的当属盖特纳(Garnter)公司 Hype Cycle，Hype Cycle 体现了对于技术应用的冷静、理性、动态发展的思维，是每一个技术型创新企业都需要深刻领悟的。特别是盖特纳公司每年都会为教育行业发布一份 Hype Cycle for Education 的报告，值得每一个互联网教育企业深入学习和研究。

首先，我们理解一下 Hype Cycle 模型的含义。Hype Cycle 模型认为每项技术的发展过程均可分为五个阶段：

科技诞生的萌芽期(technology trigger)，又称为感知期，人们对新技术产品和概念开始感知，并且表现出兴趣；

过度期望的过热期(peak of inflated expectations)，人们一拥而上，纷纷采用这种新技术，讨论这种新技术。典型成功的案例往往会把人们的这种热情加上催化剂。

泡沫化的低谷期(trough of disillusionment)，又称为幻想破灭期。过度的预期，严峻的现实，往往会把人们心里的一把火浇灭。

稳步爬升的光明期(slope of enlightenment)，又称为恢复期。人们开始反思问题，并从实际出发考虑技术的价值。相比之前冷静不少。

实质生产的成熟期(plateau of productivity)，又称为高原期。该技术已经成为一种平常而稳定的应用。

如图 4-8 所示，横坐标为技术的成熟度，纵坐标则是技术被关注的程度。不同的技术会定位在这条曲线的不同位置上。

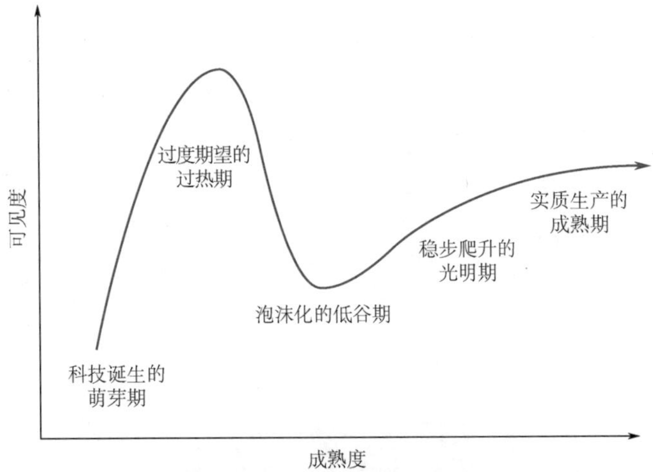

图 4-8 技术成熟度曲线

其次，让我们看看盖特纳于 2014 年专门为教育发布的技术发展规律周期[105]中所提及的部分技术，有兴趣关注全部技术的读者可从盖特纳官方网站上获得相关资料。

处于萌芽期的技术为：外部结构战略(exostructure strategy)，量子计算(quantum computing)，校友 CRM(alumni CRM)，教育平板电脑(education tablet)等。处于过热期的技术为：学生存续 CRM(student retention CRM)，自适应电子教材(adaptive e-Textbooks)，大数据(big data)等。转入低谷期的技术为：自适应学习(adaptive learning)，慕课(MOOC)，游戏化(gamification)，BYOD 策略，社会化学习平台(social learning platform for education)等。处在复苏期的技术为电子教材(e-Textbook)等。

最后，盖特纳在其 Hype Cycle 中还定义了每种技术在教育领域被纳入主流应用的时间(years to mainstream adoption)，分为少于 2 年，2～5 年，5～10 年，超过 10 年。特别重要的是，盖特纳还识别出了在进入成熟期前就被废弃的技术(obsolete before plateau)。

或许，因为国别差异、技术环境的区域成熟度先后不同，盖特纳的 Hype Cycle for Education 并不完全适合于中国的互联网教育环境。但是，盖特纳 Hype Cycle 中体现的技术观是冷静、理智的，值得所有试图凭借技术上突破进行互联网教育创新的团队认真的学习和思考。

05 大数据促进教育发展与变革

5.1 大数据概述

什么是大数据？大数据的起源在哪里？最早可能要追溯到20世纪。1970年，著名的未来学家阿尔文·托夫勒在他的第一本畅销书《未来的冲击》中，就对大量数据、非结构化数据、信息通道和信息过载有了惊人的预测，他指出大量的"人工编码信息"将代替自然信息，将充斥人们的生活，却又有惊人的准确度。但这时的大数据只是在一些特殊行业小范围应用，对社会的影响力范围有限[106]。1997年，美国太空总署的两名工程师Cox和Ellsworth为了解决空气动力学问题，将解决此问题的难度归结为"大数据"，并且明确无误地阐述了大数据的以下关键词：分布、远程、大量信息、可视化和处理，这些关键词至今仍是大家引用"大数据"时经常用到的概念。

大数据概念的真正兴起在2008—2012年。2008年9月4日《自然》(Nature)刊登了一个名为"Big Data"的专辑，首次提出大数据概念，该专辑对如何研究PB级容量的大数据流，目前正在制定的、用以充分地利用海量数据的最新策略进行了探讨[107]。2011年5月，EMC(全球最大的外置存储硬盘供应商)举办了主题为"云计算相遇大数据"的大会，首次抛出了"大数据"的概念。紧随其后，IBM、麦肯锡等众多国外机构发布了"大数据"的相关研究报告，2011年6月麦肯锡全球研究所发布研究报告——《大数据的下一个前沿：创新、竞争和生产力》(Big data：The Next Frontier for Innovation，Competition，and Productivity)[108]，首次提出"大数据时代"来临。此后，联合国、世界经济论坛也纷纷关注信息时代海量数据对社会经济发展所带来的冲击，2012年5月联合国"全球脉冲"(Global Pulse)计划发布《大数据开发：机遇与挑战》(Big Data for Development：Challenges & Opportunities)[109]报告，阐述了大数据带来的机遇、主要挑战和大数据应用。2011年和2012年达沃斯世界经济论坛将大数据作为专题讨论的主题之一，发布了《大数据、大影响：国际发展新的可能性》(Big Data，Big Impact：New Possibilities for International Development)[110]等系列报告。

全球知名的咨询公司如麦肯锡、Gartner和知名信息化企业如IBM等作为大数据的推崇者，更侧重于从技术层面界定大数据。2011—2013年，Gartner发布了多个与大数据有关的白皮书，如"Hype Cycle for Big Data，2012"，定义了大数据的技术生命周期，报告中指出大数据不只是一项单一的技术，而是一个概念，是一套技术。《互联网周刊》则认为，“大数据是通过对海量数据进行分析，获得有巨大价值的产品和服务，或深刻的洞见，最终形成变革之力”[111]。

“大数据”作为信息社会发展的一个新生事物，目前尚处在逐渐被认识、被应用的初始阶段，无论学术界还是IT行业对大数据的理解各有侧重，尚未形成一致的认识，因此很难对其进行精准的定义。本书将从大数据的技术属性和社会属性两方面入手，对其概念进行阐释。大数据属性构成示意图，如图5-1所示。

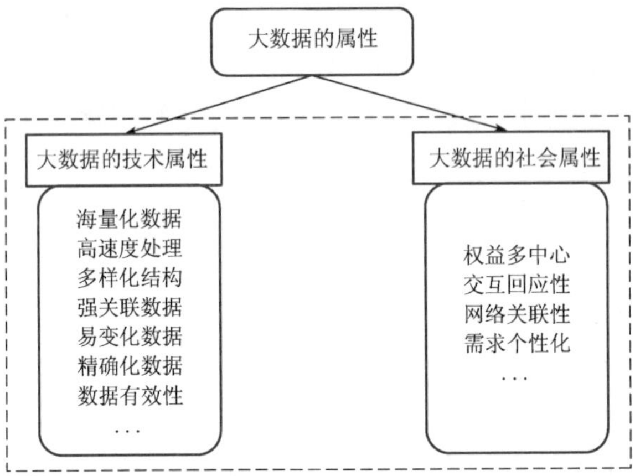

图5-1　大数据属性构成示意图

5.1.1　大数据的技术属性

大数据在诞生之初仅是一个IT行业内的技术术语，维基百科将其定义为“所涉及的数据量规模巨大到无法通过人工，在合理时间内达到截取、管理、处理，并整理成为人类所能解读的信息”，被概括为“4V”理论。

海量化数据(volume)——数据体量巨大和规模完整性。随着数据加工处理技术的提高，网络带宽的成倍增加，以及社交网络技术的迅速发展，数据产生量和存储量成倍增长，数据规模从TB级别跃升到PB级别。

多样化结构(variety)——数据类型繁多。随着物联网、社交网络、智能终端等的普及和应用，网络日志、视频、图片、地理位置信息等非结构化数据所占比例越来越大。

高速度处理(velocity)——主要表现为数据流的处理速度快。数据规模的无限扩张既对高速化处理提出了新的要求，也为其带来了新的机遇，大数据的高速化处理要求具有时间敏感性和决策性的分析，要求能在第一时间抓住重要事件发生的信息。这一点也是大数据和传统的数据挖掘技术不同的本质区别所在。

低密度价值(value)——体现出的是大数据运用的真实意义。数据规模大并不意味着价值高，相反，这些数据间更多地表现为稀缺性、不确定性和多样性[112]。

随着大数据应用的深入，人们对最初的“4V”有了不同的理解和看法。2013 年，IBM 就“大数据”如何定义做了调查分析(图 5-2)，结果显示大家对“大数据”定义和理解并不统一，按照认可比例大小依次为：“更广的信息范围”、“新的数据与分析类型”，“实时信息”、“来自新技术的数据”、“非传统形式的媒体”、“大数据量”、“最新流行词和社交媒体数据”。

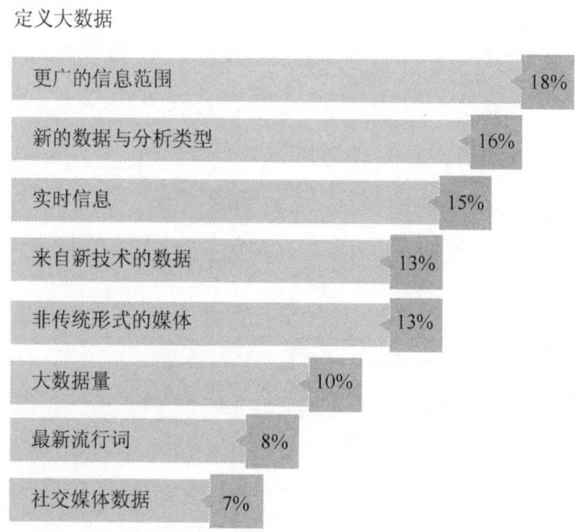

图 5-2　大数据定义的调查结果[113]

基于这个调研和其他相关研究，IBM 提出了大数据新的“4V”特点：数量大(volume)、多样性(variety)、高速度(velocity)和精确性(veracity)。IBM 认为，尽管前 3 个 V 涵盖了大数据本身的关键属性，但真实性是当前亟需考虑的重要维度(图 5-3)，将促使他们利用数据融合和先进的数学方法进一步提升数据的质量，从而创造更高价值[114]。

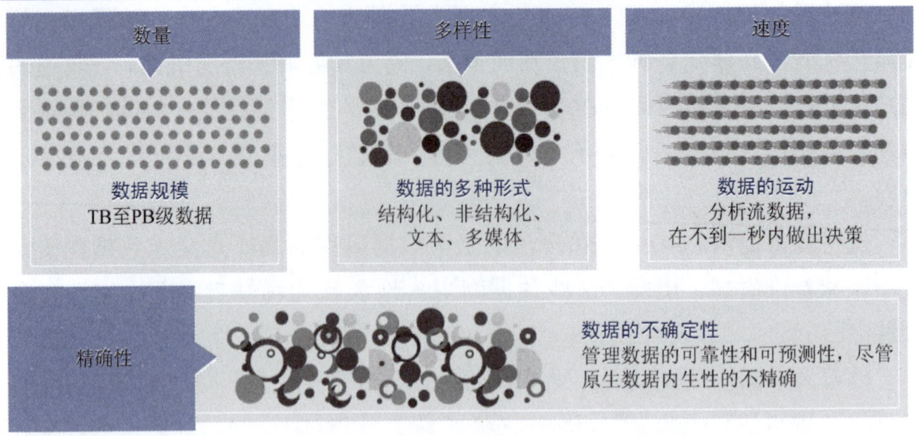

图 5-3　大数据维度[114]

2014 年，IBM 发布了 *Realizing the Promise of Big Data：Implementing Big Data Projects* 白皮书，在该报告中进一步扩展了大数据的特性，提出将大数据的特性由 4V 扩展为“Vs”。“Vs” 在大数据已有特性的基础上，增加了数据黏度（viscosity），主要用来衡量数据流间的关联性（resistance to flow of data）；数据易变性（variability），主要衡量数据流的变化率；数据有效性（volatility），主要表明数据有效性的期限和存储的期限时长[115]。随着大数据技术的发展成熟，以及人们对大数据应用的深入，大数据的 “Vs” 特性将会不断变化和拓展，如表 5-1 所示。

表 5-1　大数据 “Vs” 特性

Vs	特　性	描　述
Volume	海量化数据	衡量数据的规模
Velocity	高速度处理	衡量数据的处理速度
Variety	多样化结构	衡量数据的类型
Viscosity	强关联数据	衡量数据流间的关联性
Variability	易变化数据	衡量数据流的变化率
Veracity	精确化数据	衡量数据的确定性
Volatility	数据有效性	表明数据有效性和存储的期限

5.1.2　大数据的社会属性

无论最初的 “4V” 还是新 “4V”“Vs” 理论，它们都属于大数据的物理属性，是大数据区别于其他事物的技术特征。事实上，现在所谈到的大数据概念，其范畴已经远超过技术领域，而是被赋予了更丰富的社会属性。在看待大数据时，需要建立全面、系统的大数据意识，要看到大数据在创造社会价值、变革行为方式等社会属性的“大”，而不仅仅只看到其数据规模“大”，就不会再纠结于大数据的量级界定。

艾伯特·拉斯洛·巴拉巴西在《爆发：大数据时代预见未来的新思维》一书中指出，“大数据，更强的流动能力，社会化增强；每个人都是自媒体，个性化增强；更大范围的连接，网络化增强”；涂子沛在《大数据：正在到来的数据革命》一书中指出，“大数据时代是一个更开放的社会、一个权力更分散的社会、一个网状的大社会”。综合以上观点来看，我们认为，大数据应该具有它的社会属性，即指大数据受社会影响所衍生出来的属性。大数据的社会属性主要表现在以下四方面[114]。

权益多中心——数据作为一种资产，其所有者将拥有数据所有权，权益有受保护的需求。如果这些数据价值度较高，对经济社会发展和他人的影响力较大，则在某种程度上这些个性、组织会成为“权益中心”，进而可以利用这些数据创造新的价值，拥有更多的话语权。政府也将更加重视数据资产的保护，以及数据所有人对于数据被使用的知情权。

交互回应性——大数据时代，社会治理更强调回应与双向交互。微博、微信等社交媒体产生大量的交互数据，是 Web2.0 时代最具代表性的应用之一，它拥有快速信息传播速度、最大范围覆盖和双向交流互动等特性。

网络关联性——大数据的一个特征是强调人与人的智能关联，而不仅是早期机器与机器之间的关联、人与机器的关联。大数据时代，事物处在一张“大网”中，每个个体都是网络中的一个节点，特别是在社交网络快速发展的今天，个体的每个行为都与周围的人与物相关联，个人与组织、社会等之间的相互影响力急速增强。

需求个性化——大数据时代信息受众分类更加明确，很多数据信息服务是根据个人需求量身定做的，目的性更强、定位更准确、效果也更好[116]。

5.1.3 大数据内涵新解读

随着大数据概念的普及，其内涵已经不仅仅局限于技术维度，而是在演变过程中不断扩展，形成了一个语义更加丰富、维度更加多元的综合性的概念。

大数据是一种技术。大数据的数据规模非常巨大，一般认为需要达到 PB 级别，在这庞大的数据之中不仅包括结构化数据(如数字、符号等数据)，还包括非结构化数据(如文本、图像、声音、视频等数据)。这使得大数据存储、处理或应用很难利用传统的关系型数据库去完成。要挖掘有价值的信息，需要利用可视化分析、数据挖掘算法、预测性分析能力、语义引擎和数据质量管理等技术对海量数据进行快速处理，并获取有价值的信息。

大数据是一种能力。大数据是一种分析能力，在海量数据寻找内在价值或联系的能力；大数据是一种预测能力，通过对海量数据的分析找到事物发展的规律，进而预测未来；大数据是一种创新能力，大数据通过对数据的整合，将看似不相关的数据进行“重组”和分析，挖掘数据的潜在价值，进而实现数据创新，这种创新有可能带来产业的转型，也可能创新某种产品。

大数据是一种理念。首先，尊重数据，承认“数据是资产”；其次，打破以往“数据是权力，不愿开放共享”的思想，实现开放共享才能共赢；最后，树立“用数据说话”的决策理念，改变原来更多依靠“经验决策”的传统模式。2014 年 4 月 24 日，百度宣布开放全球首个大数据引擎，将这一大数据引擎向外界开放，为其提供大数据存储、分析和挖掘的技术能力。

大数据是一个时代。大数据时代是一个以数据为重要资产的时代，政府将加强对数据的治理和管理，提升数据控制力和国家控制力。每个个体都可以表达意愿，使得社会更个性化、民主化、自由化和开放化。

5.2 大数据对教育的促进作用

在大数据时代，教育面临着什么样的新形势和新挑战？大数据在教育中究竟发挥着怎样的作用？我们将其概括为：从理念思维、行业发展、融合创新“三个层面”影响教育发展，实现教育的整合、降噪、倍增和破除“四种效应”，破解教育资源不均衡、方式单调化、信息隐形化、决策粗放化、择校感性化、就业盲目化“六大难题”，通过构建“大平台”系统、完善“大服务”体系，实现“大教育”愿景，打造自循环和可持续发展的智慧教育生态体系。大数据对教育影响的促进作用示意图，如图 5-4 所示。

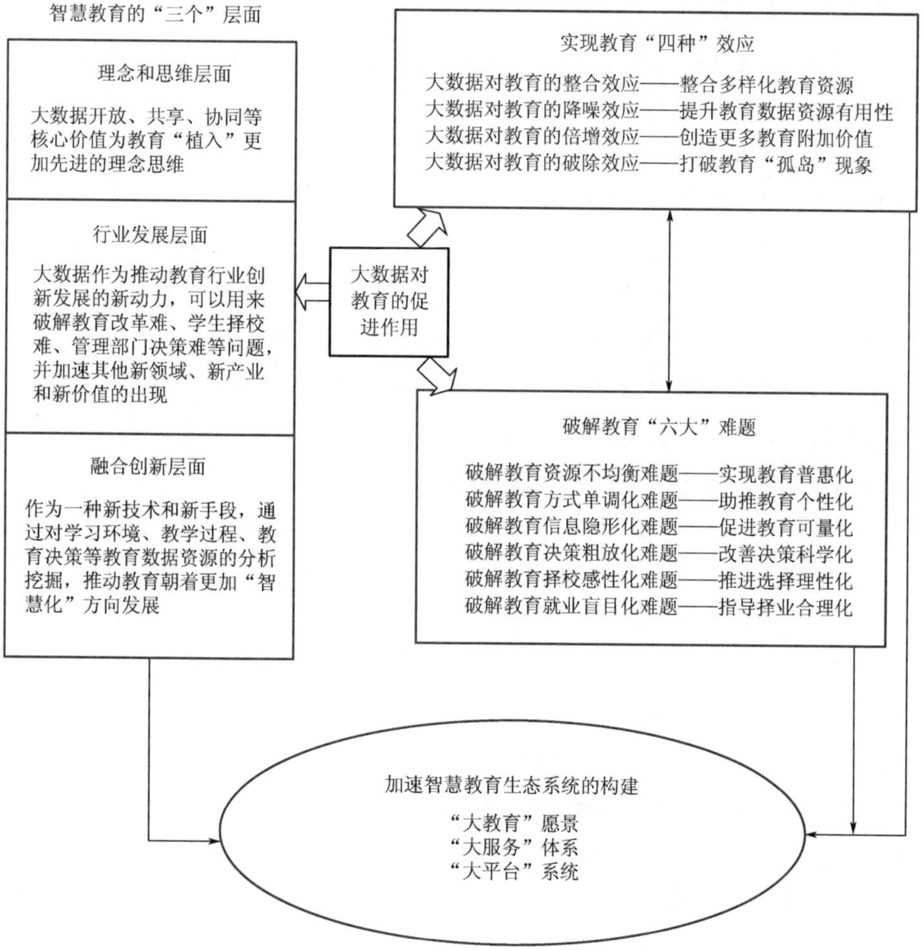

图 5-4　大数据对教育影响的促进作用示意图

“三个层面”：大数据对教育的促进作用体现在理念思维、行业发展、融合创新三个层面。一是在理念和思维层面上。大数据作为一种新的理念，其开放、共享、协同等核心价值对教育领域将带来前所未有的冲击与影响；作为一种新的思维，引导教育从演绎转向归纳，从“经验思维”转向“依靠数据说话”的智慧教学、智慧评价等。二是行业发展层面。大数据作为推动教育领域和行业创新发展的一种新动力，可以回答以前被认为是无法回答的问题，用来解决以前被认为解决不了的问题，用来实现以前被认为不能实现的事情，可以破解教育难题，大数据还可以创造新的领域、新的产业和新的价值，可以完善教育产业链、构建教育生态体系等。三是融合创新层面。大数据作为一种被引入到教育领域的新技术和新手段，通过对学习环境(数字校园、智慧教育、虚拟课堂等)、教学过程、教育决策等产生的海量数据资源的深入分析和挖掘，创新教学模式，促进教育的变革创新。

将大数据应用到教育领域中，有助于实现教育的“四种效应”。一是整合效应。通过利用大数据技术对各种教育资源进行整合和关联分析，实现“1+1>2”的规模效应。二是降噪效应，对已有教育数据资源进行有效整合，激活有用数据、剔除无用虚假数据，利用大数据技术对教育数据做“减法”，提升数据资源的可用性。三是倍增效应，发挥大数据激活休眠数据，将静态的数据变为动态数据的“催化剂”作用，让教育数据产生出更多的“溢价效应”，加速涌现更多新产业、新价值。四是破除效应，借助大数据打破教育行业内部和行业间的“数据孤岛”，统一异构数据、打破数据壁垒，实现与其他部门数据的互联互通，使智慧教育成为智慧城市的有机组成部分。

利用大数据可以有效破解教育发展所面临的“六大难题”。一是有效破解教育资源差异化所带来的教育不公平现象；二是有效破解教育方式单调化所带来的“模式化”教育难题；三是有效破解教育信息隐形化所带来的不可量化难题；四是有效破解教育决策粗放化所带来的教育决策不科学难题；五是有效破解教育择校感性化所带来的选择不科学难题；六是有效破解教育就业盲目化带来的择业不合理难题。

大数据还将加速教育生态体系的构建，助力建设“大平台”系统以汇聚教育和数据资源；构建“大服务”体系，提供便捷泛在的教育服务；实现“大教育”愿景，满足多层次人群的全生命周期教育需求。

5.2.1 实现教育“四种效应”

经过多年的教育信息化建设，我国已经形成一定的教育数据资源，但还存在一些突出的问题，主要体现在：一是数据采集方式较为单一，绝大部分来自教育管理系统。二是数据未能有效整合，数据依类别、行业、部门、区域等被“割据”，关联性被遗忘，例如，教育视频作为最大的教育信息源没有被充分利用，公众无法以低成本、有效途径获得优质的、个性化的教学资源。三是数据质量和可用性不高。数据越来越多样化，且缺乏统一标准，在组织、整合、清洗和转换这些数据时难度较大，因此也造成数据质量和可用性不高。四是缺乏数据平台。为深入挖掘海量教育数据的潜在价值，需要数据平台来处理、分析各类数据，并提供完善的数据服务。

大数据在教育行业的深化应用，将突出表现为“四种效应”——整合效应、降噪效应、倍增效应和破除效应。

1. 大数据对教育的整合效应

智慧教育推进不仅是信息系统的建设，系统中的内容和数据建设也至关重要。在大数据时代，数据甚至比系统更有价值，“三分技术、七分管理、十二分的数据”是信息化领域公认的规律。大数据的核心价值在于“开放”，大数据通过研究数据以发现事物发展所存在的客观规律，这依赖于数据的真实性和广泛性，数据如何做到共享和开放，如何对数据实现加法，是当前大数据发展的软肋和亟需解决的问题。当前大部分行业和领域的数据缺乏必需的开放性，数据掌握在不同的行业主体手中，而这些主体在当前这个阶段并不愿意免费分享数据。在教育领域，不同主体(学校、教育管理部门、教育培训机构等)，在信息时代利用信息技术各自拥有独特的教育数据资源优势，在早期大部分教育数据是“被垄断”在各主体手中的。近年来，随着信息技术的发展，教育课程和教育平台不断开放，将产生海量的、高质量的、颗粒度较细的教育数据，这些数据的关联交互将产生更高价值的信息，从而丰富教育数据资源库，产生“1＋1＞2”的规模效应。因此，从这个角度来说，大数据对教育在量上做了“加法”。

大数据所特有的关联分析特性，可以打破数据的行业界限，把不同行业的数据关联起来，例如，它可以把学校周边地区的交通与学生的进校、离校数据进行关联，从而对学校周边区域的红绿灯进行智能化管理；可以把学片区的房屋信息与学校的师资力量、学生数据等进行关联，从而对学片区的师资力量进行重新分配，有效解决“择校”问题。教育大数据正是基于这种跨领域的关联分析，一方面，进一步扩大了数据规模，实现了多领域多行业数据的交互；另一方面，这种交互关联对于解决以往单个领域行业自身无法解决的问题有着突出的优势，打破了数据孤岛，使得许多看起来无用的数据价值重新释放。

2. 大数据对教育的降噪效应

据不完全统计，全球数据量正以每年50％的速度增长，而且数据类别也越来越多元化。有时候海量数据会因为“噪声”影响数据质量。什么是数据噪声？噪声(noise)是被测量的变量的随机误差或方差。美国学者纳特·西尔弗在《信号与噪声》一书中指出，“数据的海量增长，并不意味着我们自身的理解能力和分析能力在同步增长。大部分信息都只是噪声而已，而且噪声的增长速度要比信号快得多。太多的假设需要验证，太多的数据需要发掘[117]。”

如何降低数据噪声、提升数据质量和有用性是大数据技术面临的重要任务之一。在教育领域，随着信息技术应用的深入，教学手段、教学环境、教育模式等不断创新变革，同时也产生了海量教育数据，事实上这些数据中只有部分是有用的和有益的，数据“噪声”的多少将会在很大程度上影响教育决策和趋势分析。各学校拥有较为丰富的教学资源且数量庞大，但可真正用于课堂教学的较少，能保持与教学内容实时更新、学生可参与互动的资源则更少，这时候就需要利用大数据对教育数据做“减法”——通过对已有数据进行整合，将虚假的数据剔除，利用真实的数据来分析得出真实的结果。

要在充分认识大数据对教育领域的驱动前提下，对不同教育主体、不同教育系统、不同教学环境产生的大量数据进行整合分析，激活有用数据、剔除无用虚假数据，利用大数据技术对教育数据做“减法”，降低数据噪声。

3. 大数据对教育的倍增效应

经过多年的积累，教育领域已经积累了海量的数据，但为什么只有在大数据迅猛发展的近两年中，智慧教育才得以迅速发展？主要原因就在于，大数据扮演了可以将以往休眠的数据激活，将静态的数据变为动态数据的“催化剂”作用，让教育数据产生出更多的“倍增效应”。一方面，大数据在破解传统教育所面临的“教改难”、“择校难”、“入园难”等问题上将发挥独特的优势，“数据驱动决策”、“数据驱动流程”的模式将在教育行业得到广泛应用；另一方面，大数据给教育领域创新带来了新的活力，在帮助教育产业转型、创造新的教学模式、进行技术创新等方面都将发挥积极的作用。例如，一些新兴创新公司利用教育数据提供更有针对性、更细分的教育解决方案，把大数据产业化和商品化，以“数据驱动产品”的模式将在教育行业引发新一轮的创业浪潮和产业革命，例如，大数据催生出了大量的教育 APP 应用和在线课程细分公司。从这个角度来说，在教育大数据由数字化向智慧化转变过程中，扮演了倍增效应中的“乘数”角色。

早在 20 世纪 90 年代，我国就开始大力推动教育信息化，虽然取得了一定的成效但作用并不十分明显，原因就在于对教育信息化背后的数据、信息等无形资产的挖掘与应用不足，改善决策和提升教学水平的辐射扩大效应未显现。例如，我国各级教育部门、各类学校纷纷部署了学位管理系统、学籍管理系统、教务管理系统等，积累了大量的学生入学、毕业和课程设置数据，但这些数据基本处于“休眠”状态。事实上，如果通过大数据技术进行“循数管理”，通过分析挖掘这些历史数据，便可以清楚地了解哪些专业就业情况良好、哪些地区学生辍学率高、哪些课程的老师课业压力重，进而改善课程设置、提升入学补助决策，优化教育决策。例如，美国亚利桑那州公立大学运用 Knewton 在线教育服务系统来提高学生的数学水平，该系统通过数据分析区分出每个学生的优缺点，给学生提供有针对性的指导。全校 2000 名学生使用该系统两学期之后，该大学的辍学率下降了 56%，毕业率从 64%升高到 75%。

专栏 5-1 《2014 上海基础教育信息化进程蓝皮书》之未来教育八大结构性特征

在漫长的人类历史上，教育发展和进步往往靠名垂史册的教育大家在理论层面的建树来引领趋势。而今，“技术”自身走出了附属或辅助的角色，第一次走上教育改革的最前台，推动着一场更为深刻的变革。技术与教育的相互渗透，正呈现 8 大结构性特征。

特征一：教材多媒化。利用多媒体，特别是超媒体技术，使教学内容的表现变得结构化、动态化、形象化。

特征二：资源全球化。因特网已成为全球最大的信息资源库，其中蕴藏着丰富的教育资源，无论教育者还是学习者都可方便地享用。

特征三：教学个性化。利用人工智能技术构建的智能导师系统能够根据学生的不同特点和需求进行教学和提供帮助。

特征四：学习自主化。利用信息技术支持自主学习成为必然发展趋势。事实上，超文本、超媒体之类的电子教材等网络学习资源已经为自主学习提供了极其便利的条件。

特征五：任务合作化。当前国际教育的发展方向，就是要求学生通过合作方式完成学习任务。通过计算机合作的网上合作学习，在计算机面前合作的小组作业和计算机扮演同伴角色等形式，信息技术在支持合作学习方面起着极其重要的作用。

特征六：环境虚拟化。教学活动可以在很大程度上脱离物理空间时间的限制。现在已经涌现出一系列虚拟化的教育环境，包括虚拟教室、虚拟实验室、虚拟校园、虚拟学社、虚拟图书馆等，由此带来的必然是虚拟教育。

特征七：管理自动化。计算机管理教学包括计算机化测试与评分、学习问题诊断、学习任务分配等功能。最近的发展趋向是在网络上建立电子学档，利用电子学档可以支持教学评价的改革，实现面向学习过程的评价。

特征八：系统开放化。系统开放化主要体现在内容开放、结构开放和功能开放这三方面。其中，内容开放是指能通过超链接实现本地资源与远程资源无缝连接，内容空间可无限扩展扩张；结构开放是指可利用构件化技术，允许随时更新教育内容和扩充教育系统的能力；功能开放是提供全面的教育服务，能够支持按需学习，适时学习与弹性学习。

资料来源：http://www. shanghai. gov. cn/shanghai/node2314/node2315/node17239/node17240/u21ai881516. html.

4. 大数据对教育的破除效应

由于标准体系的不健全，以及缺乏信息化统筹推进机制，我国各地、各层级的教育信息系统在数据规范、接口标准等方面缺乏协同，互通性较差，信息孤岛现象严重。这就需要借助大数据对教育行业内部和行业间的“数据孤岛”现象做除法，这里提到的除法更多的是指“破除”，统一异构数据、打破数据壁垒，实现与其他部门数据的互联互通，使智慧教育成为智慧城市的有机组成部分。例如，学校系统可以和公安系统的数据系统互联互通，通过流动人口数据，预测学生数量和特点，解决教育资源的结构性错配问题，提前预警，合理引导家长优化选择。

正如我们之前所分析的，大数据的发展是个渐进的过程，大数据从诞生到成熟将经历从技术、能力、理念和时代的演进。人们对大数据的理解认同和应用实践，也将会随着大数据自身的发展不断调整和改变。因此，当我们把大数据引入教育领域中，其影响将十分深远和重大，但这个影响过程是漫长的，从思维变革到应用能力提升需要长时间的演进过程。大数据应用到教育领域的初期，只是被当作一种信息化工具，利用其改变教学模式、提升教学效率等，使教育更加智能化、普惠化、个性化和扩大化；随着应用的深入，越来越多的人将认识到大数据是一种可以解决传统教育难题的“新能力”；当大数据被全社会广泛认同，数据资产观念等逐渐普及，人们发现大数据与教育结合后，会形成巨大的社会效应，如整合教育资源带来的资源聚合效应、挖掘数据资源带来的创新倍增效应；最后，当教育领域形成"数据文化"氛围、建立"数据治理"理念时，将形成一个自循环和可持续发展的教育生态体系。

5.2.2 破解教育"六大难题"

利用大数据，不仅将改变教育思维方式，更加关注开放性、普惠化、个性化和智能化，也可以用新技术实现教育的全方位变革与创新，破解传统教育难题。

1. 破解教育资源不均衡难题，实现教育普惠化

大数据让教育更加普惠和公平。教育普惠化是教育发展的目标之一，"普"可以理解为更为平等的教育机会，"惠"可以理解为更低的教育成本。大数据在教育领域的广泛应用，将促进区域教育资源的共建共享和优质教育资源的普及，从而推动教育普惠和公平。

1)促进区域教育资源共建共享，降低重复建设和浪费

传统的数字校园建设导致大量的信息孤岛与数字鸿沟，云计算为新时期的教育信息化建设带来了新思路，"集中力量办大事"、"集中建设、分散使用"的建设方式，将更有利于教育信息资源的收集、存储、共享与应用，有利于形成区域性的教育大数据。教育大数据可以有效促进区域教育资源共建共享，突出表现在高度集成的资源共享和随处随时可得的优质资源，降低教育资源的重复建设和浪费。

以目前国家在建的两个教育大平台"国家教育资源公共服务平台"和"国家教育管理公共服务平台"为例，其目标是汇聚教育管理、教学支持领域的海量信息，形成有效支持教育教学过程、教育管理的教育大数据。其中，国家教育资源公共服务平台采用资源征集、资源汇聚、资源共建、资源捐赠几种方式实现教育教学资源数据的汇聚；国家教育管理公共服务平台采用学生和教师"一人一号"、学校"一校一码"的思路，全面准确地汇聚全国学生、教师和学校办学条件的动态数据。这些大数据成为我们观察、监测教育系统的"显微镜与仪表盘"，成为智能化教育分析与决策的基石，决策科学化将使得教育整体成本呈下降趋势[118]。

2)加大优质教育资源的普及，缩小不同地区间的差距

第一，远程教育、同步课堂等信息化在教育领域的应用和普及将进一步缩小不同地区、不同学校与城乡间的教育资源不均衡问题。第二，建立统一教育数据资源库，缩小教师资源和学校资源差距。2013 年 7 月，我国将推进教育管理公共服务平台作为今后一个时期教育管理信息化工作的重点，加快建立学校、教师、学生三大基础数据库，在全国实行学生和教师“一人一号”、学校“一校一码”，为每一名学生、教师和每一所学校及其资产建立全国唯一电子档案。这些档案的建立，将有效整合我国的教育数据资源。通过对这些数据资源的分析，可以动态监管教师换岗、转岗及其学生学籍、转学、升学等轨迹，从而有效地解决教师资源分配不均、重点学校分布不合理等问题，缩小教育成本差距。第三，随着手机和平板电脑的兴起与普及，以及在线学习系统的广泛应用，免费教学资源开放程度的不断提高，线上学习的成本和门槛在不断降低，学习者可以在不受时间、空间、年龄等条件的限制下，“随时随地”地访问更多内容，有利于避免公共教育资源的浪费，可以有效促进教育公平。

2. 破解教育方式单调化难题，助推教育个性化

大数据让教育更加个性化。后信息时代信息将变得极度个性化，在后信息时代，信息具有很强的细分能力[118]。大数据时代信息受众分类更加明确，很多数据信息服务是根据个人需求量身定做，目的性更强、定位更准确、效果也更好。未来教育是一个基于智慧教育的“人人有学上，人人上好学”的教育图景：每一个学生都有自己的学习模型(可以由知识基础、学习风格、学习行为等构成)，学生不仅可以自主地选择学习内容和策略，还可以根据自己的喜好和发展愿望来选择甚至构建适合自己个性的课程，而无需关心课程究竟来自哪个学校或什么地方。学生能够充分利用信息技术的无时空、无主体限制优势，获得更优质的个性化发展服务，提高教育的质量和品质[119]。此外，随着分类考试、综合评价、多元录取的高等教育改革基本模式的逐渐形成，学生学习的主体性要求得到更好发挥，个性化的学习和教育需求也将更加强烈。

1)大数据驱动个性化教学

大数据可以帮助教师选择更适合学生的教学内容。因材施教是教育的根本，有了大数据，因材施教将得以真正实现。大数据可以记录学生的学习情

况，挖掘学生的学习习惯、学习兴趣、学习偏好，教师只需要有一台可以接入互联网的计算机或移动终端设备，便可以真正认识每一位学生。在教育领域广泛应用大数据，你可以看见并跟踪学生，进而了解他们学习时在哪个阶段遇到困难和花费时间较长，他们重复访问的页面，他们可能“深陷其中”的环节，他们偏爱的学习方式，他们学习效果最佳的时间段。简而言之，大数据能够帮助我们更好、更准确地了解学习者，家长、教师、学校管理者能够通过这些数据了解有价值的信息，进而做出更好的教学决策。教师通过分析学生的学习轨迹，在教学还未正式开始前，就已经能够较为精准地分析出教学中的难点问题，进而针对性地进行备课，大大节省了时间成本。例如，美国加州马鞍山学院所开发的 SHERPA(高等教育个性化服务建议助理系统)，能根据学生的喜好为他们的课程、时段和可选节次做出推荐。这样的推荐引擎可以帮助咨询专家解决学生所面临的选课难题，便于他们了解所有的专业相关课程，从中挑选适合学生个人的课程。还可以通过智能分析为教师和课程设计者提供反馈，使他们能够有的放矢地改进教材。

2)大数据驱动个性化学习

大数据可以帮助学生更容易找到自己需要和感兴趣的学习内容。奥斯汀琵里(Peay)州立大学的课程推荐系统，冠名为“学位指南”，为学生提供个人课程推荐服务，使学生了解最适合他们的专业和发挥他们聪明才智的课程。选课建议并非摸索学生最“喜欢”什么样的课程，而是分析哪些课程最适用于学生的学习计划，课程学习的顺序，以及哪些课程会帮助他们达到最好的学习效果。该系统还为学生顾问和系主任提供信息，协助他们定向干预和调整课程安排。该系统功能的进一步加强，还可帮助学生选择合适专业。

成立于 2008 年的 Knewton 是一家总部位于纽约的网上教育初创企业，其目标是为发行商、学校和全球的学生提供预测性分析与个性化推荐。Knewton 的核心产品是在线学习工具，可针对每一位学习者的个性化需求进行适配。Knewton 通过与出版商合作将各类课程材料进行数字化，其覆盖的学生范围包括 K12、高等教育、职业教育等。Knewton 的核心技术是适配学习技术，通过数据收集、推断和建议三部曲来提供个性化学习建议。其中数据收集阶段会建立学习内容中不同概念的关联，然后将类别、学习目标与学生互动集成起来，再由模型计算引擎对数据进行处理供后续阶段使用。推断阶段会通过心理测试引擎、策略引擎和反馈引擎对收集的数据进行分析，分析的结果将提供给建议阶段进行个性化学习推荐使用。建议阶段则通过建议引擎、预测性分析引擎为教师与学生提供学习建议并提供统一汇总的学习历史[120]。

3)大数据驱动个性化交互

大数据凭借其数据跨界整合、跨界流动和跨界挖掘的优势，可以有效整合原有零散的线上线下教学资源，改善传统落后的教学关系，实现更为个性化的交互，从而为老师、学生、家长搭建“一对一”的精准交互平台。这种精准交互就是在精准定位学习目标的基础上，依托现代信息技术手段建立个性化的、精准的学习资源体系和考核体系，实现学习速度和学习质量可度量的学习之路。这种“一对一”精准交互保障了学生、家长、教师、班主任等多方的密切互动沟通，从而不断满足学生的个性需求，建立稳定的“一教一学加多管”的机制，与学生进行线上和线下的长期个性化沟通，实现个性关怀，极大降低学习的时间成本，显著改善学习效果。

3. 破解教育信息隐形化难题，促进教育可量化

原来的教育信息都是隐形的，缺少搜集、汇聚、分析和公开，大数据促使教育变的可以量化。雅虎首席科学家沃茨博士在《21 世纪的科学》中谈到，“得益于计算机技术和海量数据库的发展，个人在真实世界的活动得到了前所未有的记录，这种记录的粒度很高，频度在不断增加，为社会科学的定量分析提供了极为丰富的数据。由于能测得更准、计算得更精确，社会科学将脱下准科学的外衣，在 21 世纪全面迈进科学的殿堂。例如，新闻的跟帖、网站的下载记录、社交平台的互动记录等都为政治行为的研究提供了大量的数据，政治学作为古老的科学，将登堂入室，成为地道的科学”[121]。教育领域作为社会科学的一个重要组成部分，也将借助于数据科学的发展，由“非量化”向“可量化”的方向转变。

智慧教育的兴起和发展正是依托于信息化基础设施的不断完善，以及云计算、物联网、大数据等信息化新技术的广泛应用，这些关键技术的发展为教育提供了海量的教育数据，使得教育智能化不仅仅只停留在表面，而是真正成为“有源”之水。例如，借助于信息技术，学生学习的兴趣点、难点等以往只能凭借教师经验才能确定的东西，现在利用学习软件实现了从“非量化”到“可量化”。事实上，这种“可量化”体现在教育各个层面和环节，包括教学过程的可量化、校园管理的可量化、教育评估的可量化等多个方面。以教育质量评估为例，大数据使单独进行过程性评价的测量和评估变为可能。在课堂教学中，学生的出勤率、作业的正确率、师生互动的频率与时长等多方面发展的表现率数据均可通过收集、分类、整理、统计、分析，形成新的过程性教育质量评价方式，对于办学、科研的过程也可以以同样的方式实现对具体过程的考核。2013年经济合作与发展组织(OECD)在《为促进更好学习：评价与评估的国际视角》的报告中提出了“增强评估以促进学生学习”的新思想，评估中使评价与教育目标保持一致，将学生置于核心，评价的重点应放在改进课堂实践的过程性评价设想上[122]。

其中，基于大数据技术的这种“可量化”衍生出来的个性化教育是智慧教育的一个显著特征，通过对学生学习轨迹、学生活动轨迹、学校资源的使用轨迹等的分析，能够预测出学生的兴趣点，能够针对学员的需求为其提供更具针对性的资源与服务，满足不同学员的学习目标与期望，从而真正实现智慧学习。

4. 破解教育决策粗放化难题，提升决策科学化

如何利用教育数据科学地制定教育政策是教育领域长期以来探索的重大课题之一。传统的教育决策制定往往是根据经验主观化，从我国的目前情况来看，很多的教育决策过分依赖于经验、直觉甚至流行趋势，而往往缺乏数据的支撑。无论此前的四、六级英语改革，还是最近公布的高考改革方案，教育决策的科学性和可操作性成为教育研究者和公众对教育领域诟病的问题之一。随着教育信息化的投入，以教育信息化服务于课程教学、提高学生综合能力、改进教育管理质量、教师专业发展和加强学校与社会沟通，也早已不再停留于政策理念，更希望落实在具体的教育信息化实践中，充分利用数据进行科学合理的教育决策。在大数据时代，以“数据驱动决策”将成为大数据背景下提高教育决策绩效的一个新视角，大数据将始终贯穿教育决策制定的各个环节。这种基于“数据驱动决策”的方法，既有信息技术发展所带来的技术可行性，也有着大数据浪潮下时代发展的必然性。

从其可行性来看，随着大数据技术的日益成熟，大数据分析正变得越来越容易，成本越来越低，相比以前更容易加速对有关业务的理解。以往，教育机构简单利用其教学视频的下载量、点击率等用户行为数据，做出调整视频资源、优化教师资源配置。但在大数据时代，越来越多的教育机构通过跟踪用户访问路径中的用户点击行为获取用户行为数据，特别是一些互联网企业进军在线教育行业后，利用其技术优势，对在线教育视频更加细分的用户数据(暂停、重播、评价)进行综合分析，优化教育资源配置、创新教育产品、变革教学方法，这些过程其实就是“数据驱动决策”在教育行业中的真实应用。

从其必然性来看，基于大数据提升教育决策科学化的做法已经被国际和国内广泛认可。从国际上来看，世界联合国教科文组织从2009年起持续发布“Global Education Digest”(全球教育摘要)报告，希望通过利用教科文组织统计机构对全球教育数据的分析以改善教育决策环境，为全球教育提供科学的支撑[123]。例如，2012年“Global Education Digest”以“机会的丧失：复读和辍学的影响”为主题对全球教育进行了系统分析，并利用数据化工具将报告结果呈现出来[124]。2013年教科文组织发布了《把学习成绩评估用于改进政策与学习》报告(The Use of Student Assessment for Policy and Learning Improvement)，希望把对学生学习成绩的分析结果应用于教育决策中[125]。

在美国，从其正式颁布《不让一个孩子落伍法》法案以来，对于教育决策者，利用教育数据进行决策已经不再是一个选项，而是成为了必需。2012年美国教育部发布了《通过教育数据挖掘和学习分析促进教与学》报告，对美国国内大数据教育应用领域和案例，以及应用实施所面临的挑战进行了详细的介绍。报告指出，“数据驱动学校，分析变革教育’的大数据时代已经来临”，利用教育数据挖掘技术和学习分析技术，构建教育领域相关模型，探索教育变量之间的相关关系，为教育教学决策提供有效支持将成为未来教育的发展趋势。

下面我们以联合国教科文组织发布的2010年全世界基础数据辍学分布图(图5-5)例证数据如何改善教育决策。从2010年全世界基础数据辍学分布图来看，非洲地区辍学率最高，而我国所处的东亚和太平洋地区排在地区第4(图5-6)，其值为9.3%，其中男孩辍学率高于女孩辍学率。在东亚和太平洋地区中的近20个国家中，中国中小学生辍学率较低，排在第4。该数据表明我国中小学基础教育普及率较高，国家对基础教育的关注应该由“数量”向“质量”转变，这就为我国教育决策部门提供了决策的方向。当然，辍学率只是衡量基础教育的一个指标，综合考虑其他维度教育指标数值，教育决策将朝着用数字说话、用数据驱动的方向发展。

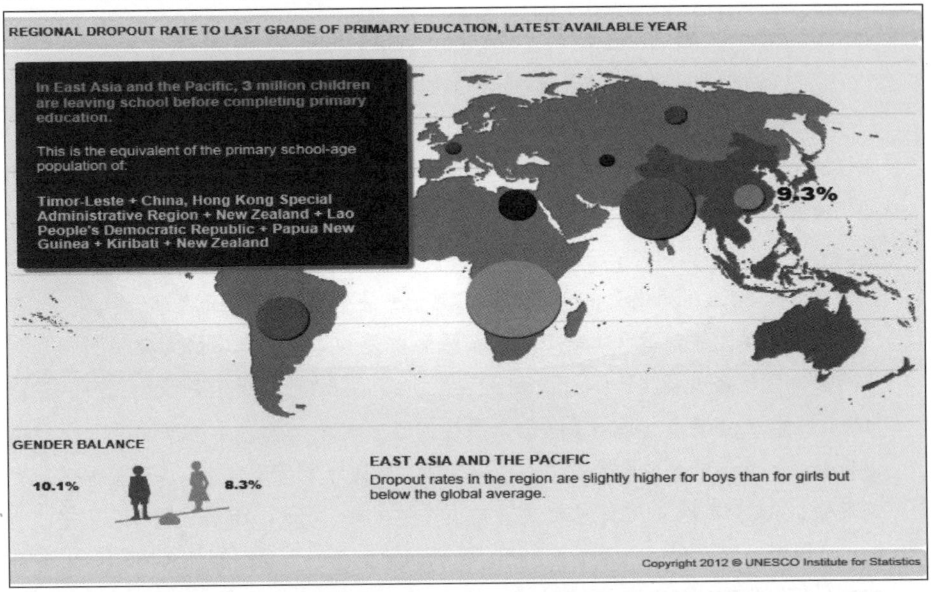

图 5-5　联合国教科文组织 2010 年全球基础教育辍学率分布图[126]

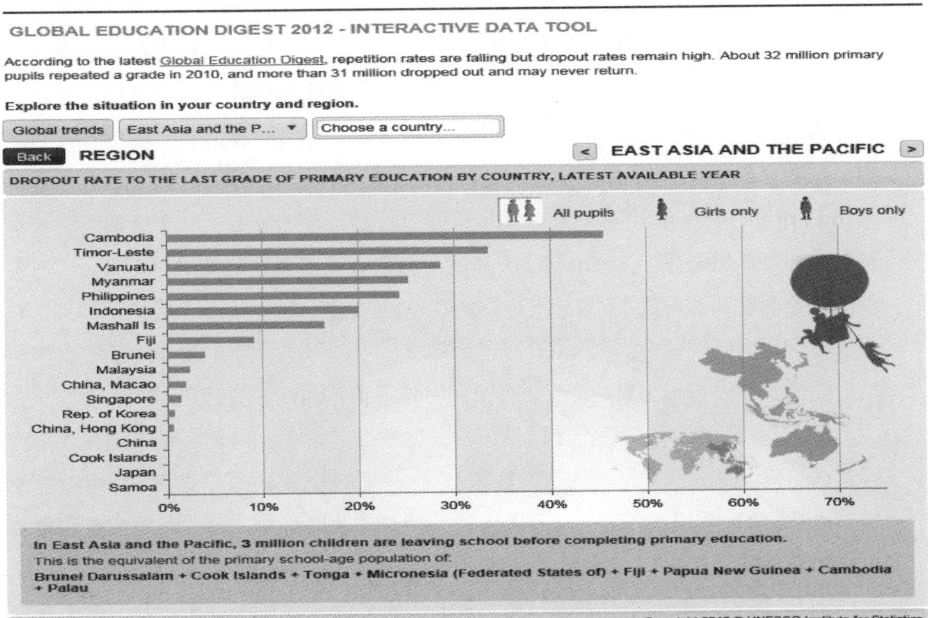

图 5-6　联合国教科文组织 2010 年东亚和太平洋地区基础教育辍学率示意图[127]

■ 专栏 5-2 "数据"如何优化教育决策

早在 20 世纪 60 年代，美国就意识到数据在教育决策中的重要地位。1968 年，美国联邦教育部成立了"全美教育数据统计中心"。经过 34 年的长期摸索与反复试错，该中心形成了一套完整的教育数据处理的方法论，并在 2002 年通过了《教育科学改革法》，明确了数据在教育决策中的决定性地位，即所有教育政策的制定都必须由实证数据进行支持。同年，美国教育研究所与全美教育数据统计中心合并重组后成立了教育科学研究院(Institute of Educational Science，IES)，成为全美最重要的教育决策咨询机构。

数据在美国联邦教育决策中发挥了极为重要的作用。其中最为典型的一个例子就是全国教育进展测评(National Assessment of Educational Progress，NAEP)。NAEP 产生于 1969 年，是由美国国会授权的唯一一个全国性中小学学生学业成绩测评体系。其目的是监测美国中小学生学业成就现状和发展趋势，提高美国基础教育质量。40 多年来，NAEP 已对美国中小学的阅读、数学、写作、科学、历史、地理、公民教育等学科进行了全面测评，其测评结果已成为美国联邦政府和各州衡量教育发展、分配教育资源、改革教育实践的重要依据。

NAEP 产生近半个世纪以来形成了自己独有的运作模式。2001 年，美国政府颁布的《不让一个孩子落伍》法案更为详细地规定了 NAEP 的实施模式，共包括以下三个方面：①NAEP 全国测评和州测评至少每两年对 4、8 年级的阅读和数学进行测试。NAEP 全国测评(州测评)必须定期对 12 年级的阅读和数学进行测评。在条件允许的情况下，NAEP 全国测评还要定期对 4、8、12 年级的写作、科学、历史、地理、公民教育、经济学、外语、艺术进行长期趋势测评。②所有希望接受 I 号资助(Title I grant)的州自 2002—2003 学年起必须每两年参加针对 4、8 年级阅读和数学科目的 NAEP 州测评，而对州测评中其他学科的测量则奉行自愿原则。NAEP 州测评的资金由联邦政府负责，NAEP 州测评并不能取代各州对 4、8 年级学生阅读、数学科目学习效果的评估。③NAEP 将继续对 9、13、17 岁的学生进行阅读和数学科目的测评。基于技术因素的考虑，科学和写作不再作为测评科目。

NAEP 由两部分组成：①通过具体的评估框架对学生某具体科目的学业水平进行测试。测试形式通常为多项选择题和书面自由回答题。②背景信息，即通过对学生、教师、学校管理人员进行问卷调查或其他来源获取有关人口统计学特征和教育过程的描述性信息。

NAEP 通过一系列图表把各科目、各年级的成绩呈现出来，使读者直观地看到美国当前基础教育的整体状况、不同群体的成绩和群体之间的成绩差距、学生成绩的发展过程和变化趋势。数据结果直接反映了美国当前教育发展的基本趋势，为国家宏观决策提供信息基础，决策者也可以利用这些结果评估当前教育改革政策的实施效果。此外，NAEP 的测评结果还被大量研究者深入挖掘和分析，开展诸如家庭、社区和学校对学生成绩影响的研究，资源差异、系统化的改革措施、不同的学习机会和教育政策对学生学业成绩影响的研究。研究成果对美国联邦教育决策产生了间接、广泛的影响。

资料来源：摘自《人民教育》(2014 年第 1 期)《大数据在美国基础教育中的运用》一文。

5. 破解教育择校感性化难题，推进选择理性化

在我国由于教学资源分配不均带来的“择校”问题已经成为影响中国基础教育发展的一个难题，长久以来“择校”现象得不到有效的解决。大择校现象已经变相地衍生出一条“产业链”，这条产业链涉及学校周边地区的房价和复杂的择校关系网。择校难带来的“天价”学区房、“天价”择校费正是教育资源分配不均派生出来的产物。究其根本原因，学区房现象本质上是教育资源分配不均的问题。优质的教育资源少，分配不合理、不均衡，使“名校”效应更明显，学区房价格随之上涨，大数据无疑为解决教学资源分配不均提供了新的途径和方法。

除了由于教育资源分配不均带来的择校难问题，教学资源信息不对称带来的择校难问题也困扰着家长学生。从我国来看，这种择校难的一个突出表现集中反映在高考志愿填报方面，由于缺乏对全国各高校专业排名、师资力量、入学率、就业率、学费支出、奖学金资助等情况的准确把握，往往会出现选择的专业不喜欢、火爆的专业就业不理想等现象。事实上，择校难问题不是中国特有的，就全世界范围来看，多个国家普遍存在着这一共性问题。近年来，随着教育数据开放步伐的加快，美国、英国等国家纷纷抓住机会，利用大数据对全国高等教育、基础教育资源等进行整合分析，搭建统一的教育资源平台，寻求从根本上解决择校难问题。例如，英国推出了“寻找最好的学校”项目，包括“FindTheBestUniversity”和“FindTheBestSchool”；美国推出了“大学导航”(Navigator Colleges)项目，以及“学校搜索”(Search Public Schools and Private Schools)项目；荷兰则通过开放 Open Education Data API 数据接口，推出了多款数据工具，如 schooltip. net，10000scholen. nl，scholenvinden. nl 等网站和 APP 应用。目前平均每个月有 5 万多家长利用这些 APP 应用查找不同学校，为孩子找到最合适的学校[128]。这些项目和应用背后都隐约存在着大数据的身影，其本质就在于通过对全国上万个学校几十项指标海量数据的整合分析，最后以可视化的方式呈现给公众，帮助家长、学生根据需要找到最适合自己的学校，让择校不再是难题。

在我国，百度利用大数据技术，通过对历年高考后大学搜索关键词、大学排名、专业排名等原始数据与实时更新的数据进行深度挖掘分析，从报考难度和报考热度两个维度推出了全国多所大学的“大学报告图谱”。同时从专业热度和难度两个维度针对不同高校的不同专业推出了“专业报考图谱”，为学生和家长在高考择校提供了“智力”支持。此外，百度还在智能终端上发布“手机百度”应用，通过对大数据的运用推出高校热力图、《手机百度 2014 高考蓝皮书》和全国高校、专业热度排行榜，让这些大数据真正实用化，让科技真正能够为考生决策提供更智慧的建议。百度高考预测之“大学报考图谱”截图，如图 5-7 所示。

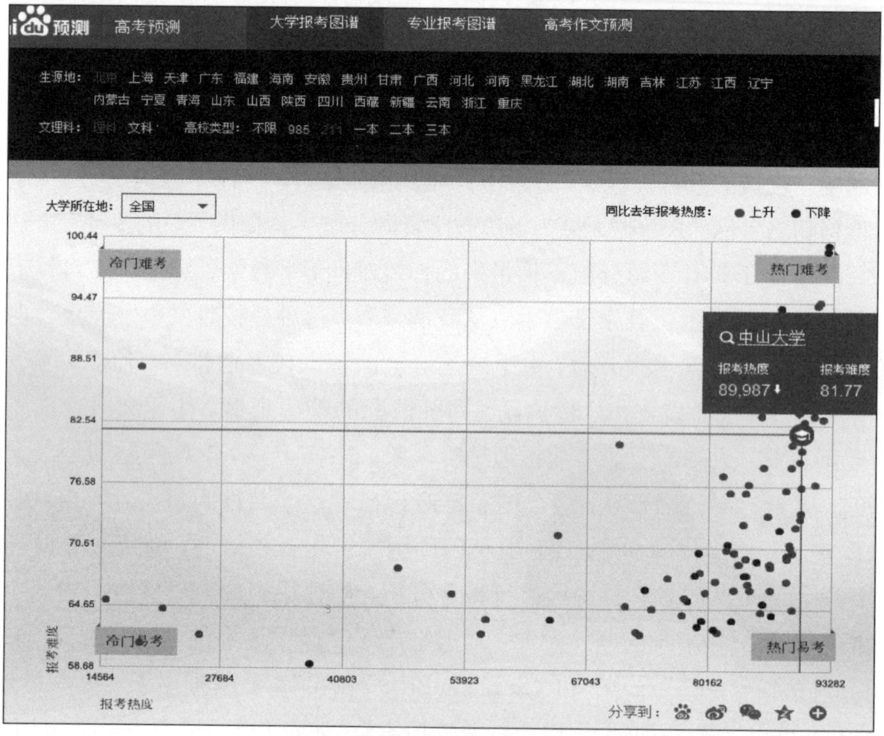

图 5-7 百度高考预测之“大学报考图谱”截图[127]

6. 破解教育就业盲目化难题，指导择业合理化

如果说择校是教育的起步环节，那么就业就是验证教育成果的终端环节。

教育资源信息不对称、人才供需矛盾等因素使得近年来大学生就业面临着更为严峻的形势。美国在大数据应用方面有着很好的经验。美国劳工部基于多年的就业统计数据推出了“一站式就业服务”(Careeronestop)系统，该系统通过对全美历年行业薪资、教育培训、就业信息等数据的采集整合、分析处理，为公众提供了一个可以发现职业(explore careers)、薪资收入(salary+benefits)、教育培训(education+training)、查找就业信息(job search)等功能的“一站式”网站。这种“一站式”服务背后正是利用了大数据技术，对教育、人力资源等多个领域的数据信息进行关联分析后逐步生成的。

以其中的“薪资收入”(salary+benefits)为例，如果你是一个刚走入社会的大学生，可以先根据专业情况查找一下自己可能从事的行业，然后对比一下这些行业的薪资水平，从中找出一个薪资较高的行业。同时，你可能还需要对不同的城市生活成本进行比较，这样才能决定你要去哪个城市工作定居。当然，这时你也要考虑到最坏的情况，如果你去了这个城市或地区却面临着失业的窘迫，这时候你也应该考虑一下该地区失业保险是否理想到足以维持你的最低生活水平。如果你选择好了将来要工作、生活的城市，并且很幸运找到了一份理想的工作，那时你可能会想着给自己充一下电，为以后的职业生涯增加更多的砝码，这时你可能想要了解一下这个地区的教育培训情况，而这些信息你都可以在美国这个“一站式就业服务”网站上找到，如图 5-8 所示。

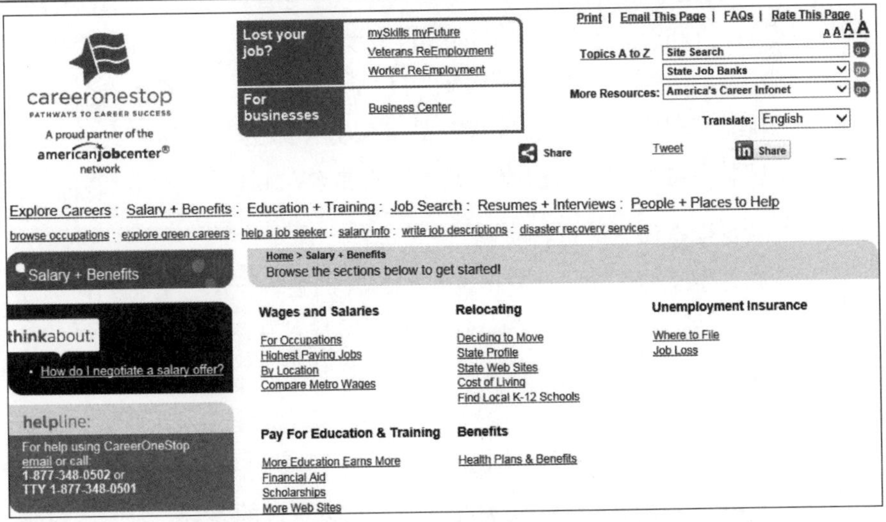

图 5-8 美国“一站式就业服务”网站截图

这个网站的实质是什么？以人为数据源点，把薪资水平、地理位置、失业保险、就业培训和健康福利等多个领域的数据进行了整合，实现了关联分析。这只是大数据在实际生活中的初步应用，未来，随着人们对大数据理解的深入，随着数据开放程度的加大，大数据将有着更为广阔的应用空间。

5.2.3 加速智慧教育生态体系的构建

1. 智慧教育生态体系的构成要素

大数据对教育影响的更重要意义在于，它有助于加速智慧教育生态体系的形成。这里的智慧教育生态体系是指围绕人的教育活动，基于大数据平台等一系列应用，按照智慧教育发展模式，形成双向的价值转移，可以实现教育自循环和可持续发展的多元互动环境体系。主要包括五大核心要素：即多元化的教育主体、核心的教育活动、良好的教育环境、完善的教育机制和成熟的教育产业基础。五大核心要素相辅相成、相互作用，智慧教育活动围绕教育主体开展，成熟的智慧教育产业为教育活动的开展提供产品和服务支撑，良好的智慧教育环境和完善的智慧教育机制为教育活动提供基本制度保障，保证智慧生态系统的有机运行，最终实现教育资源的全面整合共享、教育资源的无处不在和随时可得，以及教育资源的多层次全民覆盖。

具体而言，多元化的教育主体是指以管理者、教师、学习者、家长和公众为核心的主体对象；核心的教育活动是指智慧教学、智慧学习、智慧管理、智慧科研、智慧评价和智慧服务；良好的教育环境是指教育政策环境、市场环境和社会氛围；完善的教育机制是指管理机制、运营机制、反馈机制等；成熟的教育产业基础是指以丰富多元的教育产品与服务体系为基础的较为完整的教育产业链。智慧教育生态体系构成的五大核心要素，如图 5-9 所示。

2. 智慧教育生态体系的运行机制

在智慧教育生态体系中，大数据发挥着怎样的独特作用？它将如何加速智慧教育生态体系的形成？我们认为，随着大数据技术在教育领域的深化应用，它将推动建设“大平台”系统，汇聚各种教育数据资源形成教育大数据平台；构建“大服务”体系，提供便捷泛在的教育服务；实现“大教育”愿景，满足多层次人群的全生命周期教育需求。其中，“大平台”系统是智慧教育生态体系发展的基础支撑，利用该平台可以实现对各种教育资源的整合，为优质教育资源共享提供支撑平台；“大服务”体系是智慧教育生态体系发展的实施路径，通过丰富教育产品和服务体系、拓展教育服务渠道，提供泛在便捷的教育服务；“大教育”愿景是智慧教育生态体系发展的根本目标，满足多层次人群全生命周期的教育需求。大数据加速智慧教育生态体系构建的运行机制示意图，如图 5-10 所示。

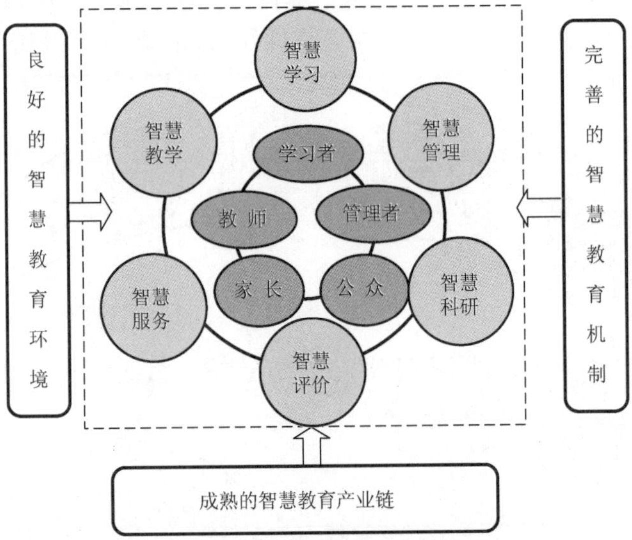

图 5-9 智慧教育生态体系构成的五大核心要素

“大平台”系统充分发挥大数据对教育的“整合效应”，将全社会各类教育数据资源进行汇聚整合，使教育管理机构、教育机构、学生、家长等主体所掌握的教育数据实现互联互通，通过对教育大数据的治理，打造智慧教育综合服务平台，实现对教育大数据的共享；通过数据开放、数据共享和交换等运营机制实现对教育大数据的有效治理。企业、教育机构可以利用这些数据资源为教师、学生、家长等提供更加丰富的教育产品和服务，教育管理部门可以利用这些数据资源制定科学的教育决策、实现对智慧教育产业的有效监管，进而推动“大服务”体系的形成。

“大服务”体系在教育数据资源“大平台”系统的基础上，以服务教育管理者、学习者、教师、家长和公众五大主体为核心，围绕智慧教学、智慧学习、智慧管理、智慧科研、智慧评价和智慧服务六大核心教育活动提供更加完善的教育产品和服务，提供更加便捷的获取服务的渠道，提供更加广泛的服务内容。目前这些教育产品和服务主要表现为诸如面向管理人员的教育管理系统，如学籍、成绩、教务、校产、办公等管理系统；面向教师的资源库和备课、授课、教研、师资培训等应用系统；面向学生的学习资源和多种学习方式，如自主学习、协作学习、探究学习，以及面向家长的家校互联等应用系统。这些应用系统将产生海量的数据资源，为"大平台"提供了新的教育大数据资源。从某种程度上来说，这种基于"数据—服务—数据"的转换模式使得教育"大平台"系统与教育"大服务"体系之间形成了良性互动、自循环、可持续发展模式。

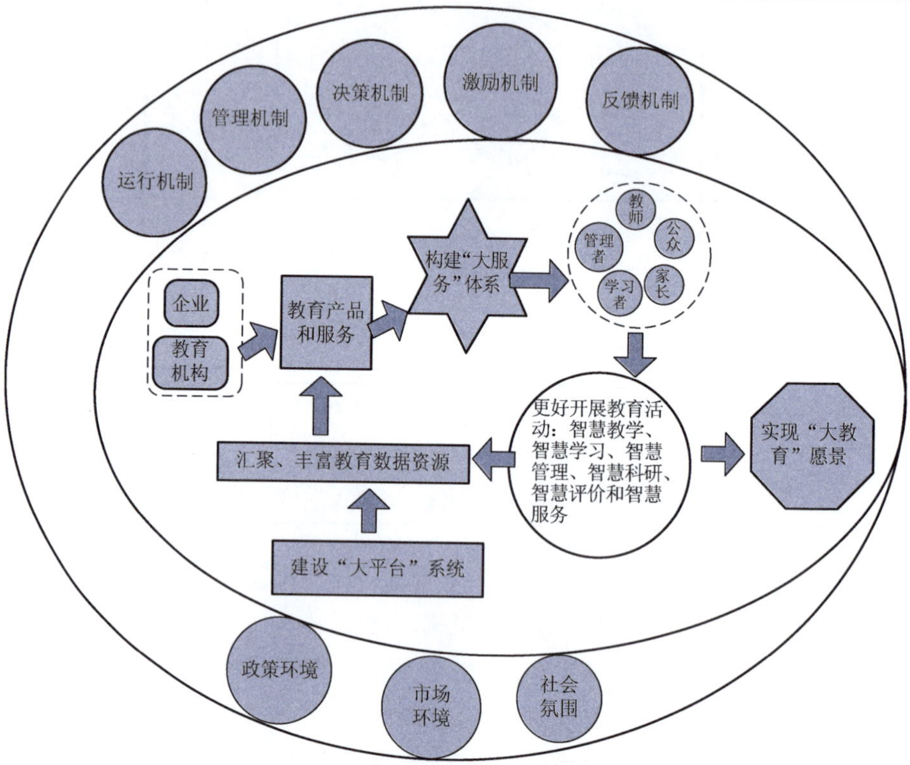

图 5-10　大数据加速智慧教育生态体系构建的运行机制示意图

"大教育"愿景是基于教育"大平台"系统和教育"大服务"体系形成的多层次、全生命周期的智慧教育发展模式，它将整合个体的、家庭的、学校的、社会的一切教育资源，使社会成员处在一种"人人学习，处处学习，终身学习"的教育环境之中。

此外，智慧教育生态体系的建立和发展离不开教育环境因素、教育机制体制和教育产业布局等因素的支撑。从智慧教育的环境基础来看，在政策环境上，国内外政府与相关管理者正逐渐认识到信息技术等对教育领域的影响和渗透，其中政府部门对大数据、云计算等的接受度与日俱增，越来越多的政府部门制定相关政策鼓励信息化技术在教育领域中的应用，政策环境整体良好；在市场环境下，世界范围内在线教育、互联网教育等与智慧教育相关的前景被广泛看好，教育行业信息化的投入呈持续增长态势，在线教育市场规模不断壮大，同时针对不同服务主体教育市场细分程度越来越高；在社会环境上，公众利用网络、智能终端等进行全民化、碎片化学习成为一种习惯，基于社交网络的“群体”学习成为一种时尚。从智慧教育的运行机制来看，基于数据资源的跨区域、跨行业、跨机构协同推进机制取得新进展，在线教育企业与传统教育机构在合作规模上不断增强，线上教育资源和线下教育资源整合力度不断增强；以数据资源管理为核心的教育大数据运营机制不断创新，未来可能逐渐形成非营利免费开放、公私合营特许运营、“众筹”运营等多种模式共同发展的格局；智慧教育决策机制、反馈机制等也有了新突破，基于大数据进行科学教育决策在教育管理部门中的认可度越来越高。从智慧教育的产业基础来看，尽管目前智慧教育尚未形成完整的智慧教育产业链，但无论从“校内”的“教育信息化”产业发展来看，还是从“校内”的“互联网教育”产业发展来看，智慧教育产业链已初具雏形。从我国智慧教育产业发展现状来看仍存在一些问题，如顶层设计缺失导致的基础设施重复建设，行业规范不完善带来的数据整合难，产业间、产业内各环节融合不足带来的资源整合力度不足等问题，一定程度上制约了智慧教育的发展。

3. 大数据在智慧教育生态体系构建中的作用

1）大数据加速“大平台”系统的形成

大数据将加大教育数据的开放度。教育资源的开放性可以有效汇集不同教育主体所掌握的教育资源，通过开放、共享和交易等方式全面改善教育发展环境，推动教育朝着“大平台”方向发展。一方面是以政府、学校教育机构、科研机构等为主体的“狭义”教育数据和教育资源的开放，这些数据资源的开放可以在很大程度上改善教育政策环境；另一方面是更加“广义”的教育数据开放，涵盖政府、企业、教育机构、公众等多方主体的全社会教育数据和教育资源共享与交换，教育数据实现从点对点的共享向多边数据交易、从一对多数据服务向多对多数据市场发展，从而在根本上改善教育发展的市场环境和社会环境。

大数据可以将教育信息实现有效共享，缩小地区之间的教育差距。在大数据的理念下，所有的教育信息可以形成教育资源信息化平台，通过互联网把教育资源进行数据整合和优化配置，让优质教育资源形成一种流动的良性循环，让分享和贡献资源的渠道越来越多，让学习资源发挥的效用越来越大，受用地域和受用人群越来越广，最终形成一个互通有无、交流共享、共同提升的教育资源信息化平台。在这个平台中，学习者可以通过文字、图片、音视频等不同方式实现知识学习的目的，教学者可以通过多种技术工具、远程教学平台、多媒体教学设备实现教学管理的目的，而更加人性化、个性化的交互式网络课堂也将在这个联盟中起到关键性作用。

开放特性。一方面，以“智慧”为名义的教育平台对用户是完全开放的(用户可以根据需求自行上传、下载平台上的内容)。例如，哈佛大学和 MIT 宣布推出非营利性在线教育开源项目 edX，其课程的形式主要由在线视频、网页插入式测试和协作论坛组成，让学生上完课程后获得一个不同于全日制大学的技能证书和成绩。2014 年上半年，Google 和 edX 合作创建一个开放的 MOOC 平台 MOOC. org，其目标是成为在线教育的门户网站，集合学术机构、政府、商业机构和个人的力量，帮助他们制作和维系在线课程。而 Google 则将在开发上给予 edX 平台帮助，提供去年发布的 Course Builder 工具来制作课程。另一方面，以“智慧”为名义的教育平台对政府、学校、学生家长和其他第三方机构是完全开放的，通过为各方参与者提供免费开放平台，让用户自发、愿意花钱获取好的教育资源，愿意参与教育的体系，愿意参与教育互动。

整合特性。这种整合特性具体表现为大数据对教育的“整合效应”和破除效应。一方面，大数据可以有效整合教育线上线下资源，逐步实现 O2O(Online to Offline)教育产品的闭环。O2O 教育闭环体系的逐步形成，将有助于线上线下教育资源共享，让教育更公平；有助于线上线下教育优势互补，让学习更高效；有助于线上线下教育效果转化，让学习更有价值。O2O 教育闭环系统结合了线上资源和线下资源两者的优势。将教育领域内的数据进行充分整合，如打破教育数据间的区域壁垒、系统也就是我们所说的大数据对教育的“破除效应”。特别是在学校教育中，数据成为教学改进最为显著的指标。通常这些数据主要是指考试成绩和入学率、出勤率、辍学率、升学率等教育数据。对于具体的课堂教学来说，数据应该是能说明教学效果的，例如，学生识字的准确率、作业的正确率、多方面发展的表现——积极参与课堂科学的举手次数，回答问题的次数、时长与正确率，师生互动的频率与时长。

2)大数据加速“大服务”体系的构建

大数据将在一定程度上助推国家教育体制改革，这其中可能会涉及教育制度改革、教学资源分配改革、课程设置改革、人才培养改革、就业分配改革等多个方面。例如，国家通过部分开放和共享与入学、毕业、注册等有关的教育基础数据，充分利用大数据技术对大量历史数据进行分析挖掘，进而实现改善教育决策制定过程、优化教育政策影响和推动国家教育体制改革的目的。

大数据将在很大程度上优化教育决策。在教育领域，大数据概念也已经开始实质性地应用于教育政策研究与实践中。在美国联邦政府教育部技术办公室 2012 年 4 月 10 日发布的《通过教育数据挖掘和学习分析改进教与学：问题简介》中指出，在教育数据挖掘和学习分析将开始应用大数据。澳大利亚政府推出的“我的大学”(My University)项目，通过大规模实时在线数据，将那些与学生和家长评价相关的本科到研究生的课程和大学排名与政府政策挂钩。另外，经合组织(OECD)长期以来与各成员国在教育数据库上的工作也显示出现代教育政策有可能会处处都受益于这些经科学研究处理过的大规模数据证据。这种数据观念已经超越传统的相对粗糙的统计数据，强调更精细化捕捉各个层面的变化数据，以及由数据展现的复杂相关与因果关系[129]。这种借助大数据的科学化政策优势在于以下两个方面：首先，在大数据时代，随着软件和硬件的不断升级，有了分析更多数据的可能手段和条件，甚至可以处理和某个特别现象相关的所有数据，而不再依赖于随机抽样，即“样本等于总体”。其次，在大数据时代，我们不再热衷于追求精确度。拥有了大数据，我们不再需要对一个现象刨根究底，只要掌握大体的发展方向。尤其对于决策，宏观层面的意义远大于微观层面，适当忽略微观层面上的精确度会让我们在宏观层面拥有更好的洞察力。

大数据将助推学校人才培养模式改革。通过对学习系统、考评系统等产生的大量教育数据的分析，变革教育环境、教学模式等。对学生学习行为轨迹数据的精准描绘，例如，通过记录鼠标的点击，可以研究学习者的活动轨迹，发现不同的人对不同的知识点有何不同的反应，用了多少时间，哪些知识点需要重复或强调，哪种陈述方式或学习工具最有效。记录单个个体行为的数据似乎是杂乱无章的，但当数据累积到一定程度时，群体的行为就会在数据上呈现一种秩序和规律。通过分析这种秩序和规律，未来的在线学习平台才能弥补没有老师面对面交流指导的不足。

大数据将助推教学过程改革。在教学过程中应用大数据，能实现学习习惯、教学改进动作与学习效果对应的聚类分析。例如，在个性化英语教育领域，传统上教师需要花费大量时间分析单个学生的学情动态，逐一制定相应的教学解决方案，备课时间和教学成本居高不下。但“大数据”让这一切变得更简单了。在一款基于大数据应用的少儿英语学习 MyEnglishLab 在线学习辅导系统(以下简称 MEL)中，应用大数据技术全程实时分析学生个体和班级整体的学习进度、学情反馈和阶段性成果，从而及时找到问题所在对症下药，实现对学习过程和结果的动态管理。大数据分析系统以学生为中心，按照教、学、测三个环节组织线上学习内容与学习过程，将学生、教师、家长、机构四类用户群有机整合在 MEL 学习管理系统中，各司其职、相互作用，实现了个性化的课堂教学、家庭辅导和自主学习管理环境。

大数据将通过鼓励公众的积极参与助推社会创新。社会团体、高校联盟等通过搭建公共教育资源共享平台，可以有效地对在线学习、全民教育等学习轨迹进行分析研究；鼓励社会创新，发现优秀人才，实现教育数据增值服务。企业等多家网络公众媒体积极提供开放课程资源，增加流量进行商业精准营销。

大数据将加速全民终身教育体系的形成。在大数据时代，由市场化形成的大数据接口与学生数据 API 应用将广泛得到重视，而服务于终身学习、学习个性化和学习行为支持的各种柔性教育的信息系统将得到开发和应用，翻转课堂、在家上学、社交网络和教育行为信息系统可视化的研究，将如显微镜的发明一样，将变教育学为实证科学。信息服务于人，无处不在，终身教育将成为社区化教育的基石，在美国的社区大学除了培养副学士，还开展外语、护士、育儿、书画等各种课程，社区大学旁边就是社区图书馆和教堂，基于云计算、大数据等技术将公立校区的服务体系凝结在一起形成一个开放的、免费的全民学习平台。

3)大数据加速“大教育”愿景的形成

智慧教育的“大教育”愿景主要表现在以下方面：在教学范畴上，应包括学前教育、小学教育、中学教育、职业教育、高等教育、职业教育、特殊教育、全民教育等；在教育时间上，包括全日制、业余教育和终身教育；在教育对象上，涵盖从全日制学生到全民，即所有社会成员的学习，由此，现代大教育将从对部分社会成员的教育扩展到全民的教育；在教育机构上，大教育将打破单一的学校教育机构，使学校教育、社会教育、家庭教育有机整合，让教育能在人类存在的所有部门进行；在教育方式上，大教育将采取一切有效的途径、方法进行，包括教学与自学，正规教育与非正规教育，集中培训与闲暇教育等等；在教育目的上，大教育观所倡导的是，学习与教育不再仅仅是谋生或追求功利的工具与手段，而是为了完善人性，实现个性全面发展；在教育体系上，大教育构建家庭、学校、社会“三位一体”的教育网络，教育是学校的主要任务，但同时又是相关家庭和全社会的共同义务。

大数据的应用使“大教育观”中的一些设想可以更容易得到实现，让我们所设想的大教育更具有可实现性，e-Learning、知识管理已经在工作领域得到了广泛的采纳。例如，上海市针对全民学习、终身教育的需求，建设教育大数据服务平台，积累数字教育资源，收集教育服务平台学习者行为数据和学习爱好数据，为千万级学习者提供个性化的终身在线学习服务，提高教育资源的共享和利用率，实现因材施教，优化教学过程，提高教学质量，为教育政策调整提供决策支持。建立基于大数据支撑的优质教育资源开发、积累、融合、共享的服务机制，为全体学习者提供个性化选择与推送相结合的终身学习在线服务模式[130]。

基于以上分析，我们认为，随着大数据在教育中的广泛应用，其影响力和效用将逐渐显示。利用大数据的开放性、服务性和智慧性将有效推动教育“大平台”系统、“大服务”体系和“大教育”愿景的形成，进而形成一个开放式的、可自循环的，能实现可持续发展的教育生态体系。在该体系中，通过免费开放、共享和交换等方式提升国家、社会、企业、学校教育机构与家长学生等主体对教育资源的使用率，进而有效改善教育政策环境、市场环境和社会环境，良好的环境基础将为智慧教育提供更加坚实的基础。同时，通过不断丰富教育产品和服务体系，进一步完善教育产业链，将大数据深入应用到教育领域，利用大数据驱动国家优化教育决策制定、驱动区域教育均衡发展、驱动教学过程智慧化和教育管理精细化等，打造可持续的教育生态系统，进而满足多层次人群的全生命周期教育需求。

06 教育大数据的规划治理

6.1 教育大数据的特点和发展趋势

教育数据产生于教育的每一个环节，如教育环境设计、教育实验场景布置、学习场景变革、教学过程、考试评测、教育管理和决策等。另外，还有很多来源于不同层面，看似与教育无直接关联却可以辅助教育决策的多样化数据，如学生上网行为数据、学生用餐数据等。随着教育信息基础设施的不断完备，各种信息化软件工具、资源与系统渗透到教育业务的方方面面，数据的采集渠道日益丰富，教育数据规模与日俱增。这些围绕老师、学习者教育和相关活动产生的海量数据统称为教育大数据。

6.1.1 教育大数据的特点

大数据技术能让体验者的感受得以量化与显现。例如，学生在一个课堂中的需求与表现，可以通过大数据技术处理变得可视化，为教研活动提供了更为鲜活的素材，教师有了全方位了解学生的途径与方法，使得倾听学生成为了可能，能从学生的真实需求出发及时调整教学行为。

具体而言，教育大数据与传统教育数据区别主要表现在以下几方面。

数据更具实时性。传统数据采集方式一般采用人工方式，对群体数据进行周期性、阶段性采集，实时性较低，例如，学生整体的学业水平，身体发育与体质状况，社会性情绪和适应性的发展，对学校的满意度等。而大数据具有高度个性化的表现特征，它更关注每一个学生的微观表现，如学习的过程轨迹，以及学习当中的情绪表现等，这些个性化的数据在每时每刻发生的动作与现象中产生，需要通过传感设备实时地、不间断地获取采集，即大数据具有很强的实时性。

数据颗粒度更细。传统数据多来源于阶段性、针对性的评估活动，其采样过程大都采用主观打分问卷调查，颗粒度相对比较粗。而大数据往往来源于过程性的、即时性的行为与现象的记录，如每个学生在一道题上逗留了多久，在不同学科课堂上开小差的次数分别为多少，会向多少同班同学发起主动交流，师生和学生的互动过程……这些第三方、技术型的观察采样数据颗粒度会更为细小。通过对这些数据分析，才能真实地解答教育过程中的许多疑问，例如，课堂应该如何变革才符合学生心理特点？所教的课程是否吸引学生？怎样的师生互动方式更容易被学生接受？

数据真实性更强。传统数据一般在被测评者(教师、学习者等)知情的情况下进行获得，这种数据获取过程往往带有一定的刻意性和压迫性，例如，考试或问卷调查，学生承担着某种压力，数据本身存在着人为偏差，其真实性和准确性较低。而大数据时代，在教育数据获取过程中，可以通过观测技术与设备的辅助，不影响学生的日常学习与生活，因此采集的数据会相对自然、真实。

数据处理难度更大。教育大数据的规模大且结构复杂，需要运用云计算、分布式、可视化等技术对数据进行处理和展现，技术处理难度较大。例如，一个学生读完 9 年制义务教育产生的可供分析量化的传统教育数据，包括个人与家庭基本信息，学校与教师相关信息，各门各科的考试成绩等，一般不会超过 10KB，且多为结构化数据，统计分析处理相对简单。但大数据分析则完全是另一种层面技术，例如，在一节 40 分钟的普通中学课堂中，通过视频技术获取一个学生所产生的全息数据为 5～6GB(相当于 5 万年的传统教育数据量)，其中需要归档分析的量化数据为 50～60MB，大多是非结构化数据，需要通过专业的算法、模型和海量数据存储等大数据技术进行处理。

数据决策性更强。传统数据多用于诠释宏观、整体的教育状况，对教育政策决策有一定的影响，但由于实时性不强、颗粒度较粗等，对决策的支撑力度有所不足。随着技术的发展，人们对于“数据”的理解更为深入，许多未曾重视或缺乏收集手段的信息，现在都可以作为“数据”进行记录和量化分析，通过对学生、教师和课堂状况等个体的、微观的数据进行分析，从中得出较为准确的宏观数据，用于调整教育行为与实现个性化教育。

数据安全问题更突出。相对于传统数据而言，隐私和安全是教育大数据面临的头号难题。比起其他的消费类型信息，教育数据，特别是学生信息会更加敏感，家长和教育活动家对此也越来越关注，担心学生数据会被窃取非法用于其他用途。例如，数据分类属性中如果忽略了个人隐私或带着某些特定标识，则容易令家长或学生难以接受，例如，家庭关系中有“继父”，转学理由中有“因病”和“受不了暴力事故”，还有自闭症、家长在牢中、无家可归、怀孕等。根据美国福德汉姆大学法学院最近的一项研究，95%的学校和学区都使用了第三方云服务商提供的数据存储和数据挖掘服务，而只有 7%的学校和学区在签订协议时，明确限制供应商对学生信息的销售。事实上，很多学生和家长都不清楚这些数据的存储与应用情况。

这里只是粗略列举了教育大数据的部分特点。随着时代的发展、智慧教育的兴起、信息技术的完善，教育数据的特点也会随之动态变化。这些数据新特点的出现，往往是教育大数据新的发展趋势，将会很大程度上影响与教育数据关联比较密切的领域，甚至可以带来教育发展新的增长点，变革教育模式，从而引领教育发展。

6.1.2 教育大数据的发展趋势

随着大数据从概念推广到技术落地，在教育领域中逐渐与业务相结合，成为驱动教育发展的主要动力，促使我们以一种全新的角度看待与教育数据相关的技术和价值。事实上，教育数据的战略意义并不在于掌握庞大的数据信息，而在于对这些含有意义的教育数据进行专业化处理。教育大数据发展趋势呈现出：数据开放程度不断提升、数据资产规模逐渐壮大、非结构化数据不断增加、数据分类更加精细化和数据创新应用的成效初步显现等特点。

1. 教育数据开放程度不断提升

大数据时代，政务公共数据作为社会大众共享的无形财富，政务数据开放成为数据整合和共享应用的前提条件。早在 2008 年，美国等一些国家就提出了公共数据开放的想法，2009 年 5 月，随着美国公共数据开放统一门户网站 Data. gov 的上线，公共数据开放的大幕正式拉开，以美国、英国、澳大利亚等国为代表的一场声势浩大的“公共数据开放”运动宣布启程。已有 40 多个国家开始推动本国公共数据开放建设，数据开放活动正在全球范围内掀起一种热潮。教育数据作为公共数据的一个重要内容，无论在数据开放数量、质量、粒度，还是数据创新应用程度上，都有着明显的开放成效。

2014 年 2 月，欧盟为了推进“让科学开放，让知识共享”教育理想，在其公共部门信息平台(ePSI 平台)上推出了一个关于开放数据与教育的在线主题小组[131]，旨在汇集那些对公共开放数据在教育领域的应用感兴趣的决策人员、学者、程序员和公民，促进欧洲公共部门信息和开放数据的动态使用与再利用。参与项目的成员可以在其中获取与数据开放和再利用相关的未来活动、行动计划、博客、报告、案例等信息。同年 3 月，欧盟又正式启动为期两年(2013 年 12 月—2015 年 12 月)的 OpenEdu 项目[132]，开始研究开放教育战略，旨在对欧洲开放教育战略进行研究，解决基于开放教育的学习成果认证过程中面临的挑战。2014年，美国持续"加码"数据开放，教育数据成为其今年数据开放盛宴的第一大餐。美国教育部、财政部、总务管理局于1月15日联合举行了一场教育数据狂欢，重点展示了私营部门、非营利机构和学术界使用免费政府数据开发产品、服务和应用的创新成果。作为该活动的一部分，美国教育部公布了一系列新的措施，旨在进一步开放资源，帮助高等教育领导者、私营部门、技术开发者和企业使用这些资源在高等教育领域做出更好的成绩。

专栏6-1　国际教育领域数据开放现状

1.教育领域数据开放现状

2011年9月，巴西、印度尼西亚、墨西哥、挪威、菲律宾、南非、英国、美国等八个国家联合签署《开放数据声明》，成立开放政府合作伙伴(Open Government Partnership，OGP)，截至2014年5月，已经有64个国家加入开放政府伙伴关系组织。所有开放政府伙伴关系成员国需承诺，通过开放政府宣言支持公开、透明的政府。

开放政府宣言促使一些国家制定包括教育领域数据开放在内的国家行动计划。2012年6月，英国教育部推出了《开放数据战略》，并在其官网上公布了教育领域开放数据清单，表示将通过开放更多的数据提高教育系统的透明度。

斯洛伐克和阿尔巴尼亚也在加入开放政府伙伴关系组织后开始探索教育领域数据开放。斯洛伐克在其第一个政务公开行动计划中就通过了一项大学修正案，首次规定所有大学必须在互联网上发布论文，以降低抄袭率和推进研究成果付诸实践。斯洛伐克教育、科技、研究和体育部也首次公开了大学生就业率等方面的数据。

阿尔巴尼亚在其第一个开放政府行动计划中就做出了教育领域数据开放的相关规定，提高全国考试机构透明度和减少教育投诉。阿尔巴尼亚政府还开始在全国教育和科学系统的财政与预算实施财务信息系统管理，以建立统一的教育财务数据库，避免教育财务信息重复，增加教育机构财务透明度。

此外，其他欧洲国家(如芬兰)同样开始实施教育领域的数据开放战略。除了欧洲国家，墨西哥、肯尼亚、巴西等国也致力于将教育领域纳入国家开放数据行动计划中。

2.教育领域开放数据类型

可以预见，将有越来越多的开放政府合作伙伴组织成员国投入教育数据开放战略，但哪些教育数据可以开放？开放后能带来哪些好处？

· 人口统计类数据。包括招生人数、在读人数、辍学率、性别、年级等。通过对这些数据进行分析，人们可以获知以下情况：在校学生相关信息；学生家长相关信息；学生，特别是低年级学生转学时可能出现的问题；学生对交通、饮食、特殊教育、课后活动等方面的需求；家长参与度；学生主要行为模式；学生社交和其他可能面临的挑战。

· 社会调查数据。包括对学校的价值观、信仰、态度、看法和意见等方面的社会调查。通过对这些数据的分析，可以获知以下信息：人们对教学计划的满意程度，学校是否满足人们的期望；学生和家长认为哪些是学校的强项，哪些是对学校的新需求；企业雇主优先考虑的毕业生技能；学生对学校是否满意，学校是否能培养学生期望获得的能力。

· 教学安排描述。通过这些数据的分析，人们可以获知以下信息：教师设计和执行教程能力、学校和教师的行政能力、成本估算等。

· 学生学习情况数据。包括学习情况评价、教师对学生能力和态度的观察评价、考试评价等。通过这些数据分析，人们可以获知以下信息：每个年级/年龄/性别主导的能力和学习态度、当前课程设置是否合理、如何改善考试评价标准等。

3. 教育数据开放影响和作用

教育领域数据开放会带来多方面好处，主要体现在以下几个方面。

· 提高透明度。增加学生和家长对学校的了解和认知，同时有助于树立学校良好形象、提升学校知名度。

· 提高参与度。及时了解家长和学生需求，加强家长和学生与学校的互动联系，建立三者之间的信任关系。

· 促进教育创新。有助于改善课程安排、教学实践和教师在职与岗前培训。

· 建立问责制，提高学校服务。

· 促进学校行政管理能力建设。

（译自：欧盟公共领域信息平台开放教育报告）

资料来源：http://intl.ce.cn/specials/zxgjzh/201407/09/t20140709_3130156.shtml

2. 教育数据“资产”规模逐渐壮大

数据资产意识不断增强。随着大数据理念在全球发酵，数据的重要性被提到了前所未有的程度。越来越多的国家将数据定义为国家战略资源，开始抢占信息时代的制高点和竞争力。在这种大背景的影响下，数据资产观被越来越多的企业、业务人士和学者所认同和重视。教育作为国家提升综合竞争实力的重要战略组成要素，其“数据资产”对推动国家发展有着极其重要的战略意义。

教育数据资产规模不断扩大。随着信息技术在教育领域中的广泛应用，教育数据正在以几何级的规模递增。从全球范围来看，各国对教育信息化的重视不断增加，教育基础网络设施覆盖范围的不断扩大，校园数字化程度的不断增强，在线教育规模和业务领域的不断扩大，互联网的广泛应用等，使得用户在使用这些教育资源时会产生大量的数据，从而增加数据资产规模。以构建智慧校园为例，就是在大数据环境下，采用先进的智能计算技术(包括信息搜索、数据挖掘、数据分析、自然语言、机器学习等关键技术)，充分结合云计算和物联网，捕捉身处教育行业的每一位用户的每一次活动，让机器学习用户、让软件理解用户，使得每一个人都能成为大数据网络中的神经元，成为数据资产的创造体。

教育数据研究人员在不断增加。随着大数据在教育领域的广泛应用，涌现出一大批教育数据挖掘(Educational Data Mining，EDM)研究者。他们通过对统计学、机器学习和计算机科学等学科的研究，创新教育数据挖掘方法和应用技术以分析教学过程中收集的数据。

3. 非结构化的教育数据不断增加

从技术角度来看，结构化数据(structured data)是指存储在关系型数据库中，可以用二维表结构逻辑表达实现的数据。非结构化数据(unstructured data)是指相对于结构化数据，不便于用二维逻辑关系表现的数据，包括办公文档、图像、XML、HTML、语音、视频等。

从教育数据发展过程来看，随着信息技术手段在教育行业中的应用，数据规模不断增加，数据结构日趋复杂，数据价值更加隐性化。教育数据大致经历了从最初的结构化教育基础数据(如学生基本信息、入学率、毕业率等)，到大量的教育管理系统所产生的过程结构化数据，以及教师教学行为、学生学习行为所产生的实时行为等非结构化数据快速增长的过程。通过对这些数据的分析，尤其是对非结构化数据采用大数据技术进行处理，挖掘数据价值，实时提供给业务部门实现教育决策。教育数据构成演变进程示意图，如图 6-1 所示。

目前，教育领域的非结构化数据主要来源于三个方面：一是学习过程中产生的交互数据。例如，学生、教师通过各种终端在学校里使用各种学习软件或进行交流互动活动所产生的数据。全国有2亿多中小学生、2000多所高等院校和超过3千万的大学生，这是一个极其庞大的队伍，在其学习和工作中将产生难以想象的海量数据。二是教学过程中产生的教学资源类数据。随着信息技术在教学中的广泛应用，越来越多的教师使用音频、视频、PPT等多媒体技术辅助教学，进而产生了大量的非结构化教育资源。以我国高校数据库为例，据不完全统计，结构化的数据增长率为32%，非结构的数据增长达到63%[133]。三是飞速发展的在线教育所产生的数据。近两年，以大规模在线开放课程MOOC为代表的新型教育模式，引发了一场教育史上的“数字海啸”，以一种引人注目的方式在世界高等教育领域迅速兴起。这些各种各样的在线教育，针对不同的学科、领域、年龄段提供了多样化的在线课程，随之产生了大量的电子教材、课堂视频、线上考试等非结构化数据[134]。

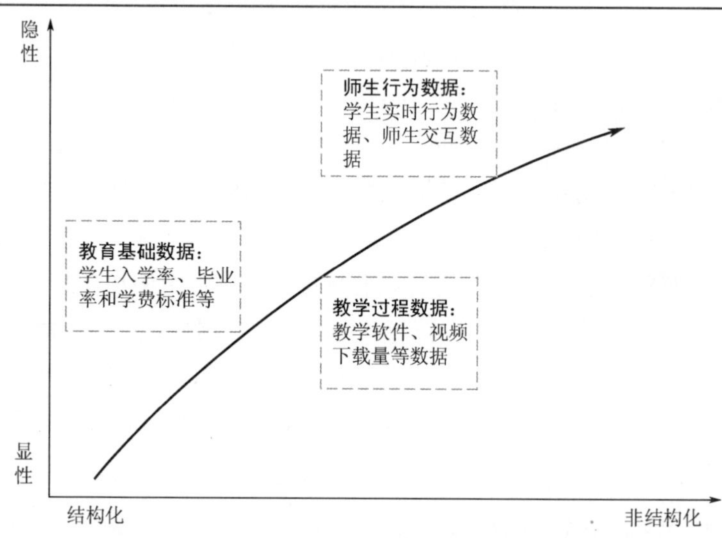

图6-1 教育数据构成演变进程示意图

4. 教育数据分类和分层更加精细化

大数据时代，数据的分类与分层较之从前有所细化，在教育领域具体体现在两个方面。

教育机构分工的细化，推动教育数据分类和分层更加精细。传统来讲，一般将教育机构大致分为教育管理机构(政府部门)、教育教学机构(中小学、大学、职业学院等机构)、教育培训机构(英语、计算机等专业培训机构)等。随着教育机构分工更加细化，仅是在线教育机构就进一步细分为传统教育机构、传统民营教育企业、互联网教育创业公司和互联网平台巨头，它们利用手中掌握的不同数据资源优势，打造自己的教育业务。这些机构分工的进一步细化，将使得教育数据的采集和来源更加多样化、精细化。

教育信息化应用程度的深入，推动教育数据分类更加精细化。现阶段，教育管理大多采用信息化管理系统，教学方面也引入在线考试、在线评估等信息手段，校园安全也在使用网络基础设施等，信息技术渗透教育领域的方方面面，其产生的数据也涵盖了教育的各个环节，如科研基本信息、课程教学信息、学生基本信息、教师基本信息、学籍信息、成绩统计信息等。这些数据最初可能是繁杂无序的，需要对其进行整理、分层、入库。美国教育部教育技术办公室在《通过教育数据挖掘和学习分析增进教与学(公共评论草案)》提到:“教育数据是分层的。有键击层(keystroke level)、回答层(answer level)、学期层(session level)、学生层(student level)、教室层(classroom level)、教师层(teacher level)和学校层(school level)，数据就寓居在这些不同的层之中。”事实上，这种所谓的分层，就是对应着大数据技术中的数据仓库环节。专业技术人员需要按照一定的标准，如《教育管理信息化标准》，包括《教育管理基础代码》、《教育管理基础信息》、《教育行政管理信息》、《普通中小学校管理信息》、《教育资源建设技术规范》、《基础教育教学资源元数据规范》等，对教育基础信息进行采集、存储，并按照主题进行划分，形成不同的主题库，包括课程库、动态信息库、角色权限库、成绩库、资产库、科研成果库、论文库、财务库、学分库、人事库、学籍库和教材库等。

5. 教育数据创新应用的成效初步显现

美国、新加坡等国家近年来大力推动公共数据开放的主要原因之一便是希望通过数据开放实现价值再创新。一方面，美国政府部门通过对教育数据整合，推出了多个实际应用，有效地整合了全美教育资源，提高了教育支出透明度，改善了美国教育质量；另一方面，美国政府部门通过数据开放带来的“溢价效应”，激发普通公众的大众创新、社会创新活力，成为推动智慧教育发展的一大主力军，数据得到了充分再利用，数据价值被充分发掘。

美国教育科学院利用公共开放数据推出了“高校导航”(college navigator)、“搜索公立学校”(search for public schools)、“搜索私立学校”(search for private schools)等多款应用，对全美国教学资源进行了有效整合，并以可视化的方式呈现给公众。这些应用的背后，离不开大数据技术的支撑。例如，“高校导航”可以帮助使用者对全美7000多所高校进行了解和比对分析，帮助家长和学生找到真正适合自己的学校(图6-2)。学生可以根据所在地区、学费、奖学金资助、入学率和毕业率等各类指标，对所有的大学进行排序和筛选，进而找到理想中的大学。该应用是基于对全美7000多所高校的校园基础教育信息进行分析处理而形成的。可以想象，7000多所高校2005—2012年的数据量有多大，这些海量的数据如果没有大数据处理技术，那么将无法对其进行再加工、再利用。图6-3展示了2012年美国高校农业和相关专业招生情况。

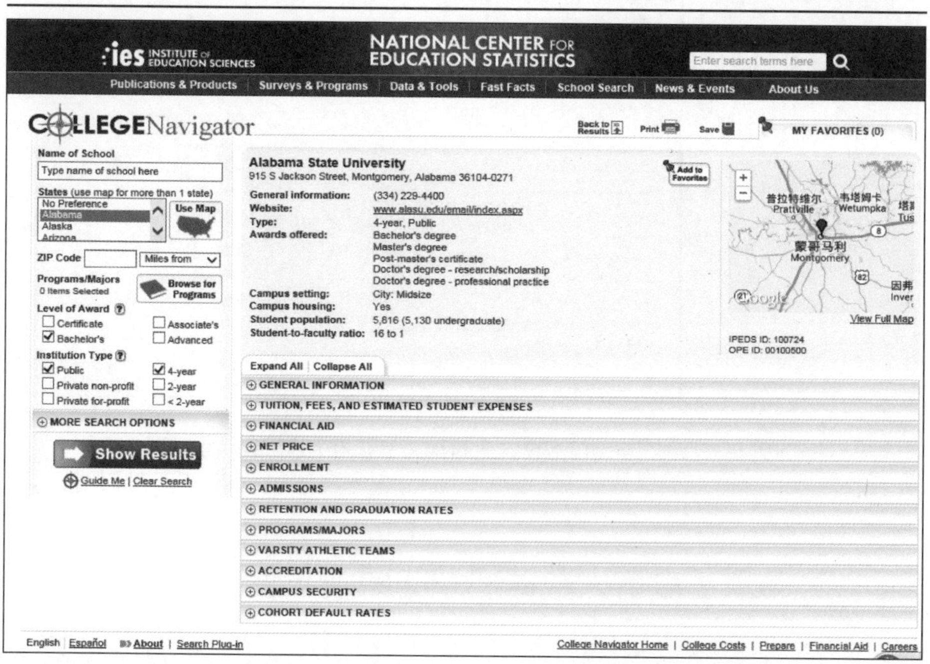

图6-2　美国“高校导航”(College Navigator)应用截图[135]

在国内，有不少企业基于教育大数据创新应用推出自己的新产品。例如，专注于备考领域的“猿题库”网站，其技术原理就是通过人工智能算法对考点、考频和难度进行分析，基于大数据挖掘准确评估出用户当前的能力水平，做到“一对一”针对性出题。猿题库的竞争核心不仅在于它的题库，更在于他们用技术建立了一个用户专属的学习模型(包括你的错题集等)，根据每个用户过往的答题记录进行分析，给用户一个专属的分析报告(如该用户哪几项是比较薄弱的)，并且根据历史模拟情况预测分析真实环境下的分数区间和数据报告，并据此为用户提供一个专属定制的备考解决方案。猿题库网站通过将网上碎片化的考试资料聚合，并做结构化的呈现，让考试资料实现“大数据”，然后基于题库的“算法”和由学生做题产生的大量“数据”，提高学生做题和应试的“效率”[134]。

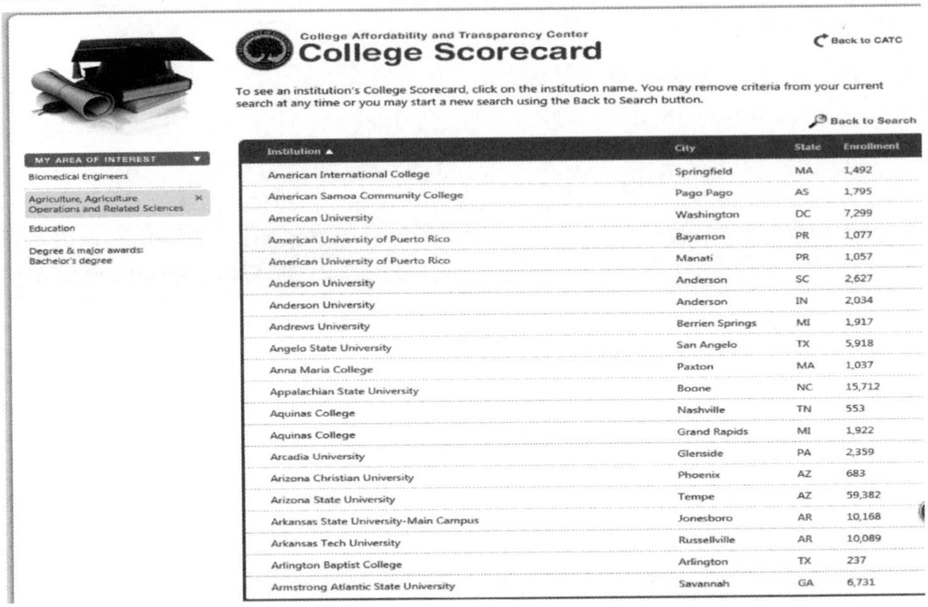

College Affordability and Transparency Center
College Scorecard
Back to CATC

To see an institution's College Scorecard, click on the institution name. You may remove criteria from your current search at any time or you may start a new search using the Back to Search button.

Back to Search

MY AREA OF INTEREST
Biomedical Engineers
Agriculture, Agriculture Operations and Related Sciences
Education
Degree & major awards: Bachelor's degree

Institution ▲	City	State	Enrollment
American International College	Springfield	MA	1,492
American Samoa Community College	Pago Pago	AS	1,795
American University	Washington	DC	7,299
American University of Puerto Rico	Bayamon	PR	1,077
American University of Puerto Rico	Manati	PR	1,057
Anderson University	Anderson	SC	2,627
Anderson University	Anderson	IN	2,034
Andrews University	Berrien Springs	MI	1,917
Angelo State University	San Angelo	TX	5,918
Anna Maria College	Paxton	MA	1,037
Appalachian State University	Boone	NC	15,712
Aquinas College	Nashville	TN	553
Aquinas College	Grand Rapids	MI	1,922
Arcadia University	Glenside	PA	2,359
Arizona Christian University	Phoenix	AZ	683
Arizona State University	Tempe	AZ	59,382
Arkansas State University-Main Campus	Jonesboro	AR	10,168
Arkansas Tech University	Russellville	AR	10,089
Arlington Baptist College	Arlington	TX	237
Armstrong Atlantic State University	Savannah	GA	6,731

图 6-3　2012 年美国高校农业和相关专业招生情况统计示意图

6.2　教育大数据规划的原则与主要任务

在信息社会，教育大数据既是一种推动教育发展创新的新技术手段，也是一种驱动教育产业发展的新型战略资源，更是变革教育建设模式的新教育理念，是决定教育未来发展模式的关键因素之一。为了更好地实现教育大数据的落地和实施，提高数据支撑能力，降低建设风险，防止出现高成本、低效能的困境，需要以务实创新的精神编制教育大数据规划，既要从宏观上统筹战略布局，做好顶层设计，也要在微观上加强对数据的收集、处理、分析和融合共享能力，从而提高数据管理、应用和服务水平。

教育大数据规划的目的是：明确教育大数据发展的战略目标和战略重点，

统筹谋划教育大数据应用、关键技术研发与产业培育、数据开放与数据保护、市场监管、法律法规等关键布局，引导国内各地教育大数据发展方向，避免一哄而上的盲目发展。

教育大数据的规划不仅关注于数据，也是关于数据的技术讨论，更多体现在“资源、技术、机制”三个层面上，即对什么样的教育资源进行管控，采用什么样的技术实现教育业务应用，建立什么样的机制保证长效、可持续发展。以往，很少有教育主管机构组织教育管理者、教育专家、信息化专家和教育信息工作者等共同参与，就教育的数据问题进行全面、深入的分析和系统的规划。大数据时代，我们需要意识到，制定教育大数据规划是实现教育大数据潜力必不可少的第一步。

专栏 6-2　企业的大数据规划

“大数据”和高级分析带来的技术挑战与组织挑战，很容易导致企业采用成本高昂却低效的解决方法，或就此陷入挑战。

数据挖掘正成为日益重要的技术优势。如果一开始的数据规划就没步上正轨，那么日后在竞争中很可能落于下风。

精心制定大数据规划。好规划可推动公司战略层面的决策，如筛选关键投资和项目取舍。这样的计划应聚焦三大核心因素。

· 收集并整合海量的新数据，以挖掘出新的洞察与判断。

· 选择先进数据分析模式以优化运营，并预测商业决策的结果。

· 创建易于使用的工具，将模型输出转化为具体的行动，并培训关键岗位的员工。

大数据和高级分析带给企业的好处毋庸置疑。通过对成功案例的持续研究，一旦大数据和分析技术被深入应用，可为企业带来比竞争对手高出 5～6 个百分点的生产力和利润。全新的数据驱动型业务，对运营方式的透彻了解，更精确的预测和更快速的测试等，的确对企业很有吸引力。

大数据成功的规划应聚焦于三大核心要素。

1. 数据

制定收集和整合数据的策略非常关键。企业忙于收集信息，但经常出现各自为政的问题。关键的数据可能存在于过去的 IT 系统中，且涵盖客户服务、定价和供应链等各个领域。关键信息经常以非结构化格式散落于公司外部，例如，社交网络的对话，更加剧了问题的复杂性。

要让这些信息成为长期资产，通常需要大力投入建设新数据能力。规划可以强调，未来需要对数据架构进行大规模重组：包括对混乱的数据库进行筛选(将交易从分析报告中剥离出来)，创建清晰的“黄金来源”(一种信息在企业中仅存储一次，以保证其准确性的做法)数据，并实施能够有系统地保持准确性的数据治理标准。

就短期而言，有的企业可以采用更简易的方法：将问题外包给数据专家，由他们使用云系统软件整合足够的数据，以抓住最初的分析机会。

2. 分析模型

整合数据本身并不会创造价值。需要高级的分析模型来实现数据驱动的优化(如员工排班表或运输网络)或预测(如航班延误情况，或根据购买历史、在线行为来预测客户的需要和行动)。计划必须能够识别以下情况：模型可以在哪些领域创造额外的商业价值，谁需要使用模型，以及模型在组织内推广时如何避免不一致和不必要的数据重复。

与新的数据来源一样，企业最终会希望将这些模型连在一起，解决跨职能或更大范围内的优化问题。事实上，一个计划可能需要数据分析“工厂”，从一系列不断增加的变量中组合一系列模型，然后实施系统以进行追踪。虽然模型可能极其强大，但也必须抵御完美分析的诱惑：太多变量将增加复杂性，让模型的应用和维护变得更加困难。

3. 工具

模型输出的内容可能非常丰富，但是只有当经理(很多情况下是一线员工)能够理解并使用它时，这些内容才有价值。太复杂的输出可能难以把握，甚至不被信任。企业需要的是易于使用的工具，能够将数据整合到日常的流程，并将模型输出转换为具体的流程，例如，员工排班的清晰界面，呼叫中心的交叉营销建议，或营销经理作出实时打折决定的方法。很多企业没有考虑或规划这一步骤，最后发现经理和基层员工不会使用新模型，其有效性自然会大打折扣。

要促进数据、模型和工具的发展，组织能力也是一大关键推手。很多战略规划之所以失败，就在于组织缺乏实施的能力。因此，如果组织缺乏合适的人才或能力，那么大数据计划的结果很可能会令人失望。企业需要一张路线图，按照合理的规模和构成来建设人才库。最好的计划还将进一步讲述如何培养数据科学家、分析建模师和一线员工，让他们在新的富含数据和工具的环境下发挥自身才华并努力实现更好的业绩。

具备这些要素后，企业就可以制定综合的大数据计划。当然，不同行业在分析方法、决策支持工具和业务价值的来源等细节上皆有所不同。但值得注意的是，所有行业都具有结构相似性：绝大多数企业都需要为主要的数据整合活动制定计划。这是因为，很多最具价值的模型和工具在建立时会越来越多地使用海量的数据来源。一般来说，这些来源将包括来自客户、交易或运营的内部数据，以及来自价值链或在线合作伙伴的外部信息，此外，未来还可能有来自内嵌于物体的传感器。

资料来源：http://edu.sina.com.cn/en/2013-05-21/120374277.shtml

6.2.1 教育大数据规划总体原则

业务匹配原则。业务匹配原则要求在教育大数据的规划过程中，要与当前的教育规模、业务范围和风险水平相匹配，并随着情况的变化及时加以调整。

均衡建设原则。均衡建设原则要求在教育大数据的规划过程中，防止重现硬件投入、软件投入不足的不均衡；防止软件开发人才过多、项目整合人才不足的不均衡；防止开发技术资源投入过大、业务推广不够的不均衡。

多方参与原则。实现教育大数据规划的目标，需要集中教育管理者、教师、信息技术人员、企业、学生等多方积极参与。同时，整个规划以形成体系能力导向为先，包括教育管理者和教师的大数据意识和技术的能力培养。

有序推进原则。基于教育数据汇聚要求，各类数据源非常广泛，需要分步获取数据，首先集中各级教育业务部门(学校)的自有数据，分步获取学区(社区)和其他公共服务行业数据，最后尽最大可能获取教育行为方面的数据。

集约建设原则。集约建设原则体现在：①如何利旧，如何尽最大可能使用已有的教育软件资源、硬件资源和网络资源；②如何立新，统筹人员、资金等相关资源建设新的共性支撑平台和应用系统。

6.2.2 教育大数据规划主要任务

教育大数据规划思路为：以加强大数据治理为基础，以构建教育大数据完整的技术体系为实现途径，结合教育大数据保障机制的建立，为教育大数据的管理、服务、应用提供可持续发展的保障。

1. 加强教育大数据治理

教育领域的数据质量、数据共享和数据应用是教育大数据治理的重要内容。随着教育数据“资产”规模的不断壮大，大数据的分析与挖掘将是提取教育数据核心价值，提升教育数据力的重要手段；信息技术手段在教育行业中的普遍应用，将产生更多的图像、语音和视频等非结构化数据，针对这些数据的挖掘分析和应用将是教育大数据治理的一大难题；而且，教育行业中的结构化数据和非结构化数据，都呈现出数据颗粒度逐步精细的趋势，因此对教育数据进行更加精细的分类和分层也是教育大数据治理的重中之重。

加强教育大数据治理需要从提升数据质量、推动数据共享和扩大数据应用三个角度展开。教育数据治理体系的建立和教育数据治理制度的建设，是提升教育数据质量的重要手段，而做好教育数据的精细化分类管理则是关键的基础工作。基于完整的数据分类管理体系，结合教育数据的全流程管理与应用，进而推动数据共享和开放，最终实现扩大数据应用的目的。

2. 构建教育大数据技术体系

教育大数据技术体系覆盖教育数据从产生、采集、加工、存储到应用的全过程。按照大数据处理的全生命周期，大数据的技术体系通常可以分为大数据采集与预处理、大数据存储与管理、大数据计算模式与系统、大数据分析与挖掘、大数据可视化计算及其大数据隐私与安全技术架构等几个方面。

教育大数据技术体系的构建，是建立在数据治理的基础上的，结合教育数据的全流程管理与应用，采用多种数据采集处理、存储管理和大数据挖掘分析技术，形成教育大数据平台，实现教育大数据的高度共享和高效应用，从而整体提升教育能力。

3. 建立教育大数据保障机制

要持续推进教育大数据建设的良性发展，需要各级教育部门技术、业务和管理人员的全力参与。除了规范和制度上的保障，还需要有专门的教育大数据组织机构，负责汇聚各体系资源，共同推进面向应用的教育大数据相关理论研究、技术研发、数据共享、应用推广，形成开发合作、协同发展的大数据技术和应用生态体系。保障机制包括建立教育大数据的协同推进机制，加强教育大数据人才队伍建设，引入教育大数据的绩效评价机制和创新教育大数据的建设运营模式四个方面。

6.3　教育大数据的治理体系

6.3.1　教育大数据的治理目标与总框架

1. 教育大数据的治理目标

教育大数据治理的出发点，应该是紧密围绕教育本身发展的目标出发，参考现有国家已经出台的相关规划与制度，借鉴先进地区的成功经验，利用信息技术等现代技术支撑，突破现有瓶颈和难点，丰富平台、产品与服务体系，为智慧教育发展奠定坚实基础。

目前我国教育数据治理存在的问题主要在于：数据采集较为困难、数据尚未有效整合、数据质量和可用性不高、数据分析利用少、数据服务单一化等。

参考我国教育发展总目标(《国家中长期教育改革和发展规划纲要(2010—2020 年)》)和教育信息化发展目标(《教育信息化十年发展规划(2011—2020 年)》)，根据智慧教育的发展理念与框架(第 2 章)，结合教育大数据的特点，教育大数据治理的总体目标是：从根本上解决我国教育领域由于数据治理缺失所带来的“数据割据”、“数据孤岛”和“数据碎片”等问题；整体上提高数据质量，提升数据可用性和安全性；提升数据价值转化率，实现数据从无形资产到有形价值的转变。如图 6-4 所示。

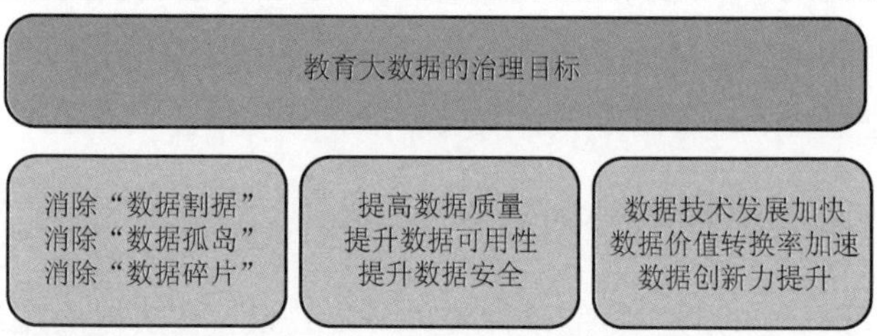

图 6-4　教育大数据的治理目标

2. 教育大数据治理的总体框架

在提出教育大数据治理的目标后，需要为教育大数据治理制定一个能够指导具体工作的总体框架。总体框架不但要明确工作目的和工作内容，还需要给出能够贯穿全局的治理策略。教育大数据治理的总体框架，如图 6-5 所示。

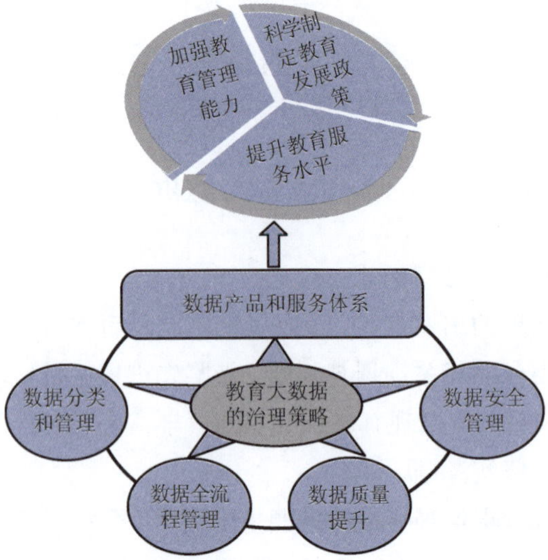

图 6-5　教育大数据治理的总体框架

教育大数据的治理策略是总体框架的核心，它是大数据治理的核心理念，贯穿整个大数据治理工作。大数据治理工作的四项主要内容分别是：数据分类和管理、数据全流程管理、数据质量提升和数据安全管理。数据全流程管理需要以数据分类管理形成的数据集合为基础，构建完整的教育数据从采集、处理、存储、分析到应用的业务流程，并为数据质量提升和数据安全管理工作提供全流程的能力支撑。这四项工作的进行可以形成各类教育大数据产品，并构建完整的教育数据服务体系，通过大范围的教育产品应用和交互式服务，从而加强教育管理能力、科学制定教育发展政策、提升教育服务水平。

6.3.2　教育数据的治理策略

随着互联网、物联网、智能硬件等进一步普及，在法律法规约束和允许范围内，越来越多的多元数据将被采集用于教育领域，提高教育管理和服务水平，教育大数据的价值亟待人们去发掘[136]。为了有效发挥这些数据资源的宝贵价值，需要树立“数据治理”的理念。数据治理的概念最早起源于数据行业和数据企业，是指在企业数据生命整个周期(从数据采集到数据使用直至数据存档)制定由业务推动的数据政策、数据所有权、数据监控、数据标准和指导方针。这里所指的“数据治理”是一个更加宽泛的概念，是指在移动技术、泛在网络、社交媒体和智能终端等信息化技术广泛应用的前提下，在确保国家数据安全的前提下，政府、企业、个人等不同主体最大程度地开放数据资产，促进数据关联应用，释放大数据的大价值，进而推动经济转型、创新政府治理、提升社会管理水平的过程。

树立“数据治理”思维是教育大数据治理与运营的第一要务。第一，要形成数据文化，充分肯定数据的战略价值，充分认识数据的战略意义；第二，要激活数据价值，实现从数据到价值的转化，加快数据资源共享、融合，挖掘出数据最大的价值，提升数据力；第三，要强化治理非管理的观念，减少强势干预，倡导多方协作的数据治理方式；第四，在“数据治理”理念的基础上，为教育大数据治理构建政策框架。

形成“数据文化”。人们一般在面对和应对危机事件时会显得盲目而冲动，即便是理性分析，也习惯于从理论逻辑原则出发，而还不习惯或不善于利用数据来解释分析、应对危机。事实上，数据是一种文化，认识数据的作用，承认数据的价值，实际上就是尊重科学的体现。当大数据不再是一门高不可攀的专业技术，不再只归属于商业用来赚取利润或用于政府分析解决问题，而是成为一种普罗大众，可以直接应用于日常生活的工具时，“数据文化”就不仅仅是一种臆想。随着数据采集渠道的方便、成本的递减，数据分析工具的多样化和简单化，非技术人员无需专业知识就可以直接利用大数据相关知识和工具分析有关现象[137]。

国家间的竞争，归根结底是国民文化和素质的竞争，而数据文化是尊重事实、强调精确、推崇理性和逻辑的文化。在信息，大数据从科技符号转变成文化符号，并将形成一种文化。未来，当用数据说话变成一种全民行为习惯时，数据文化将成为撬动一个国家进步和社会变革的核心驱动力。正如涂子沛在《数据之巅》一书中指出，“数据，自古就有，人口普查、农业统计、政治计算……数据虽小，却有助于治国安邦”，未来我国要力争在全社会形成“用数据说话、用数据管理、用数据决策、用数据创新”的文化氛围和时代特点。

“激活”数据价值。数据本身并不具有价值，只有通过治理从分散、无序、“碎片化”的数据中进行统计分析和挖掘，数据才能变成有价值的资产，才能转变为竞争力、服务力和创造力。数据治理就是通过对数据进行整合，实现从无序到关联；通过对数据进行激活，实现从静态到动态；通过对数据进行转化，实现从隐性到显现等。通过数据治理，企业可以利用数据进行精准研发、改善教育体验、提升教育服务质量，将无序的数据转化为利润；政府可以将数据转化为科学决策，通过人口普查、经济普查、舆情监控、政府绩效考核等各个领域的数据融合应用，实现政府教育决策和管理由事后决策转变为事前预警，从而为教育提供有效的业务信息支持；全社会可以利用教育数据开发实用性强的大众应用，如网易云课堂、社区教育系统，提升公众在教育管理中的参与度，促进全社会向创新 2.0 方向发展。从数据到价值的转化过程，如图 6-6 所示。

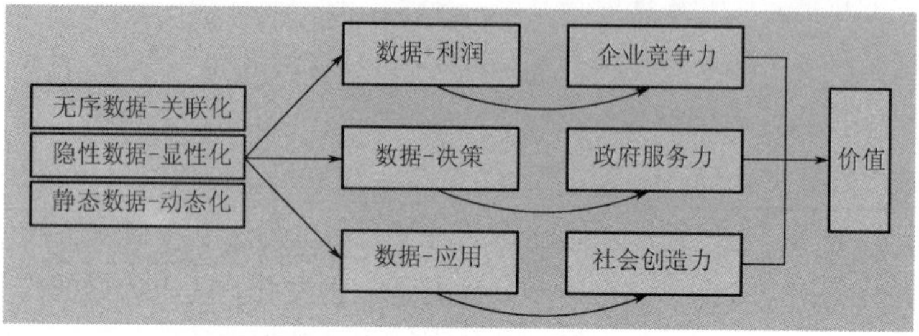

图 6-6 从数据到价值的转化过程

数据治理而非管理。治理理论强调治理主体的多元化，强调政府、企业、非政府组织的协调与合作，强调社会开放性、权益多中心和双向互动特性。目前，我国对于数据的利用还是以组织内部管理为主，跨领域、跨行业的数据开放、共享和协作应用程度较低，需要通过数据开放、共享和协同以避免出现数据的独享、集中和单向性。数据治理需要创造一种开放性的生态系统，依靠政府、企业和个人多方资源的协同，推动多主体、多领域数据的整合、互补，为政府、企业和个人带来更多的协同价值。教育数据的治理关系如图 6-7 所示。

在政府层面上，在保障教育数据安全的基础上，加快推进教育数据战略规划的制定，尽快成立专门的教育数据治理机构，逐步建立完整的教育数据标准规范体系，加快公共教育数据开放进程，为教育数据产业规律发展提供政策环境，在全社会范围内形成教育数据资产意识；在企业层面上，大力发展教育数据采集、存储、分析和挖掘等关键技术，围绕教育数据生命周期形成完整的教育数据产业链，提升企业利用教育数据自主创新的能力，加快推进企业教育数据共享和交换；在个人层面上，激发社会化利用教育数据创新能力，鼓励个人用数据表达民意、参与教育发展过程。通过形成政府、企业和个人多主体对教育数据综合治理的良性局面，以教育数据战略为指导，以建立教育数据资产意识为核心，以教育数据开放、共享和协同为关键，以提高教育数据质量、教育数据可用性和教育数据安全为目的，加快教育数据技术发展，加速教育数据价值转化率，提升教育数据创新力，最终实现教育大数据治理的总体目标。

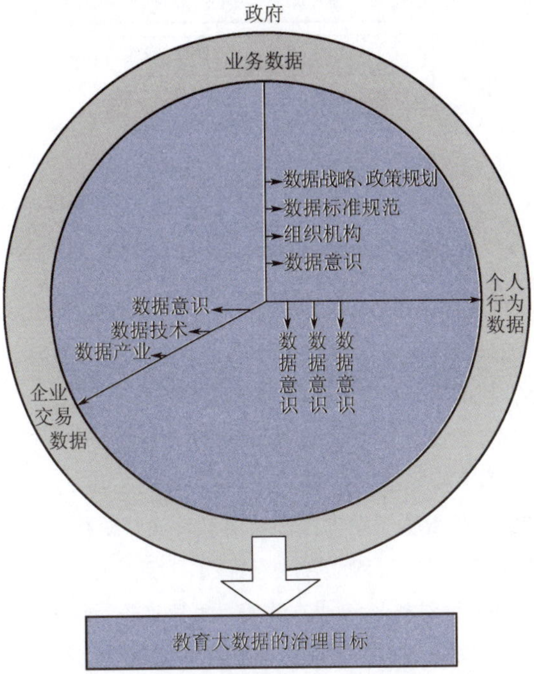

图 6-7　教育数据的治理关系

建立数据治理政策框架。国家需要围绕教育大数据治理制定政策、完善机制，为教育大数据发展提供从研究到应用的政策支持，同时辅以配套的标准规范为数据应用提供统一的技术保障。具体包括：明确教育大数据治理的范畴，明确相关部门的职责和角色，建立相关教育数据的标准体系，完善相关教育大数据采集体系，规范纵向数据全流程管理体系，完善数据横向共享交换机制。在此基础上，还需要建立教育数据安全管理机制、教育数据质量管理机制、教育数据开放运营机制和教育数据绩效考评机制，从而形成完整的教育大数据治理政策框架，以此来指导后续的具体工作。教育数据治理政策框架如图 6-8 所示。

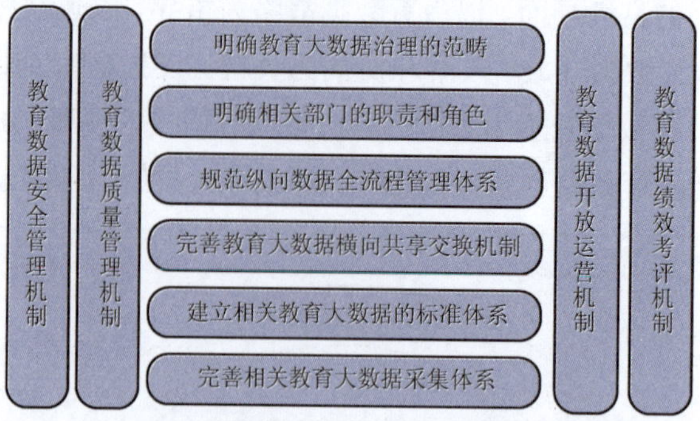

图 6-8　教育数据治理政策框架

专栏 6-3　美国国家教育统计中心如何进行教育数据的治理

美国国家教育统计中心(National Center for Education Statistics，NCES)隶属于美国联邦教育部教育科学研究院，其职责是“收集美国国家教育统计数据，分析统计数据的意义，协助州、地方机构和高等教育机构改进其统计系统”。

NCES 每年都会出版近 200 种纸质和电子出版物，广泛服务于包括教育管理者、教育实施者、教育接受者、教育参与者和教育关注者在内的各种教育相关群体。NCES 所采集和统计的数据帮助美国国会等教育决策机构制定各种联邦教育项目，分配各州的联邦教育投入；针对联邦政府部门，NCES 提供劳动力教育状况和相关培训课程情况报告；针对各州和地方政府，尤其是各层级的教育主管部门，NCES 提供各州教育基本情况、财政情况和人员状况等数据；NCES 还为全美教育委员会、国家教育联合会等社会组织以及媒体、商业组织提供相关数据；普通公众则可以通过 NCES 的统计结论了解教育事务。

· 开展教育基础数据调查。在基础教育领域，建设、维护并分析基础核心数据(CCD)、学校与职员调查(SASS)、私立学校全面调查(PSS)等基础数据库；在高等教育领域，建设、维护并分析高等教育综合数据系统(IPEDS)、高等教育学生国家资助研究(NPSAS)、美国博士学位获得者奖励调查(SED)等基础数据库。NCES 实施了国家家庭教育调查计划(NHES)，计划涵盖学前教育与成人教育、家庭中的教育活动、家长介入教育等不同主题，以丰富教育的基础数据。此外，NCES 还开展了针对校园犯罪和校园安全的调查，主要包括国家犯罪受害者调查(NCVS)之校园犯罪补充调查(SCS)、校园犯罪与安全调查(SSOCS)。以上这些调查研究都能够准确、及时地提供有关美国教育状况的数据。

• 依托纵向跟踪研究计划实施调查并分析相关数据。在学前教育层面，开展幼儿纵向跟踪研究(ECLS)，这项研究涉及婴儿组和幼儿组两个组别(后者计划追踪至幼儿进入高中学习阶段)；在中学层面，开展2002年教育纵向跟踪研究(ELS:2002)(针对10年级学生)，继续实施在1972年就已开展的高中班级国家纵向跟踪研究(NLS:72)(针对12年级学生)，跟进1980年开始实施的高中和以后的纵向跟踪研究(HS&B)(针对10年级和12年级学生)；在高等教育层面，开展大学生纵向跟踪研究(BPS)和学士学位获得及其以后的学生纵向跟踪研究(B&B)，该研究将追踪被调查者直至他们完成大学(包括研究生)学业。这些研究聚焦从学前教育到高等教育的各种重要教育问题，涵盖早期认知发展、入学准备、学生成就、大学入学与财政资助的关系、青年就业、高中流失生、学校规章和公私学校的教育质量等方面。

• 开展国家教育进展评价(NAEP)。在国家层面对包括阅读、数学、写作、科学、公民、历史、地理等科目的学业成绩进行经常性评价。NAEP框架内的阅读和数学评价针对4年级、8年级和12年级学生，且每两年在国家和州层面开展。

• 参与诸如国际数学与科学趋势研究(TIMSS)、国际学生评估项目(PISA)、国际阅读素养进展研究(PIRLS)等国际教育调查，以完善国际化的教育数据和指标。

• 开展有针对性的调查，如快速响应调查系统(FRSS)、高等教育即时信息系统(PEQIS)，以持续补充数据，这些调查可迅速为政策制定提供数据。

• 通过公共图书馆调查(PLS)、高校图书馆调查(ALS)、学校图文中心调查、州图书馆管理机构调查(StLA)收集和报告图书馆信息。

• 分析和报告职业教育数据。

• 从各种调查中综合信息、数据，撰写《教育统计文摘》、《教育状况》、《教育统计项目》等年度出版物。

通过各种项目的开展，NCES在学校、学区、州和国家等不同的层面获取各种有针对性的数据。经过近150年的发展，以NCES为代表的美国教育数据统计体系取得了卓越的成就。由于政治体制和教育管理体制使然，美国联邦教育部在全美的教育管理体系中更多扮演的是宏观决策者和监督者的角色，极少介入基层教育的微观管理。联邦教育部对州、地方和基层学校的“管理”更多的是依靠资源分配、政策导向和法律监督来实现的。因此，联邦教育部更加需要准确、翔实的教育数据作为支持。作为“教育数据之源”的NCES就是今天美国教育决策和“管理”的基石。

1. 独立的数据获取体系

统计数据的真实性依赖于统计机构的独立性。作为美国教育数据统计的核心机构；NCES的独立性通过法源、行政、财政、人员的独立得以保障。从法源上来说，国会授权是NCES独立开展教育数据统计的基础，1968年美国国会通过了《教育总则法》，在原卫生、教育与福利部下设教育司和美国教育研究所，并在部长办公室下设全美教育统计中心（该中心是NCES的前身），这样的设计在事实上将教育统计从具体教育行政事务中独立出来；2002年，美国国会通过的《2002年教育科学改革法》则赋予了NCES更加独立的法律地位，这为NCES独立开展教育统计奠定了更加坚实的法律基础。从行政隶属关系来看，虽然NCES隶属于美国联邦教育部教育科学研究院，但根据《教育科学改革法》，NCES中心专员是由美国总统直接提名任命的，这就使得NCES既隶属于联邦教育部，又相对独立于联邦教育部，进而为其统计活动免受联邦教育部的直接干预，保持中立性和客观性，提供了行政保障。作为政府机构的一部分，NCES的经费完全来源于财政拨款，这保证了经费的稳定性和统计活动的公益性，确保其统计活动不受社会利益集团的左右，这是NCES得以独立开展调查研究的财政保障。目前，NCES有100多名员工，这些员工都具有深厚的教育学、统计学学术科研背景，而他们在NCES的主要职责就是收集、获取和解读相关教育数据。根据相关法律规定，美国各州和各地方也有专门的教育数据统计人员协助NCES员工开展工作，一支庞大而专业的教育数据统计队伍为NCES独立开展工作提供了人员上的保障。值得一提的是，由于美国法律的制约，各级统计人员在采集和报送教育数据的过程中都必须严格遵守相关规程，他们也必须对所报送数据的真实性承担法律责任，这更为NCES统计数据的可靠性提供了保障。

相较而言，目前我国在教育数据的获取上一无法律和规章基础，二无国家级的专业队伍支撑，甚至没有独立的教育数据统计机构。当下我国的教育数据基本依靠政府教育主管部门各行政业务条线采集，教育统计业务的独立性、所获取数据的真实性无法从根本上得到保证，建立独立于教育行政业务之外的国家教育数据统计机构迫在眉睫。

2. 综合的数据获取手段

教育数据的获取是一个复杂的过程，尽管NCES的职员众多，但面对浩繁的教育统计事务仍然显得捉襟见肘。在长期的工作实践中，NCES摸索出了一种多途径的教育数据获取模式。所谓多途径指的是NCES在教育数据的采集上探索了多种方法，主要通过四种方法收集数据：全国性调查，如国家教育进展评价的基础就是全国性的学校和在校学生抽样调查；全国连同州级的调查，通过联邦和州范围的学校和学生抽样调查获得相关数据；行政记录调查，NCES从各州教育管理部门获得管理方面的数据，然后进行加工整理；快速调查，此类调查通过电话或电子邮件进行[138]。四种调查方法的综合运用使得NCES的数据获取更加全面，而为了使教育数据的采集面更大、效率更高，NCES采取了一种“招标式”的数据采集策略，即先由NCES确定采集目标并设计采集方法，然后由外部技术审查组负责审核论证，最后将具体操作交由经过认证的非政府组织负责。由于美国教育管理分权体制的制约，数据采集需要各州和地方的“自愿参与”，为了能更好地协调州和地方参与教育数据的采集工作，美国国会在 1988 年通过了《基础教育提升法》，该法给予了 NCES 组建“国家教育统计合作系统”（National Cooperative Education Statistics System）以协调州和地方提供用于决策和政策制定的教育数据的权力。为了解决联邦、地方和“承包商”对教育数据理解存在的差异问题，1989 年，NCES 建立了“国家教育统计论坛”（National Forum on Education Statistics），专门对教育统计的规范和操作进行学术性探讨。

我国目前对于教育数据的理解还基本停留在基础数据的层面，教育数据的获取方式和采集主体还比较单一，全国性的教育数据采集协调机制也相对缺乏，这对于教育数据的全面、有效获取是相当不利的。

3. 严格的数据获取标准

数据是 NCES 的灵魂，为了获取更加准确的教育数据，NCES 为数据本身和数据的获取制定了一系列严格的标准。NCES 的各个项目均经过来自全美的教育专家、统计专家的充分论证。如前面所述，NCES 的数据采集和处理通常由中心员工和承包商共同完成。为了对质量进行监控，NCES 对承包商提供的数据提出了严格的要求；数据采集和处理之后的分析工作只有在分析计划制定并经专家论证后方可进行；而报告撰写完成后，NCES 所属的美国教育科学研究院会组织全美相关领域专家对报告进行研讨，在得到专家首肯后，报告才能与公众见面。为了确保科学、可靠地获取数据获取，NCES 开展实施了“统计标准项目”（Statistical Standards Program），撰写了《NCES 统计标准》和《NCES 调查方法手册》（NCES Handbook of Survey Methods）。

对比之下，我国目前教育数据的采集还处于各自为政的状况，针对教育数据标准和数据采集工作规范的制定亟待展开。

资料来源：吴旻瑜，郭海骏，卢蓓蓉，等. 美国国家教育统计中心对我国教育管理信息化建设的启示[J]. 世界教育信息，2014，03：13-19.

6.3.3 教育数据的分类与管理

1. 教育大数据的来源和分类

按照数据类别，教育大数据一般包括以下类别。

• Web 和社交媒体数据，包括来自社交媒体的点击流和交互数据，如 Facebook、Twitter、LinkedIn 和博客。

·机器到机器数据，包括从传感器、测量仪和属于所谓的“物联网”的其他设备中读取的数据。

·行业数据，目前，教育行业数据主要来源于现有的教育管理信息系统，大多是结果性、静态数据。教育管理信息系统，按规模和覆盖面可以分为宏观和微观两类。从宏观层面来看，主要包括国家或地区的教育管理信息系统；从微观层面来看，主要是指学校管理信息系统，包括教育行政事务管理(如排课表，统计教室利用率，教材信息库，设备信息库，学籍管理，学生档案管理等)，科研管理，财务管理，人事档案管理，后勤库房管理，卫生保健管理等。

·生物识别数据，包括指纹、基因、笔迹、视网膜扫描和相似类型的数据。

·人为产生的数据，包括大量非结构化和半结构化数据，如笔记、录音、电子邮件、纸质文档、调查等。

按照数据产生主体进行分类，教育大数据主要包括以下内容。

1)学校数据

·标准规定的学校管理数据。包括学校概况数据、学生管理数据、教职工管理数据、办公管理数据、教学管理数据、科研管理数据、体育卫生数据、德育管理数据、房地产与设施数据、仪器设备与实验室管理数据、图书管理数据、安全管理数据、办学经费数据、招生管理数据、财务管理数据、外事管理数据、档案管理数据等。

·课堂教学数据。包括教学录像、课堂互动、教学课件等。

·教务数据。包括排课数据、课程成绩、教师评学、学生评教、管理行为日志(录入、修改等)等。

·校园安全数据。包括学生进出校数据、安全监控录像等数据。

·设备使用与维护数据。包括设备借用数据、设备状态数据、设备维护数据、管理行为日志(录入、修改等)等。

·教室、实验室等使用数据。包括借用数据、环境数据、维护数据等。

·学校能耗数据。包括水、电、气等能源消耗数据。

·校园生活数据。包括充值、刷卡、上网等行为记录数据，广播、电台、社团活动数据等。

2)个体数据

这类数据是围绕老师、学生的教学、学习过程产生的过程性和结果性的数据，目前通常是阶段性、结果性的，未来将拓展到动态、实时的过程类数据。主要包括智慧教学数据，例如，利用在线教育平台产生的大量学生学习、教师教学的数据，可以包括学生识字的准确率、作业的正确率、多方面发展的表现率——积极参与课堂科学的举手次数，回答问题的次数、时长与正确率，师生互动的频率与时长；智慧管理数据，例如，学校利用教学管理平台、财务管理平台和智慧校园管理等产生的海量数据；智慧评价数据，可以包括学生的入学率、出勤率、辍学率、升学率等，教师课程的受欢迎度等；智慧科研数据，如论文发表量、课题申报和通过率等。这些具体的数据经过专门的收集、分类、整理、统计、分析就成为大数据，例如，我国教育部已经建立了较为完整的国家基础教育质量数据库和多级数据采集网络，上海作为试点区域于 2011 年开始建立了“上海市中小学生学业质量绿色指标”体系，“绿色指标”在收集学生学业水平数据的基础上，还收集了有关学生家庭背景、学习动机、学业负担和师生关系以及教学方式和校长领导力等信息，并及时向区县和部分学校反馈评价结果，引导教育管理、教学指导、教学行为建构在科学数据分析基础之上[139]。

• 教职工数据。包括国家规定采集的教职工基础信息(如教龄、职务、工作单位等)。

• 学生数据。包括国家规定采集的学生基础信息(如学籍、成绩、学分等)，以及德育发展、体质体能、心理健康、学业负担等数据。

• 其他数据。利用社交网络、搜索引擎、游戏等多种方式所产生的学习数据。

3)课程数据

• 课程基本信息。包括课程名称、课程学分、授课教师、授课计划、授课时间、选课人数等。

• 课程学员。包括学生基础信息(班级、专业、联系方式等)、学习兴趣、学习风格、学习动机。

• 课程资源。包括教学课件、参考资料、生成性资源(学生作品、帖子和问题等)、教学录像等。

• 课程作业。包括试题/试卷、作业过程记录、作业完成情况等。

• 师生行为数据。包括浏览、搜索、提问/回答、评论、发帖、练习、聊天、上载/下载资源等。

·课程考核。包括期末成绩、平时成绩、课堂表现、签到情况等。

4)区域教育数据

·教育管理统计数据。这是未来可以向公众开放的教育数据，往往是对教育总体情况的概况，进行脱敏处理，去掉了个性特征，也就不存在隐私问题。包括以下内容。

① 事业统计。各级各类学校基本情况、各级各类学校专任教师数量、各级各类学校教职工数、各级各类教育在校学生数等。

② 基建统计。地方所属各级学校基本建设完成情况年报表。

③ 其他统计。普通高校产业完成汇总统计工作、中职和基础教育学校数汇总、中小学校园附属设施排查安全学校数比例统计表、中等职业学校毕业生就业情况、中等职业教育招生进展情况通报等。外事管理数据等。

·环境类数据。主要包括物理环境的数据获取(传感器获取、硬件设备记录获取)，如智慧校园中对校园环境进行实时监控摄像头采集的实时视频数据；虚拟环境的数据获取(网络浏览记录数据、相关监视器数据采集)，如“数字化”教育系统产生的与学生学习轨迹有关的数据(网上学习系统、课程选修系统、教务管理系统、老师评估系统、师生互动系统等)。

① 区域教育服务平台产生的各类行为数据与结果数据。

② 区域内教学、教研、备课、培训、学习等各类教育资源。

③ 区域内教学、教研、学生比赛等竞赛活动数据。

④ 社会培训与在线教育数据。

⑤ 社区学习数据。

5)国家教育数据

·国家教育管理类数据。国家教育管理信息系统可与各地区教育管理信息系统联成计算机网络，构成动态教育管理信息系统，包括数据库(人才信息库和教育资源库等)、模型库(教育规划模型体系等)和方法库(各种应用程序等)，便于对教育系统进行宏观控制和调节，并可共享信息资源。

·区域教育数据汇聚。

上述教育数据类别只是教育大数据的一部分内容，随着教育信息化程度的提高、教育领域开放透明度的提升，教育数据分类会越来越细化、开放程度会越来越高、可供治理的数据也会越来越多。事实上，教育数据分类并没有一个固定化的模式和标准，按照不同主体、不同需求教育数据的分类是存在较大差异化的。例如，世界银行就按照教育关键评估指数、学习结果、教育支出数据、教育平等数据、教育项目等主题对教育数据进行分类并公开。

2. 教育数据的相关标准

我国从 2001 年开始启动了教育信息化技术标准研究项目，成立了中国教育信息化技术标准委员会(CELTSC)。CELTSC 以实现资源共享、支持系统互操作、保障网络教育服务质量为目标，通过跟踪国际标准研究工作和引进相关国际标准，并根据我国教育的实际情况修订与创建各项标准，最终形成 CELTS[140]。

该体系包括：《学习对象元数据》(CELTS-3)、《教育资源建设技术规范》(CELTS-41)和《基础教育教学资源元数据规范》(CELTS-42)。这三个规范从理论上来说，是一脉相承的，都是以 LOM 为核心建立的，其中，《学习对象元数据》属于上层的抽象规范，规定了描述学习对象的基本方法与准则，它属于 CELTS 体系中的基础标准。《教育资源建设技术规范》是对《学习对象元数据》与具体应用领域结合的产物，它面向资源建设领域(包括基础教育、高等教育、职业教育和培训等领域)。《基础教育教学资源元数据规范》的应用领域则更为具体，主要面向基础教育的资源建设。但是在实际的资源建设过程中，有时会引起信息资源建设管理者不知如何选择和采用哪项标准，这样不仅容易造成标准混乱问题，同时也会给今后的数据共享带来很多不必要的障碍。

《基础教育教学资源元数据规范》从 2001 年 10 月开始编制，到 2002 年 10 月正式发布，标志我国基础教育信息资源建设进入一个新的发展阶段。《基础教育教学资源元数据规范》是在对国外教育资源规范比较、借鉴的基础上，根据我国的基础教育特点，遵循相关原则编制而成的。《基础教育教学资源元数据规范》由三部分内容组成：一是核心元素集，共有 22 个元素；二是修饰词汇，对核心元素的属性描述作进一步限定；三是编目词汇表，对部分核心元素的赋值作进一步的界定，有助于实现元素值的互操作。

目前教育元数据的作用主要侧重于教育资源的描述，未来对于资源的搜索需求将变得越来越重要。

教育领域的元数据标准除了 DC、LOM、IMS 等，还有各国以这些标准为核心建立的适应本国需求的元数据规范，如何实现这些规范之间的互操作性，从而使人们更好地创建、发现、获取和使用这些资源，仍是将来研究的重点。

6.3.4 教育数据的全流程管理

教育大数据的全流程包括教育数据的采集、处理、分析和应用四个关键环节。随着在线教育的日趋成熟、电子教材应用范围的扩大、智慧校园的普及和教育信息化应用的深入等，教育数据资源越来越丰富，半结构化、非结构化教育数据所占比例越来越大，这就需要在数据采集与处理阶段对这些海量数据进行整合和存储，在数据分析阶段利用商业智能(Business Intelligence，BI)、机器学习、数据挖掘、预测分析等多种技术对数据进行分析，并以可视化技术进行人机交互实现数据应用解释。教育大数据的全流程管理图，如图 6-9 所示。

业务数据逻辑架构需要对传输、加工、显示、存储和共享业务提供实时数据的收集、分发、处理、加工、存储和访问能力，也需要提供历史数据的存储、访问、管理、融合、并行分析和挖掘能力。其中，由实时库来支撑实时数据的服务能力，由历史库来支撑数据全集的服务、分析和挖掘能力。

1. 教育数据的采集

教育数据的采集是按照既定的策略，有目的地收集、整合教育相关数据的一个过程，是数据分析的基础，是实现数据应用的前提，主要是利用数据采集技术获得海量数据资源，如感知数据、业务数据、互联网数据等，通过对数据源的数据采集，并基于消息或其他传输机制将其复制到目的数据库，在数据采集的过程中，也可以实现数据的合并、拆分和转换等操作。

1)国家层面上教育大数据的采集

国家教育资源公共服务平台、国家教育管理公共服务平台是目前国家在建的两个教育大平台，其目标是汇集教育管理、教学支持领域的海量信息，形成有效支持教育教学过程、教育管理的教育大数据。其中，国家教育资源公共服务平台采用资源征集、资源汇聚、资源共建、资源捐赠几种方式实现教育教学资源数据的汇聚；国家教育管理公共服务平台采用学生和教师“一人一号”、学校“一校一码”的思路，全面准确地汇聚全国学生、教师和学校办学条件的动态数据。这些大数据成为我们观察、监测教育系统的“显微镜与仪表盘”[118]。

教育部数据中心、全国集中部署的国家信息系统与中央级部署的国家信息系统的工作统筹和组织管理由教育部教育信息化推进办公室负责；工程实施和运行维护工作由教育部教育管理信息中心负责；业务维护由教育部业务司局负责。

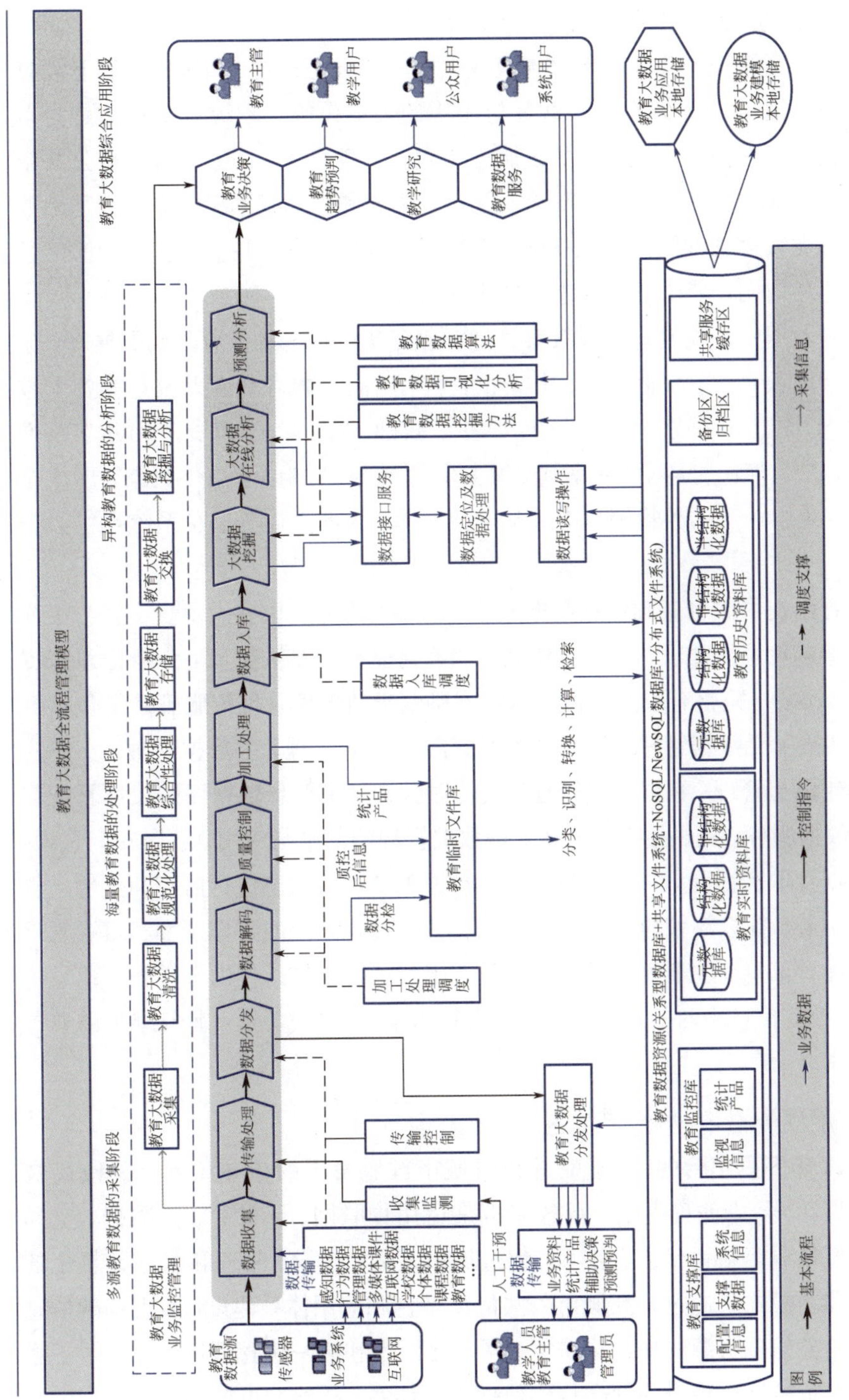

图6-9 教育大数据的全流程管理图

2)省级层面上教育大数据的采集

国家教育管理公共服务平台省级数据中心建设是构建“两级建设和五级应用”、保证国家信息系统在省级部署与应用的关键设施。省级数据中心是为本省提供教育管理信息系统运行的云服务平台，承载和满足国家教育管理公共服务平台在省级教育行政部门的部署和运行；集成和支撑省本级各类教育基础数据库和各类教育管理信息系统；服务于所辖区域内教育行政部门和学校的信息化管理业务应用，带动全省教育信息化发展。

省级数据中心建设省本级教育管理和服务集中统一的教育基础数据库，纵向贯穿学前教育、中小学教育、中等职业教育、高等教育和成人教育等各个教育层次，形成上下一致的教育机构、学生、教师(职工)、学校资产和办学条件基础数据库；横向打通学生、教师(职工)、学校资产和办学条件数据，形成全面整合、集中一致的教管理和决策基础数据库，为各类业务信息系统提供数据服务。

教育部提供教育基础信息数据库管理与服务系统，由各省负责实施与集成工作。通过该系统建设和实施，建立省级教育基础信息数据库，为业务系统提供权威、准确、完整有效的数据。教育基础信息数据库管理与服务系统包括五个方面内容：元数据管理，支持对数据资源目录的管理；主数据管理，支持主数据的建设与管理；数据质量管理，支持对教育基础信息数据库的质量管理与评估；数据服务，提供接口、工具支持数据资源的共享与应用；数据安全管理，控制数据存取和访问，对教育基础信息数据库的运行状态进行监控和分析。省级数据中心、省级部署的国家信息系统和各省自建系统的工作统筹和组织管理由省级教育信息化主管部门负责，工程实施和运行维护工作由省级教育信息中心(暂无教育信息中心的，明确教育信息技术部门承担)负责，业务维护由业务部门负责。

3)城市级教育大数据的采集

2014 年 8 月出台的《关于促进智慧城市健康发展的指导意见》(发改高技[2014]1770 号)中明确提出，智慧城市是运用物联网、云计算、大数据、空间地理信息集成等新一代信息技术，促进城市规划、建设、管理和服务智慧化的新理念和新模式。通过智慧城市公共信息平台和应用体系建设，实现基础信息资源和业务信息资源的集约化采集、网络化汇聚和统一化管理，其中包括了教育数据。智慧城市建设往往会构建数据采集体系，搭建城市统一的大数据中心和公共服务平台，本地区的教育数据也可以通过城市统一的数据中心、服务平台来实现采集、汇聚和服务。

4)学校教育数据的采集

学校教育数据在采集过程中，一般采用如下三种方式：

① 源自于业务系统，采用与各类业务系统的接口适配器方式，完成与数据生产的业务系统的实时同步对接；②源自于批量填报，采用文本适配器方式，完成与批量录入的 EXCEL、XML 文档与 OCR 文档的转换对接；③源自于少量手工填报，采用云下的采集录入应用服务方式，对基础数据进行单独、个别的录入与修改。

以下以深圳市某学校教育基础数据的采集过程为例进行详细说明[141]，如图 6-10 所示。

图解如下：①是文本数据的复制与传输；②是文本数据在批量或单次复制传输完成后，通过信号文件触发文件处理与数据转换的过程；③是文本数据通过文本适配器，与数据交换平台对接；④为核心业务系统的数据直连渠道(核心业务系统包括产生学校、学生、教师和资产数据的业务管理系统)，业务系统中的有效数据通过直连的方式进入基础数据库，业务系统中的待审核数据通过直连的方式连接数据交换平台；⑤为在云中应用的数据采集与查询修改应用，是单独为基础数据采集设置的，这部分数据直接连入交换平台，通过审核后提供应用服务。

2. 教育数据的处理

数据处理是指对收集的数据进行加工、整理，以便开展数据分析，它是数据分析前必不可少的阶段。数据处理阶段的核心解决问题，主要在于对分布式存储的数据进行处理的复杂度，以及对海量存储进行处理的时效性要求等。教育数据处理以在信息采集阶段通过各种方式、途径采集的信息为出发点，以信息分析应用阶段对信息的需求为终点，借助各种数据管理与分析工具和系统，对教育的各个环节所产生的数据按照数据类型进行分类、识别、转换、计算、检索，逐步求精形成描述为某一主题的信息集合的过程。

教育数据处理的流程包括数据清洗、规范化处理、综合性处理、数据存储、数据交换等步骤。

数据清洗。在信息采集过程中，难免存在一些错误数据、冗余数据。这些数据不应进入教育信息处理系统中，需要在信息处理之前将其提出。

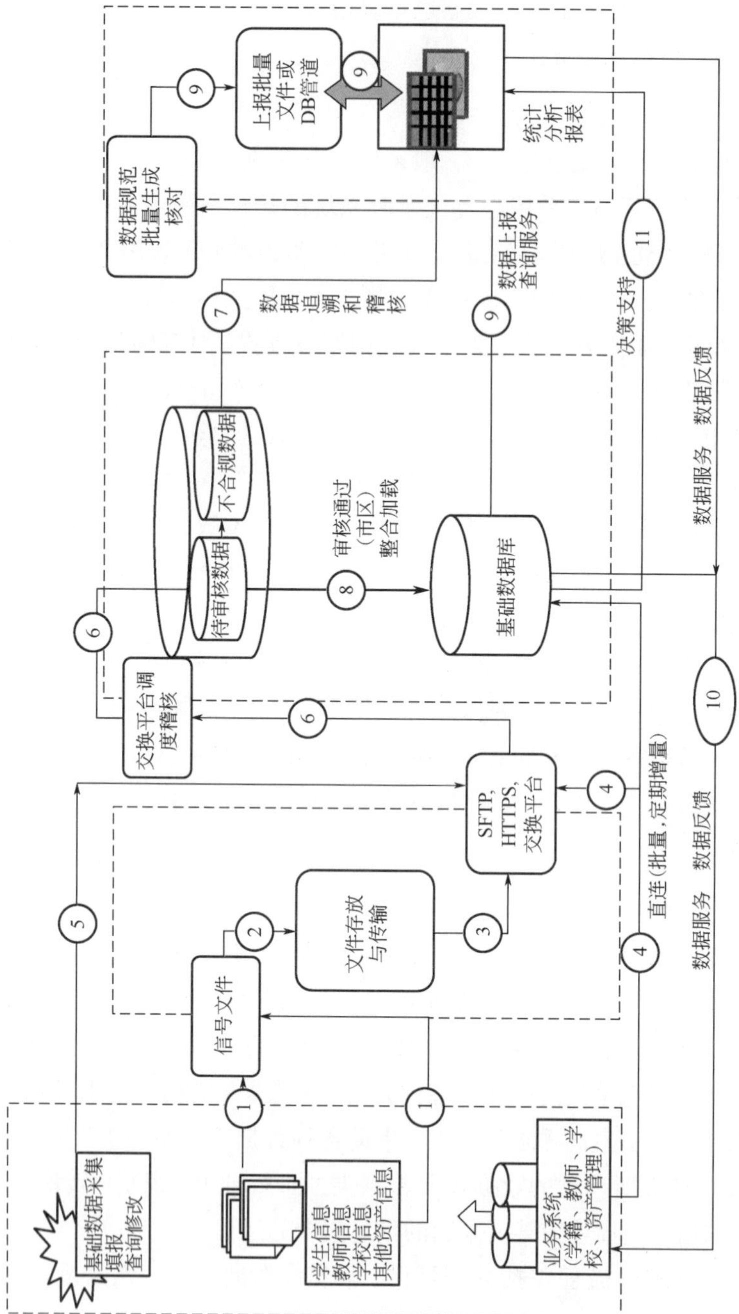

图6-10　基础数据的数据流程逻辑图

规范化处理。规范化处理目的是使待处理的数据集更加完备。在该阶段，采用统一的标准对数据进行质量控制，包括数字图像的去噪与矫正，文本信息的格式转换，以及对不完整数据集的填充等。

综合性处理。教育数据处理环节的关键和核心是综合性处理。在该阶段主要针对不同的信息类型，采用特定的技术、模型、算法对数据集进行处理。例如，对数值型信息进行评价性处理和预测性处理，对数字图像进行编码与压缩、图像分割、特征提取等处理，对文字信息进行分词、分类、自动摘要等处理。经综合性处理后的信息，可直接应用于信息分析。

数据存储。数据存储贯穿于教育数据处理的始终。数据采集后，需要将数据先存储在大数据资源池，根据需要进行加工处理。处理过程中不断生成的过程数据和最终处理结果，也需要及时地存储至大数据资源池中或者数据库中。在教育云环境下，基础数据的存储可采取集中与分布相结合的方式，依照“平台建设单位负责数据存储安全，数据产生单位负责数据采集安全，数据应用单位负责数据应用安全”的原则，由数据产生单位负责数据录入与维护，由行政管理单位负责管理与审核，由数据平台的建设单位负责存储管理与应用维护，基础数据在用户认证的权限范围内共享应用，基础数据根据现有建设现状实施分布与集中相结合的存储管理模式[142]。

数据交换。将不同应用系统的数据，按照标准化改造转换成符合特定教育信息化规范的数据，存放于数据中心，提供给各个应用系统使用，实现教育信息的共享交换。

3. 教育数据的分析

数据分析是大数据技术的关键环节。教育数据分析的目的是在看似无规律的海量数据中，智能地集中、提取学习者的相关信息，从中挖掘潜在的信息，在识别情景、挖掘学习者模型、获知学习需求等方面，为智慧学习和智慧教育提供了有力支撑。

1)数据挖掘分析

教育数据挖掘是教育大数据治理环节的核心，用于对学习行为和过程进行量化、分析和建模。以学习分析技术为例，它是指利用已经存在的、机器可读的数据进行分析，它的优势在于能够处理人工无法完成的海量数据，利用已有的模型来认识、理解新的学习行为和过程。采集获得的海量教育数据将成为学习分析技术的原材料，这些数据通常来自于各种学习管理系统(LMS)、课程管理系统(CMS)和网络社区等。这些教育系统已经产生大量数据，包括课程数据、学习者特征数据、学习行为数据、交互信息、系统数据等。但是，不同的学习系统使得学习者的学习记录分布于多个平台，这些平台的数据标准不同，在数据采集环节，并不能完全解决数据标准统一的问题，如何使不同教育系统、教育平台的少量数据成为真正有用的好数据，就需要对数据进行标准化处理[143]。随着大数据技术的成熟和发展，基于智能辅导系统、仿真、游戏等的交互式学习方法和工具为量化与收集学生行为数据带来了新的机会，特别是更加集成、模块化和复杂化的在线学习系统提供了更多类型的数据，其中包含了数据挖掘算法需要的许多变量。这为教育大数据的分析和数据挖掘提供了新的发展机会。

2011 年中国国际远程教育大会上，教育部科学技术研究重点项目就《E-learning 学习过程中的数据挖掘》相关内容作了专题报告，从学生特征、学习过程、企业结果、文献分析和政策文本内容分析五个方面，介绍了我国如何在在线教育中有效利用数据挖掘技术，并构建相应的数据挖掘工具集成应用方案[144]。

用于学习过程分析的集成应用方案(图 6-11)。利用数据挖掘技术中的聚类分析、顺序分析、关联分析和社会网络分析等方法，对学生登录行为、学生资源浏览模式、师生交互论坛和学生行为影响因素等的分析，进而形成用于学习过程分析的集成应用方案。

用于学生特征分析的集成应用方案(图 6-12)。利用时序分析、回归分析和聚类分析等数据挖掘技术方法，对学生数据统计与趋势进行预测，对学生特征进行分类与相关分析，从而为教育管理者等提供有效的决策支持。

2)教育数据可视化分析

一谈到大数据，就会涉及“海量”、“挖掘”，但对于这些说辞，很多人并不能真的明白“海量”究竟有多大，“挖掘”究竟有什么用，对于大数据自然心存疑虑。但当百度利用每天数十亿次的服务定位数据，呈现出一张动态更新的春节人口大迁徙地图，却让广大老百姓真实感受到了什么是“大数据”。这种由“不可见”向“可视化”的转变，被《大数据》作者涂子沛先生形象地称为“化蝶”。

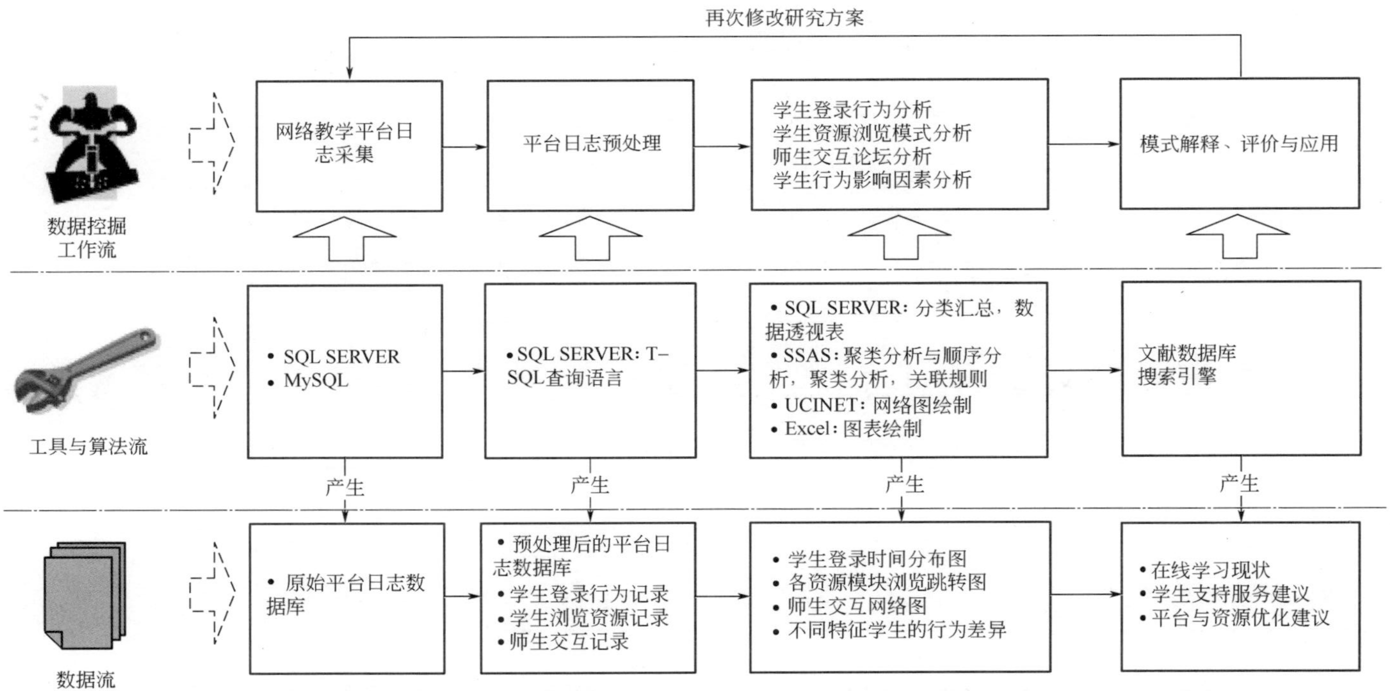

图6-11　用于学习过程分析的数据挖掘工具集成应用方案[145]

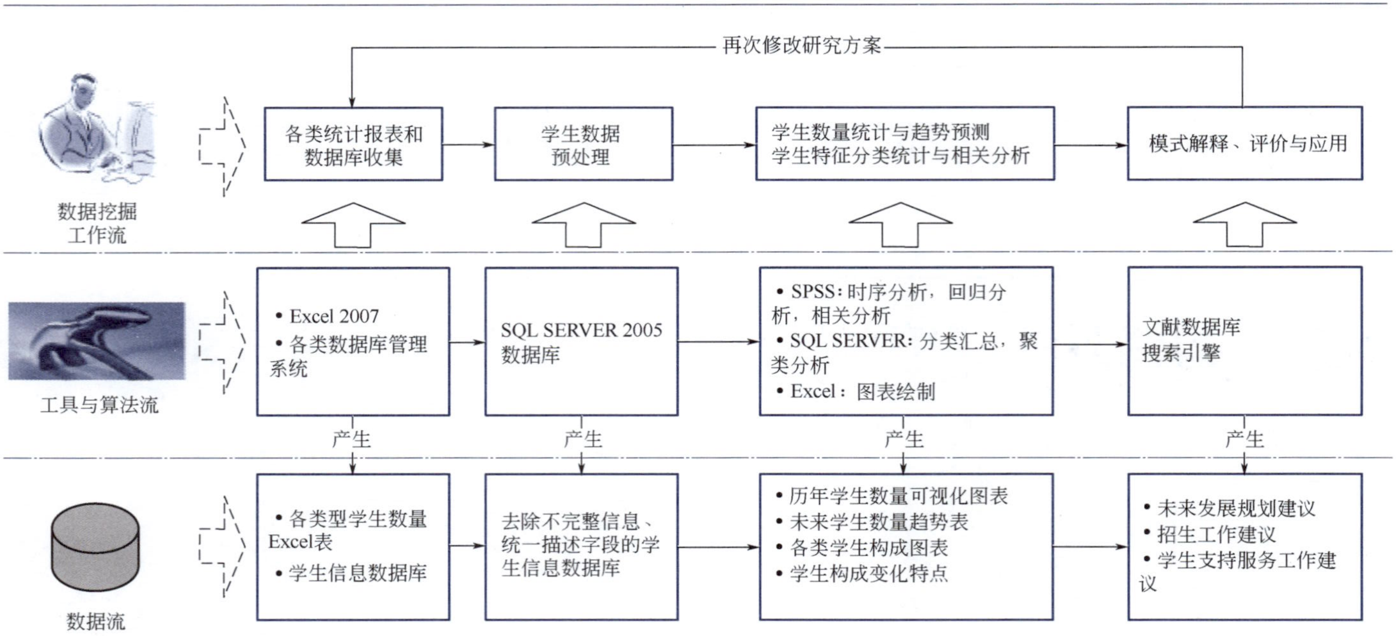

图6-12　用于学习特征分析的数据挖掘工具集成应用方案[145]

专栏 6-4　百度大脑 PK 人脑，大数据押高考作文题

为了帮助考生更好地备考，百度高考作文预测通过对过去八年高考作文题和作文范文、海量年度搜索风云热词、历年新闻热点等原始数据与实时更新的“活数据”进行深度挖掘分析，以概率主题模型模拟人脑思考，反向推导出作文主题和关联词汇，为考生预测出 2014 年高考作文的六大命题方向，如图 6-13 所示。

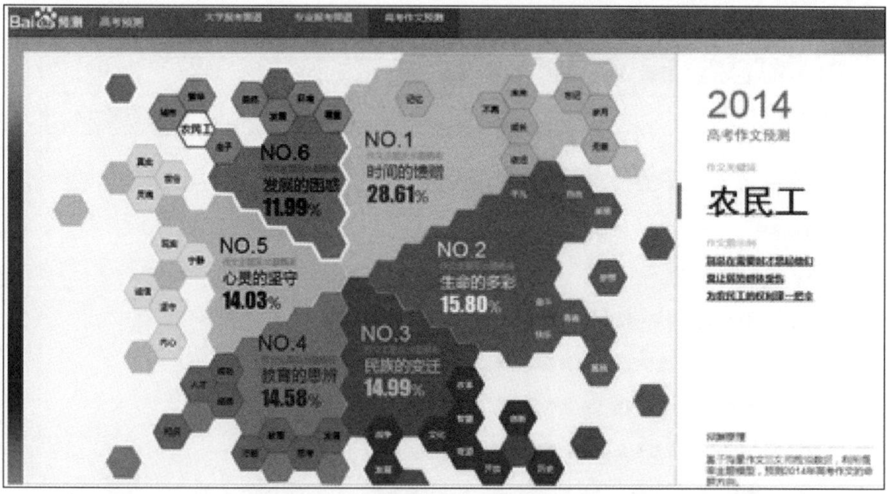

图 6-13　百度大脑预测高考作文的六大方向(作文关键词、示例等)[127]

在百度搜索高考、高考作文预测等关键词，就会看到高考作文预测卡片，点击即可进入专题页，如图 6-14 所示。页面中呈现的是一张类似蜂窝状的图示，分为六个色块，每个色块即代表一个命题预测方向，并清晰地标有这个命题的权重。百度今年为考生预测的作文六大命题方向分别是：时间的馈赠、生命的多彩、民族的变迁、教育的思辨、发展的困惑和心灵的坚守。其中，时间的馈赠占比为 28.61%，权重最大，表明这个主题今年出题的概率较高，考生可以着重准备。

百度高考作文预测不仅为考生预测命题方向，还节省了考生自行找素材所耗费的时间和精力。那么，百度大脑是如何预测的？与人脑 PK，它又是怎么做到的呢？举个例子，如果作文以“旅游”为主题，考生在构思作文时，“门票、游玩”等词会自然从脑海中冒出来。那么，机器可以做到吗？百度大脑建立在百度深度学习和大规模机器学习基础上，将前面提到的大数据进行智能分析，可以通过模型算法反向模拟人的写作，得出主题和与这些主题关联的词汇。与人脑不同的是，百度所

掌握的数据比 30 年教学经验的名师要多很多，除了作文题目，还有历年热点新闻数据，现有数据和实时数据相结合组成了作文预测的大数据库，再通过技术百度发掘出其中的内在关联，提供素材，供考生灵活运用，提升知识储备，真正做到了授之以渔。从刚刚落幕的高考语文考试来看，百度高考作文预测接近全国多地的作文出题方向，命中全国 12 套作文题目，如图 6-15 所示。其中，上海作文题《自由与不自由》与百度大数据预测的出题概率和作文关键词“自由”，相似度高到令此前没有关注到的上海网友吐槽“悔到想哭”。

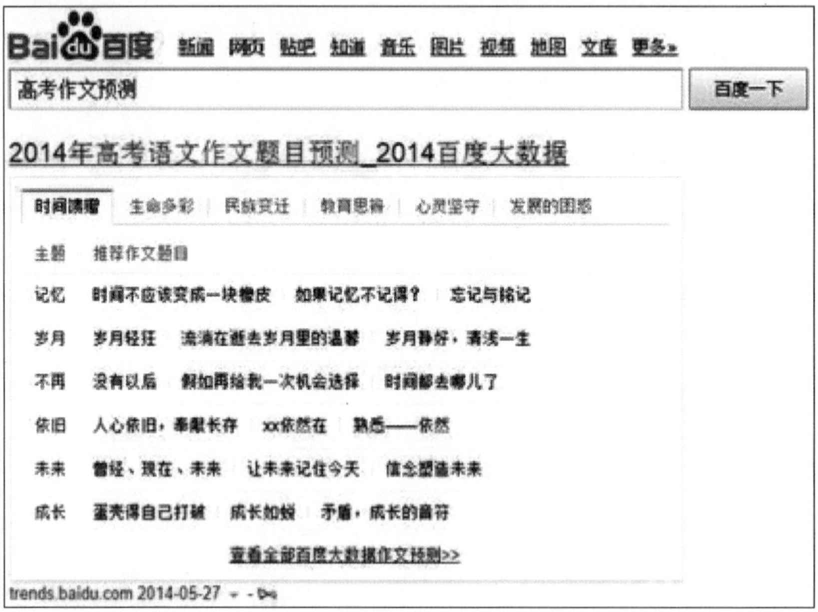

图 6-14　搜索“高考作文预测”点击可直接进入专题页

“高考预测既实现对历年考题要点的‘无缝隙’覆盖，也能了解实时更新的搜索热词、新闻热点，‘活数据’被挖掘出来，与历年数据分析结合，就成为了考生最可信赖的备考指南。”百度高考作文预测产品负责人表示。“押题”并非上线此次高考作文预测产品的本意，“我们只是给出了一些命题的方向，并为考生总结了关键词和时政新闻素材。百度希望通过对大数据的智能分析为考生备考提供更多便利，为广大学子真正走出‘应试思维’，活学活用打下坚实基础。”除了高考作文预测，针对高考后择校与专业选择，百度利用大数据技术相继推出了大学报告图谱和专业报告图谱，让家长和学生可以更“智慧”地择校。

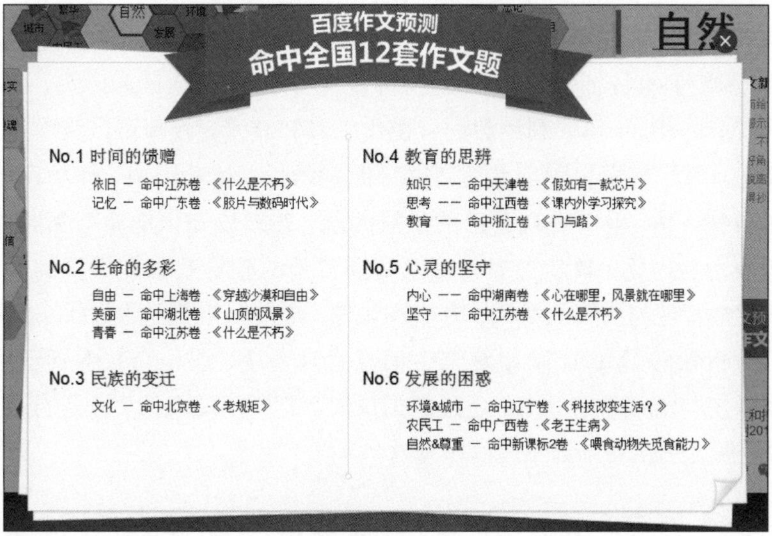

图 6-15　百度高考作文预测命中题目示意图[146]

资料来源：

1. http://tech.gmw.cn/2014-06/03/content_11497738.htm
2. http://tech.163.com/14/0607/21/9U5TPKA9000915I3.html

可视化技术是大数据技术的一个重要组成部分。数据是一个抽象的、专业的概念，但利用数据却又是每个人都需要的，而如何将数据由抽象向被读得懂的方向转变，这就需要有一个转化过程和新的呈现形式。此外，大数据的最大价值在于通过对数据潜在价值的分析和再利用，实现对事物未来发展方向的“预测”，技术只是为这种预测提供了科学依据，但最后的决策仍需要人来决定，决策人需要读懂这些数据才能给出正确的决策，这其中仍需借助“可视化”的手段。正是借助于数据可视化的这种“导航”作用，大数据得以更快走向平民化和大众化。

可视化是普通用户可以见到的一种大数据的表现形式。它是将大量复杂的数据自动转化成直观形象的图表，使其能够更加容易地被普通用户所接受和理解。它能够提供多种同时进行数据分析的图形方法，反映信息模式、数据关联或趋势，帮助决策者直观地观察和分析数据，实现人与数据之间直接的信息交互，从而发现隐含在数据中的规律。

对数据进行可视化处理需要经过获取、分析、过滤、挖掘、表述、修饰与交互等流程，同时兼顾美学呈现形式与功能的需要，体现出直观化、关联化、艺术化和交互性的特征。常见的数据可视化工具包括 VisualEyes、Google Trends 和 Many Eyes 等。利用数据可视化工具和技术，教师可以为学生直观呈现知识，及时了解学生学习状况，进行课堂教学、教学干预、教学评价等；学生可以自我评估，及时发现自己的学习问题，并形成知识框架与互联体系，促进知识表达与内化；教学管理者可以掌握教师的教学效果和学生的学习情况，调整教学管理与决策的目标、方法和策略。例如，在美国芝加哥，利用可视化数据分析软件 IMPACT 跟踪学生信息管理系统、课程和教学管理系统、学生服务系统与成绩管理系统，通过数据仪表盘把学生的在校表现进行可视化展现，供家长、学生登录到学校网站查看。

■ 专栏 6-5 “可视化”在教育领域的普及应用

案例一：美国教育仪表盘(US education dashboard)

在美国教育部网站上，为了更能让公众、政府部门工作人员等了解美国教育现状、读懂美国教育政策，美国教育部在将大量教育数据开放的基础上，进一步利用可视化技术对这些数据进行了加工，推出了“美国教育仪表盘”，推动美国教育由“不可见”向“可视化”方向发展。仪表盘通过把复杂的数据转化为形象直观的图形，将专业的教育领域呈现给最普通的用户，既有利于美国教育的公开透明化，也有利于美国教育决策的科学化，推动美国教育朝着更加智慧化的方向发展。

案例二：“可视化”中的美国教育公平问题

美国的中小学有三种形式：公立、私立和教会学校。总体来讲，公立学校严格按照学区就近上学，私立学校学费较贵，教会学校是半慈善性质。那么，在基础教育阶段，美国是如何显示教育公平的呢？美国基础教育的公平，只能在公立学校进行比较，布什的“不让一个孩子掉队法案”，就是将基础的听说读写和数学水平，让美国的各州制定考核标准。美国各州有权制定教育的法案和教学评估的办法，针对各种族，制定出及格线，然后将数据公布。有很多公司和网站会将这些公布的数据制作成各种应用。在图 6-16 中，不同颜色的图标表示这个学校超过平均水平、达到平均水平，或是预警学校。通过以上的考核，起到了督促落后学校的目的。

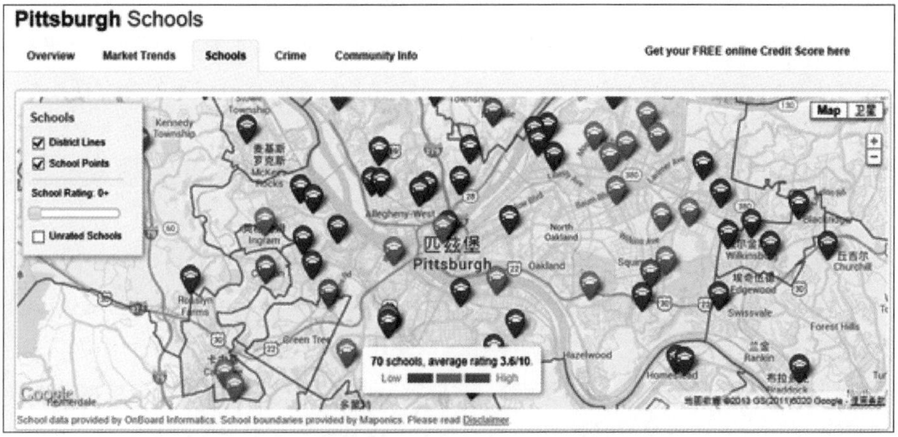

图 6-16　匹兹堡的学区可视化图

资料来源：

1. http://dashboard. ed. gov/

2. http://blog. sina. com. cn/s/blog_537ef1730101q9su. html

4. 教育数据的应用

教育数据主要应用包括教学研究、业务决策、趋势预判和数据服务等，同时最终的应用结果需要利用不同的展现形式通过终端展现给用户。数据展现的形式可以根据用户的不同需求进行转换，而数据终端既是数据结果的接受和展示方，也是数据提供方。用户在通过终端使用数据结果的同时，也在不断创造着新的数据。

大数据应用价值最大化需要依赖于三种能力：一是数据整合能力，即通过信息搜集、处理进行信息的整合，打造良好的信息基础环境；二是信息探索能力，包括模型开发、信息挖掘、知识发现等，进行信息的探索或深度的数据分析，产生提升业务的洞察力；三是行动能力，通过洞察力的指导，提升行动的精确性和效率。在大数据技术参考架构的范畴内，基于数据采集层、支撑层和服务层可以帮助用户实现大数据的数据整合能力和信息探索能力，共性应用层则可以助力用户提升行动能力，突出表现在大数据对业务决策和趋势判断的支撑作用。大数据的采集、存储和挖掘最常被引用的应用案例往往是“预测股市”、“预测流感”、“预测消费者行为”等，预测性分析是大数据最核心的功能之一。

■ 专栏 6-6　选好专业还是选好学校？

有数据显示，70%的大学毕业生对自己当年填报的高考志愿感到后悔，大部分人在从事和自己大学专业无关的工作。为了解决信息不对称所带来的大学择校难、就业难问题，于近日上线的 iPIN. com 推出了“大学就业报告”和“高考志愿导航”功能，通过这两项功能，高考考生在填报志愿前，可查看近十年内各个大学各个专业的毕业生的就业情况，帮助高考考生更好地做志愿填报决策。

目前 iPIN. com 的高校就业数据已支持 800 多所本科大学，覆盖 500 多个专业，未来会支持更多专科以及民办院校。高考考生可通过 iPIN. com 搜索自己感兴趣的大学和对应的专业，iPIN. com 除了会给出男女比例、专业基础的背景介绍等信息，也会从毕业五年的薪酬、工作稳定性、职位就业面、行业就业面等四个维度，以数据可视化的方式告诉考生，他 /她所感兴趣的学校和专业，未来的前景究竟怎么样。iPIN 官网如图 6-17 所示。

图 6-17　iPIN 官网示意图

数据采集和来源。iPIN. com 的数据来自 1100 多万大学毕业生在 SNS 网站的公开个人信息、招聘网站与国家机关和教育部门公布等数十个渠道的经历数据(公开的，并不涉及用户隐私问题)，这些数据经过采集、聚合、构架，到机器学习，自然语言处理，复杂数据分析，预测模型，大规模运算，可视化、数据应用等步骤，在考虑了数据的时效性和经济发展的不稳定性等因素的情况下，最后得到了“高校就业大数据系统”，如图 6-18、图 6-19 所示。

图 6-18　iPIN 网站示意图

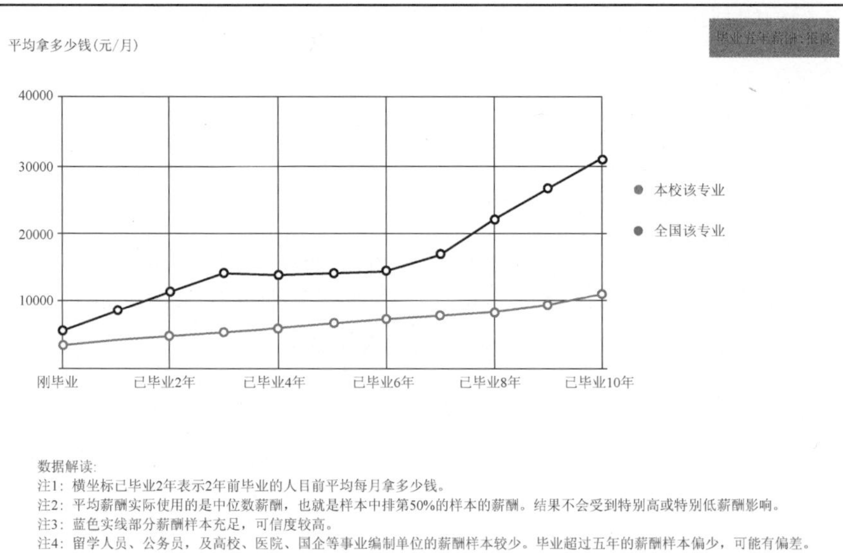

图 6-19　iPIN 薪酬预测示意图

数据分析与挖掘。iPIN. com 的本质是利用商业智能(BI)和人工智能(AI)技术，将中国的绝大部分企业、院校、职业、城市和个人等做全方位量化，通过将中国经济社会数据化和模型化，绘制一张中国的经济图谱，即所谓的“Economic Graphs”。这个从公司、学校、行业等不同纬度的系列图谱，主要解决的问题是让毕业生、在校生和求职者同学校、公司之间的信息更加透明，应用在求职招聘市场，就是之前上线的曝公司内幕功能，应用在高考考生身上，就是新上线的“中国高校就业数据大全”功能。

资料来源：http://www. 36dsj. com/archives/8451.

6.3.5 教育数据的质量管理

数据质量是数据分析结论有效性和准确性的基础，也是最重要的前提和保障。维克托・迈尔・舍恩伯格在《大数据时代》一书中提出，大数据时代数据质量不再重要，因为人们需要的是整体趋势的分析而非精确结果。但是，作者提的整体趋势分析仅是大数据的应用之一，而从个性教学、教育管理等教学环境来看，因为数据与教学业务结合得更紧密，要求数据粒度更细，数据的错误可能会直接影响到业务的应用，例如，教学过程中的“答非所问”、数据偏差导致对个体行为的判识失误等。因此，对大数据而言，数据质量的要求不是降低，而是提升。

教育数据质量包括：①完整性，用于度量哪些教育数据丢失了或者哪些教育数据不可用；②规范性，用于度量哪些教育数据未按统一格式存储；③一致性，用于度量哪些教育数据的值在信息含义上是冲突的；④准确性，用于度量哪些教育数据和信息是不正确的，或者教育数据是超期的；⑤唯一性，用于度量哪些教育数据是重复教育数据或者教育数据的哪些属性是重复的；⑥关联性，用于度量哪些关联的教育数据缺失或者未建立索引。

1. 影响教育数据质量的因素

影响教育数据质量的原因有多种，既有技术方面的因素，也有管理方面的因素，最终结果体现在数据没有满足一个或多个数据质量评估维度，没有达到用户预期的使用需求。在数据全流程管理中，任何一个环节出现问题都会对数据质量产生负面影响。一般说来，影响教育信息系统数据质量的因素主要有以下几种。

·缺乏统一的数据标准体系。数据是一切信息系统的基础，一些地方或机构在推进教育信息化建设中往往比较重视系统功能而忽视了数据的重要性，没有对数据标准进行整体规划。同时，教育行业标准体系也尚不健全，2012 年教育部发布了教育信息化的行业标准，而在此之前标准本身存在着内容不完整、数据冗余、概念和文字错误等问题，使得长期以来各学校缺乏可借鉴的、指导性的参考，很多系统间数据性质相同，但依据标准不一致。

·教育数据资源缺乏共享。很多教育机构在信息化建设初期没有对数据进行整体规划，业务系统建设各自为政，最终形成了多个数据孤岛，导致数据不一致、无法共享等多种问题，影响数据准确度。

·各企业或单位开发的教育信息系统缺乏技术标准。在推进教育信息化过程中，对系统的可扩展、可配置考虑不足，系统与系统间接口的开发难度较大。在系统实施过程中，都要根据教育具体的业务要求进行定制化开发，缺乏规范性。同时，各业务系统采用的技术架构和业务数据的规范都不尽相同，造成数据库字段命名、数据颗粒度和数据表达方式的多样性，最终形成的数据逻辑表达与数据物理存放之间容易存在较大差异。

·对教育信息化应用效果缺乏评价和修正。在教育信息系统建设特别是需求分析阶段，往往只强调了系统功能，缺乏对数据质量的重视，没有强调数据的完整性、一致性和时效性。在软件设计时，有的没有考虑后期的数据维护与数据更新的功能，同时在数据录入与各系统间数据交互的环节中对数据质量的验证也缺乏考虑，因此会经常出现数据维护不及时、不准确、不完整的现象。

2. 提升教育数据质量的措施

1)树立数据质量管理意识

数据是信息时代的宝贵资源，我们应该把教育数据当作资产一样对待。从传统意义上讲，信息系统的数据质量管理是 IT 系统本身的事情。但实际上，数据质量问题的形成，很多情况下是缺陷的工作流程和执行力不足造成的，如岗位职责不明确、数据源头不清晰等。因此，提高数据质量，不仅要考虑技术层面的问题，也要从管理层面入手。数据质量解决方法应该包括各业务的数据质量管理组织和数据质量管理业务流程再造的过程。

2)制定数据质量管理规范

在教育信息化建设中，应有意识地提高各个层面系统使用者的信息技能和素质，尤其是使用系统的业务管理人员，把提高教育数据质量这项任务分解到每个业务人员身上。针对每个重要的业务系统，制定完善的数据录入维护规范，建立完善的数据负责制度，对数据提供方进行约束，在条件允许的情况下，可以成立专门的组织和机构负责数据质量管理工作。一般来说，在重要业务系统的教育管理部门内部，设立专职或兼职数据质量管理岗是一个较好的解决办法，其工作职责包括定期监控本系统教育数据质量状态，编写现有教育数据质量问题报告，协助 IT 部门完成教育数据标准的整理修正，提出系统数据质量方面的修改建议等，做好教育数据质量的管理工作。

3)运用数据质量检查工具

对于早期开发的教育业务系统，由于对其修改成本较大，从系统层面较难对用户进行约束。对于这种情况，技术人员应开发、运用数据质量检查的自动监控工具，及时发现数据质量问题，确定责任人，并予以纠正。数据质量问题发现越早，纠正的成本就越低。

■ 专栏 6-7　高校教育数据质量管理案例

上海财经大学于 2002 年制定了学校信息化统一规划，2003 年参考了国家、行业等有关标准制定了学校的信息标准。到 2008 年，应用系统已经覆盖了学校的教学、科研、人事、财务、学工、后勤、招生、就业等主要业务。在开发过程中，梳理各系统的数据关系，确保同一数据只有一个源头，并实现了各业务系统之间的数据共享。此后的工作逐步转移到利用现有数据搭建数据仓库，为领导层提供决策支持服务上来。数据质量的改进不是单个部门就可以完成的，它需要应用系统所有部门、用户和技术人员的协调、通力合作。

1. 由业务部门牵头进行数据管理

数据建设与管理密不可分，首先需要建立一个由业务数据主管部门牵头，相关业务部门参与的数据质量小组，具体负责制定数据的录入维护规范。在规范中对数据的质量标准、数据的定义、维护的岗位人员、维护时间要求、检查机制等都进行了详细约定，并将数据责任人落实到各个业务部门。如果发现有数据质量问题，则应及时向各业务部门进行通报，以保障数据质量改进的有效推行。通过发文的形式将规范进行了固化，可作为数据操作员的工作标准。

2. 实现对数据质量的自动监控

为了保证数据的可用性，系统开发人员和业务人员一起，通过制定详细业务检查规则，编写相应的数据质量专用检查脚本。制定标准的数据质量规则确认和监控流程对于规则正确性的保证起着至关重要的作用。根据高校各业务系统的具体实施情况，提出并实现了质量检核规则确认流程。

首先由业务人员提出业务规则，然后根据对业务的严重性、时效性等对规则进行分级。依据规则的复杂程度的不同选择进行不同的处理，简单的业务规则可以直接在业务系统中进行固化，复杂的业务规则由技术人员通过编写 SQL，进行测试检查。最后由运维人员部署到调度服务上，并由自动监控系统根据扫描周期对扫描结果进行实时监控，同时在展示层使用报表工具展示数据质量状况的当前状况、历史趋势。在发生重要数据质量事件后，自动对有关维护人员进行邮件、短信告知，提醒其出现问题环节。这可以促使业务人员和技术人员参与所配置的业务规则工作中，提高开发的协同性和一致性，确保数据检查的正确性，进而保证数据质量检查结果的有效性。

学校人事系统覆盖了校内外所有教师、外聘人员、短期劳务人员的各口径人力资源的管理，涉及人事处、组织部、统战部、工会、档案馆、研究生院、离退休工作处等多个管理部门的日常业务，各类人员所需要的管理信息各有不同。目前人事系统的数据质量检查点维护的界面可维护业务规则、责任部门、自动扫描周期、检查脚本、排除异常等字段，并通过自动扫描和监控系统对有关责任人员进行告知。

通过上述一系列措施，学校各业务系统的数据质量问题得到了明显的改善。下面仍以人事系统为例进行说明。一方面和各相关部门的维护人员进行充分讨论，制定了数据录入维护规范，并作为学校发文进行固化，作为相关岗位录入数据的操作依据；另一方面针对各类人员的 28 个信息集，制定了 96 个数据质量检查点，根据信息的时效性、重要性和其他业务对信息的依赖性，制定不同的数据质量扫描周期。通过自动扫描，2009 年找到不符合数据质量记录数为 20000 余个。通过数据质量的持续改进，目前不符合数据质量记录数稳定在 50 个以下，基本上都是业务过程中允许的临时性数据缺失。

资料来源：http://www.edu.cn/xy_6541/20140210/t20140210_1071472_2.shtml

6.3.6 教育数据的安全管理

大数据当前已经得到普遍认可，成为信息技术领域新的发展方向。但是，随着大数据的大量应用，隐私问题是大数据的软肋之一，大数据安全问题也日益突出，需要在数据治理中加强对数据安全的重视。在传统应用场景中，数据由学校等部门局部收集，在校内应用，数据所有权的问题并不突出。在大数据时代，数据要更多地进行跨界整合、外部应用的商业模式创新，这其中就涉及更多数据所有权的话题。教育大数据在治理过程中，需要更加注重数据安全相关的制度和策略。

1. 制定安全管理制度和策略

依照国标计算机信息系统防护要求，结合大数据治理，国家组织相关业务人员、技术人员和企业根据具体情况汇总并制定符合大数据建设的安全管理目标和范围，制定符合教育系统实际的安全管理策略。

各级教育管部门按照总体安全策略和业务应用需求，制定安全管理的规程和制度。相关人员须严格按照此管理制度和安全策略执行。

2. 人员的安全管理

由业务主管领导牵头建立安全管理机构，涵盖所属各级教育部门和学校相关领导或安全负责人，负责起草安全策略和发展规划，管理安全日常事务，检查和指导下级单位信息安全工作，负责安全措施的实施和组织实施，监控系统安全的总体情况。

在各教学单位设置专职安全管理人员，使用具有安全管理工作权限和能力的人员担当，坚持“权限分散、不得交叉覆盖”的原则，系统管理员、数据库管理员、网络管理员不得相互兼任。

对参与人员进行背景、资质审查、技能考核等审核，并签署保密协议。对离岗人员限制其所有访问权限，收回相关证件、设备和访问控制标记等。定期对各岗位人员进行不同侧重的安全认知和安全技能培训与考核。

3. 风险的安全管理

有针对性地定期进行风险评估，使用规范方法和经过必要的工作流程进行规范化风险测试，向安全管理机构提交风险分析报告。

对硬件、软件、系统接口、数据和信息、人员等方面进行分析、识别和记录描述，阐明各子系统的使命、边界、功能，以及系统和数据的关键性、敏感性等。对安全威胁进行详细分析，考虑威胁源在保密性、完整性或可用性等方面造成的损害，对威胁的可能性和影响进行分析，获得威胁等级评估。

采用多层面、多角度的系统分析方法，由用户和专家对资产、威胁和脆弱性等方面进行综合性评估，建议处理和减缓风险的措施，形成风险评估报告。根据风险评估结果，结合有关安全保密防护要求，决定各子系统的安全控制措施，对各控制措施进行综合分析，得出紧迫性、优先级、投资比例等评价。

4. 环境和资源的安全管理

各教学单位的基础环境各不相同，因此在机房环境等方面可能有较大差别，需建立专用安全区域管理标记，对所有安全区域进行标记管理，增强门禁控制手段，任何进出安全区域的人员应经过门禁的监控和记录，防止绕过门禁设施的手段，妥善保存门禁系统的电子记录，未经批准禁止任何访问，未经批准禁止任何人移动相关设备或带离机房。

各单位应建立应用系统清单，清晰标示业务应用系统资产的拥有人、责任人、安全分类和资产所在的位置等，以及主要系统处理流程和数据流的描述。

对脱机存放的磁带进行控制和保护，根据承载的数据和软件的重要程度对磁带进行标识和分类，存放在专人管理的安全区域中，对存储保密性要求高的磁带的借阅、复制、传输需经过相应级别的领导批准，并登记在册。存储介质的销毁须经过批准并按指定方式进行，介质应保留 2 个以上的副本并异地存储，对重要的数据和软件需加密。对归档备份应定期进行完整性和可用性检查确认存储数据的可靠性。

对新增的各种软硬件设备的选型、采购、发放和领用应经过申请、审批、发放/实施的流程，设备应由专人负责，进行分类管理，建立资产清单记录设备使用、转移、废弃及其授权过程，建立资产管理信息登记机制，对各种资产进行全面管理，建立资产管理登记系统，提供资产分类标识、授权与访问控制、变更管理、系统安全审计等功能。

5. 系统运维的安全管理

对于教育数据的日常运行和管理，各单位应按审查和批准的用户分类清单建立用户和分配权限，应对平台的超级用户和重要业务用户列出清单，说明各用户权限、责任人员和授权记录，定期检查特权用户和重要业务用户的实际分配权限是否与清单相符，对关键业务用户开启审计功能。对于重要数据的传输和存储，将采用加密技术进行，保证数据安全。对于重要数据的备份还将采用多次冗余备份的方式进行。

对重要教学业务系统的用户应进行人员的严格审查，对重要用户区分责任到个人，对用户账户的授权须有两个人员双重认可后方可操作，操作过程自动产生不可更改的审计日志。普通用户应保护好自己的口令等身份信息，不应在不符合敏感信息保护要求的系统中保存和处理高敏感度信息，不应使用非正版软件和不可信的自由软件，应在系统规定的权限内进行操作。对于本系统中涉及的临时用户，其设置和期限须经过审批，使用完毕或到期后应及时删除，在主要部位应对临时用户进行审计，并在删除前进行风险评估。

对各设备的操作应有授权的管理员进行，应按操作规程实现设备的启动/停止、加电/断电等操作，维护设备的运行环境及其配置和服务设定，加强日志文件管理和监控管理，加强配置文件管理，定期对系统安全性进行有效性评估和检查，及时发现系统的新增缺陷和漏洞。

维护人员或开发人员的终端计算机和移动计算机未获批准不能在本系统区域内使用，并应及时安装经过许可的软件和补丁程序，不得自行安装和使用其他软件与自由下载的软件，未经批准严禁接入本系统外的网络。

建立基于集中实施的病毒防护体系，实行整体网络统一策略、定期统一升级、统一控制管理方式，对检测和截获的各种高风险病毒进行技术分析处理，提供相应的报表和总结汇报。按照相关规定对本项目中使用的密码算法和密钥进行管理，对信息系统中以密码为基础的安全机制分等级管理，制定定期更换密码策略。

6. 业务连续性的安全管理

针对教育系统的运行特点，各单位应制定相应的备份和恢复策略，形成备份策略文档，明确说明需定期备份重要业务信息、系统数据与软件等内容和备份周期，确定重要业务信息的保存期及其需要保存的归档复制的保存期。定期检查备份介质，定期测试恢复程序，制定专人负责数据备份和恢复，并采用热备份方式保存数据，定期执行数据增量备份和应用环境的离线备份。

对于采用分布式存储等技术，保证数据传输、处理、存储、显示、共享等各环节的系统高可用性。通过分布式文件系统数据分布和副本策略、多路径条件下的数据高效传输机制，以及数据压缩、数据去重等技术降低数据存储空间的开销，提供存储系统的可靠性。指定专人定期维护和检查备份设备状况，定期进行切换试验。对于关键区域应建立全冗余硬件部署，包括网络设备、存储设备、服务器设备。

发生入侵、病毒破坏、非法访问等安全事件后，依据事件对本系统的破坏程度、造成的社会影响和涉及的范围确定系统安全事件处置等级，建立信息安全事件分级响应、处置制度。建立切实可行应急处理流程，指定专人负责应急计划和实施恢复计划管理工作，各级信息安全管理人员应负责具体落实、检查和验证应急计划与灾难恢复计划，保证计划能够有效执行。

7. 监督和检查

在日常运行中，应派专人定期检查安全策略执行情况，并生成相应报告。各教学人员应防止违法行为，对设计、操作、使用和管理应规避法律法规禁区，保护组织机构的数据信息和个人信息隐私，有措施地防止对信息处理设备的滥用，避免危害机构和社会利益。

应正确建立尊重知识产权策略并形成书面文档，如有重要应用系统软件，是外包开发的应明确软件版权有关问题，防止发生因软件升级或改造引起的侵犯软件版权的行为。对于本系统中重要记录，如财务记录、数据库记录、审计日志等，防止丢失、损坏和被篡改。

对各个岗位定期检查操作规程和管理程序的执行情况，确保遵从安全管理小组制定的安全策略。严格执行技术依从性检查，以有能力的、经过授权的人员或外聘人员对硬件和软件进行技术依从检查，并生成测试结果和技术报告，根据检查结果对存在的缺陷进行不断改进。由独立的审计机构或人员对本系统的安全管理体系、信息系统的安全风险控制、管理过程的有效性和正确性进行审计，将审计活动周期化，并加强安全事件发生后的审计。

专栏 6-8　美国教育大数据机构的实践尴尬：只存在了 15 个月的 inBloom

inBloom 作为美国一所非营利的学生数据存储机构，在 15 个月内经历了从崛起到关闭的历程，这个过程不仅仅只是一家数据存储机构的兴衰，事实上它反映的是大数据在教育领域探索应用中面临的难题，折射出教育大数据在未来发展中的困难。

诞生。inBloom 脱胎于共享合作学习联盟（Shared Learning Collaborative，SLC），是一个非营利机构。SLC 是 2011 年由美国教育工作者、国家领导人、非营利基金会和教学内容与工具供应商构成的，当时愿景很简单：创建资源共享联盟，让教师对学生进步有更全面的了解，在节省时间、经历和宝贵的资源的情况下，实现个性化教学。2013 年 2 月，在盖茨基金会、卡内基公司和其他投资者的 1 亿美元支持下，SLC 成立了 K12 学生数据存储机构 inBloom，比尔盖茨曾经称它的技术为“令人兴奋的新事物”。

运行。inBloom 的系统从不同的年级和考勤数据库中提取超过 400 个类别的学生数据，包括学生姓名、地址、考核和考勤、纪律处分等林林总总的信息，甚至还有经济状况、纪律性、残疾和健康等比较敏感的分类，并把这些数据存储到云处理器中。经过处理的数据被汇集到仪表板管理软件中，学校和教师可以在经过授权的浏览器和应用程序上浏览这些信息，从而使教师能够追踪单个学生，并利用恰当的软件实时地为其设计课程。

关闭。成立之初，美国的 9 个州与 inBloom 建立了合作关系，Clever、LearnSprout 等 22 家教育技术公司宣布开发与它合作的应用程序。但是，2013 年 4 月份，路易斯安那州的家长发现孩子的社保号码被上传到 inBloom 数据库，经过一番社会讨论，路易斯安那州从数据库中删除了所有的学生数据。随后，关于学生数据安全的忧虑蔓延到科罗拉多州、马萨诸塞州、佐治亚州等其他 6 个州，这些州也纷纷宣布终止与 inBloom 的合作。今年 4 月初，纽约也放弃了合作关系，要求 inBloom 删除所有学生数据。如今，最初的 9 个合作州中只剩下伊利诺伊州一个。

6.4 教育大数据的技术体系

6.4.1 教育大数据平台的关键支撑技术

教育大数据在数据分析、计算和存储三个环节尤其需要对技术架构和算法进行重构，是当前和未来一段时间大数据技术创新的焦点。具体包括以下内容。

1. 混合尺度文件存储

教育元数据信息很多情况下是全部存储在内存当中，元数据的单位条目大小一定，由于单机内存的限制，存储元数据的总条目是一定的，无法满足更多数量元数据存储和访问的要求。

混合尺度文件的存储解决思路是采用分布式数据库技术作为文件的总索引，对于中小文件直接存储与分布式数据库中，对于大型文件，在分布式数据库中存储索引信息，数据内容存放到分布式文件系统之上。

对于小文件还可以打包汇总存储，比如按月、年来批量重新组织格式，格式的组织方式符合分布式计算的要求。

2. 分布式数据挖掘算法

在具体的业务应用中，需要提供便捷高效的手段来分析处理海量的结构化与非结构化的教育数据。数据挖掘是一个利用统计分析、机器学习等模型和算法从大量数据中抽取挖掘出未知的、有价值的模式或规律等知识的过程。大数据的挖掘技术以大规模分布式存储和计算为典型特征，基于计算资源集群建立分布式教育数据挖掘算法库，将对复杂环境下的数据挖掘与整合非常重要。

根据具体的应用需求，将优先实现和相关业务较紧密的算法。从功能上讲，主要提供基于知识的高级搜索和发现功能，以实现智能访问为目标的文本文档分类和摘要信息建立与语义理解。具体技术点主要包含自动交叉索引/超链接、自动上下文环境总结、主动匹配、智能知识分类操作、自动聚类技术等。

3. 大规模计算资源的层次化调度

一方面，随着计算机性能的不断提高，节点规模也不断扩大。计算机节点规模巨大，硬件设备繁多，软件配置复杂，用户数量和作业数量增加，作业队列的数目和长度增加，这些量的变化最终将导致质的变化，给作业管理系统引入了许多新的挑战，使整个系统资源的管理和作业管理的有效性问题十分突出。另一方面，网格体系结构为分布系统实现高性能的计算提供了新的途径，其重要的内容是如何管理组成网格的各节点的异构资源，包括节点的硬件资源、存储资源等，并提供高性能的计算服务。分布资源管理所面临的挑战性问题主要集中在以下几个方面：①面对高性能计算系统规模巨大的特点，如何有效简便地安装和配置整个系统和应用，管理众多的软硬件资源，是需要继续解决的问题；②如何能提高系统资源的利用率，提高系统的吞吐率，多种应用任务的有效执行，多种资源的联合分配；③规模的增大，系统软硬件故障率相对较高，如何提高系统的高可用性和容错性，以保证应用任务执行的连续性。

为了解决计算资源并行调度的难题，可引入分布式的并行计算技术和并行调度技术。分布式计算技术是一种高效、简单的并行计算模式，它将用户的应用在计算机集群中以分布式的并行模式进行。分布式计算将较大的分析作业分解为许多小的计算任务，然后将这些小的计算任务分配给多台计算机（通常为一个集群）进行处理，最终将计算得到的结果进行收集综合而得到大问题的结果。并行调度技术是一个针对大型分布式系统的可靠协调系统，提供的功能主要包括配置维护、名字服务、分布式同步、组服务等。

针对大规模计算机系统和大规模网络分布式系统，在研究适应其需求的资源管理系统结构基础上，还要进一步研究和改进大规模系统资源表示与信息存储组织模式，以提高资源统一访问的效率；进一步研究资源快速发现和资源重组技术，以提高资源和用户应用的匹配效率，提高资源的利用率；进一步研究资源联合预约和分配技术，研究应用间依赖关系定义和处理机制，以提供灵活方便的资源使用模式和应用运行方式；进一步研究大规模资源的计费管理、事件日志处理技术，以满足各种用户的合理需求；进一步研究资源管理系统的容错机制，以保证系统的高可靠性和高可用性。

4. 灵活的动态节点部署

系统中物理计算资源经过整合后形成统一的计算资源池，它为上层的教育数据分析任务提供支撑。用户可以不必关心计算设备的位置、功能差别、容量大小、设备类型和制造商如何，所有的设备将被统一管理，而且赋予统一的功能如计算、分析、加工、存储等。秉承计算与存储分离的思想，系统对给定的物理计算资源、存储资源、网络资源进行管理，将资源整合为可运行服务资源池提供给上层应用系统。动态节点部署技术具有如下特点。

计算节点按需创建：当外部系统对提供某种服务的计算资源产生需求时，系统能够根据需求创建计算节点系统映像，并和物理服务器结合生成实际运行的服务器。这是按需部署系统的核心目标。

资源共享：当部署系统所提供的某个服务撤销时，提供该服务的计算资源和存储资源可以被用来提供新的(可以是不同类型的)服务；多个计算节点上的相同数据能够共享一份存储资源；在多个计算节点读取共享数据时，在存储系统中共享 I/O 通道的带宽，并且使用同一份缓存。该特点能够较大地提高系统的计算资源和存储资源利用率。

快速部署：系统在数秒量级的时间生成所需服务器映像，服务器能够使用该映像启动并快速地达到可提供服务的状态。该特点能较大地提高系统的灵活性。

动态部署技术主要涉及下列的技术难点：①动态绑定计算资源和存储资源。通过研发可以动态绑定计算资源和存储资源的技术，能够在系统工作的任何阶段，根据需要改变主机和存储设备之间的连接关系，从而达到存储资源的动态访问和计算环境的动态改变。②缓存共享技术。由于逻辑卷在物理设备级别完成共享，所以如果让逻辑卷共享数据被读出时建立的缓存和对应的物理设备节点相关联，那么多个逻辑卷读取共享数据时就会共享对应物理设备的缓存。而当逻辑卷被写入时，由于写入数据无法和其他逻辑卷共享，所以直接让这部分缓存和此逻辑卷设备相关即可，不需要特殊处理。

6.4.2 教育大数据技术体系逻辑架构

教育大数据来源于业务应用系统、互联网和物联网等多途径，经过教育大数据处理系统的分析挖掘，产生新的知识用以支撑决策或业务。根据教育大数据治理的生命周期，教育大数据从数据源经过分析挖掘到最终获得价值一般需要经过 3 个主要环节，包括数据采集、数据处理、数据分析与展现，每个环节都面临不同程度的技术上的挑战。同时，教育大数据的隐私和安全也是一个不可规避的技术难题。

1. 数据采集环节

为了保证大数据的可用性，首先必须在数据的源头上把好质量关，做好从原始数据到高质量信息的预处理。与传统教育数据相比，教育大数据的来源更加多样化，包括业务应用内部数据库、互联网数据和物联网数据，不仅数量庞大、格式不一，质量也良莠不齐。这就要求数据采集环节需要规范格式，进行初步的预处理，便于后续存储管理，具体的关键技术包括：数据源的选择和高质量原始数据的采集方法；多源数据的实体识别和解析方法；数据清洗和自动修复方法；数据演化的溯源管理；数据加载、流计算、消息传输等技术。

2. 数据处理环节

数据处理包含数据整合、数据存储两个方面。数据整合是指通过高质量的数据整合方法，对数据进行加工处理，并尽可能地在保留原有语义的情况下去粗取精、消除噪声，从全局的角度保证数据一致性和相关性。数据存储是所有数据的集中存放地，主要用来存放各种结构化、半结构化和非结构化的历史数据、预测数据和汇总数据等，其他数据还有主数据和需要共享的数据等，教育大数据存储系统不仅需要以极低的成本存储海量数据，还要适应多样化的非结构化数据管理需求，具备数据格式上的可扩展性。

大数据处理技术是大数据分析应用的重要支撑。由于大数据处理的多样性和复杂性，需要根据处理的教育数据类型和分析目标，采用适当的算法模型快速处理数据。海量数据处理要消耗大量的计算资源，对于传统单机或并行计算技术来说，速度、可扩展性和成本上都难以适应大数据计算分析的新需求。

分而治之的分布式计算成为大数据的主流计算架构，但在一些特定场景下的实时性还需要大幅提升。近几年来，学术界和业界不断研究推出新的或改进已有的计算模式和系统工具平台，主流的大数据平台改进后将与其他计算模式和平台共存；混合计算模式将成为满足多样性大数据处理和应用需求的有效手段；内存计算将成为高实时性大数据处理的重要技术手段的发展方向等。

3. 数据分析与展现环节

通过数据分析才能从纷繁复杂的教育数据中发现规律，提取新的知识，这是教育大数据价值挖掘的关键。传统教育数据挖掘对象多是结构化、单一对象的小数据集，挖掘更侧重根据先验知识预先人工建立模型，然后依据既定模型进行分析。对于非结构化、多源异构的教育大数据集的分析，往往缺乏先验知识，很难建立显式的数学模型，这就需要发展更加智能的数据挖掘技术。例如，建立统一的算法模型和技术路线，将高维数据分析作为大数据技术的核心。从传统方法的二维的、片面的分析方式，转变为大数据立体的、全息的分析方法。这些高维分析具体包括：更加复杂、更大规模的分析和挖掘；大数据的实时分析和挖掘；大数据分析和挖掘的基准测试等。

以直观的方式将分析结果呈现给用户，并服务于决策支撑，是教育大数据分析的重要环节。如何让复杂的分析结果能够易于理解是技术解决的重要问题。

4. 大数据隐私和安全

随着教育大数据的不断发展和研究，其巨大价值在被不断挖掘的过程中，数据的安全和隐私发展呈现出新的发展趋势和挑战。教育大数据建设需要建设统一的大数据隐私与安全技术保障，具体包括：进一步完善核心数据访问接口的安全保护；防范网络攻击；加强数据操作的安全性，以应对大数据的数据量剧增和动态变化；针对多元数据融合的安全隐私保护技术；保护所有站点的安全和分布式系统等。

“三权分立”的模式应成为一种趋势，即数据的采集过程保护，存储管理保护，以及数据的分析使用过程的安全保护需要由不同的管理决策者来执行，这样可以在一定程度上保护教育大数据的安全隐私。

基于以上要点构建教育大数据的技术体系，为教育大数据平台的构建提供合理的技术架构。教育大数据技术体系的逻辑框图，如图 6-20 所示。

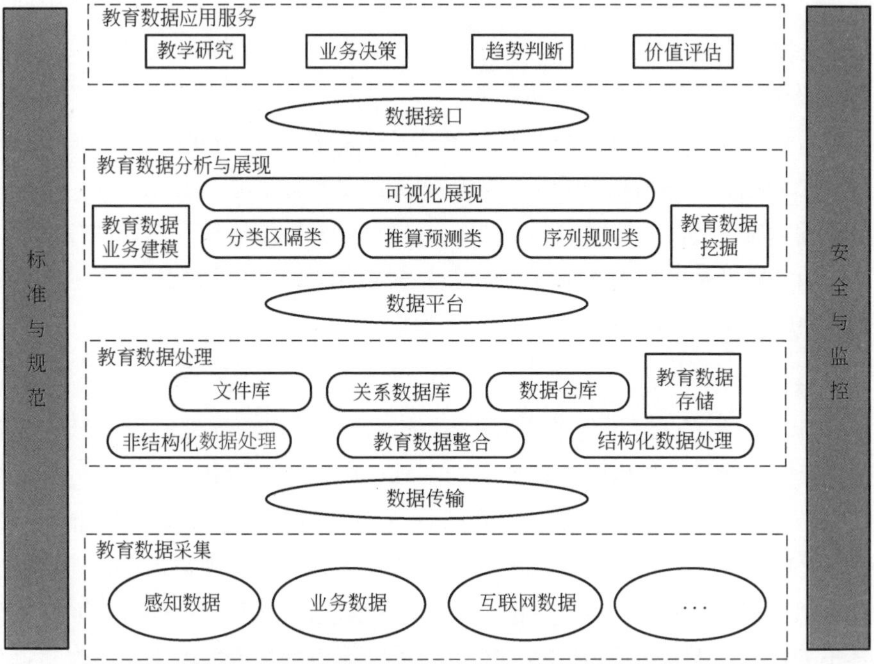

图 6-20　教育大数据技术体系的逻辑框图

按照教育大数据的全流程管理过程，在标准规范的约束下，教育大数据技术体系架构包括四层：教育数据采集层、教育数据处理层、教育数据分析与展现层和教育数据应用服务层。其中，数据采集通过数据传输接口将采集的各类教育数据传递给数据处理与存储，通过数据处理与整合形成教育数据平台。其上的教育数据分析与展现层基于数据平台，实现教育数据的可视化展现和大数据分析挖掘，产生的各类教育大数据产品通过产品数据接口提供给数据应用服务层。同时，安全与监控贯穿整个流程，以保证技术体系的安全性和可控性。

教育大数据技术体系的构建需要在逻辑架构设计的基础上，建立教育大数据平台，以平台为核心开发实现数据处理各环节的多个应用系统，通过应用系统和平台的协同运行，将教育大数据落地实现。

6.4.3　教育大数据平台架构

数据资源已经成为信息化建设的核心内容。对教育数据资源进行集中存储、集中管理和实现数据基础应用的大数据中心是教育信息化建设的“中枢”

和基础。教育大数据平台既是各类教育资源的存储中心、信息流通的中间节点，也是教育业务系统之间协同工作的数据交换中心，同时也是为各级教育主管部门提供教育决策的数据分析中心。

教育大数据平台总体目标是从计算中心向分析中心演变，分为初始阶段、过渡阶段和融合数据阶段三个阶段，初始阶段以教育事务性应用为主，教育分析型应用为辅；过渡阶段教育事务性应用与教育分析型应用并重，对各自系统定位分析，建设是分开建设，减少干扰；融合数据阶段以教育分析性应用为主，两种应用系统共享融合统一的基础架构。

1. 总体架构

云计算是大数据诞生的前提和必要条件。大数据的处理离不开云计算技术，云计算为大数据提供弹性可扩展的基础设施支撑环境和数据服务的高效模式。大数据的存储管理和分析技术在云计算的发展中凸显出重要的战略意义。因此，大数据平台将构建于分布式存储计算技术之上，实现数据存储、数据管理和数据分析一体化，具有监、管、控、用等功能，如图 6-21 所示。平台将重点基于云计算的大数据存储与管理技术，提升大数据技术的可用性与大数据处理性能，实现对云的海量数据存储与管理，建立数据处理与数据分析工具，提升数据分析的可用性与易用性。

基于云计算的教育大数据平台的总体架构，由多个资源节点(区域教育大数据平台)共同组成一个海量数据资源中心。各个节点之间地位对等，并可按照节点构成标准进行扩展。

教育数据资源中心将设计为“节点内的数据集成与存储”与“网络化的数据共享与服务”两大体系。各个节点负责该节点内教育数据资源的采集、集成和存储。所有节点的数据资源均通过虚拟化的共享服务门户对各个节点实现透明共享。

2. 平台组成

教育大数据平台由四部分构成，分别是资源存储与管理、数据挖掘与数据分析、数据运维管理和教育服务门户；教育服务门户对用户提供服务，另外三个部分(资源存储与管理、数据挖掘与数据分析、数据运维管理)为教育服务门户提供存储、计算分析和运维支撑。教育大数据平台组成图如图 6-22 所示。

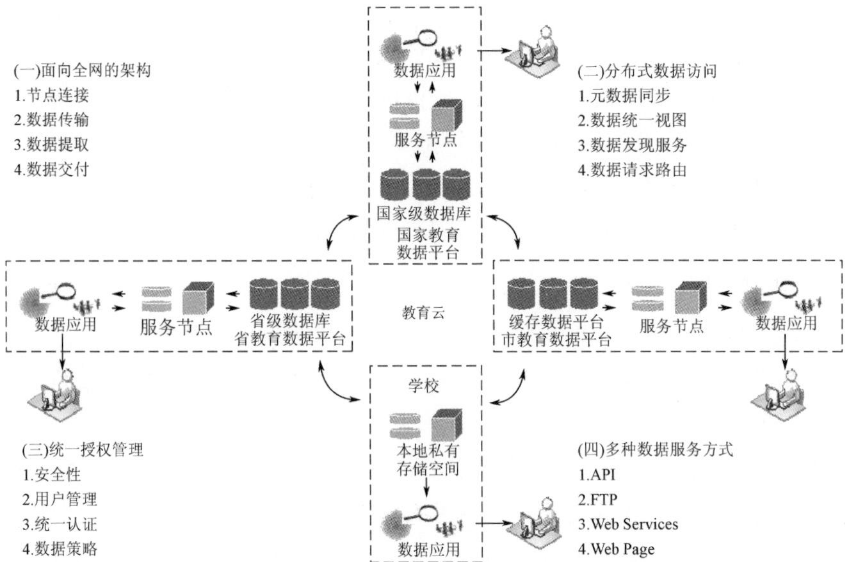

图 6-21　教育大数据平台总体架构

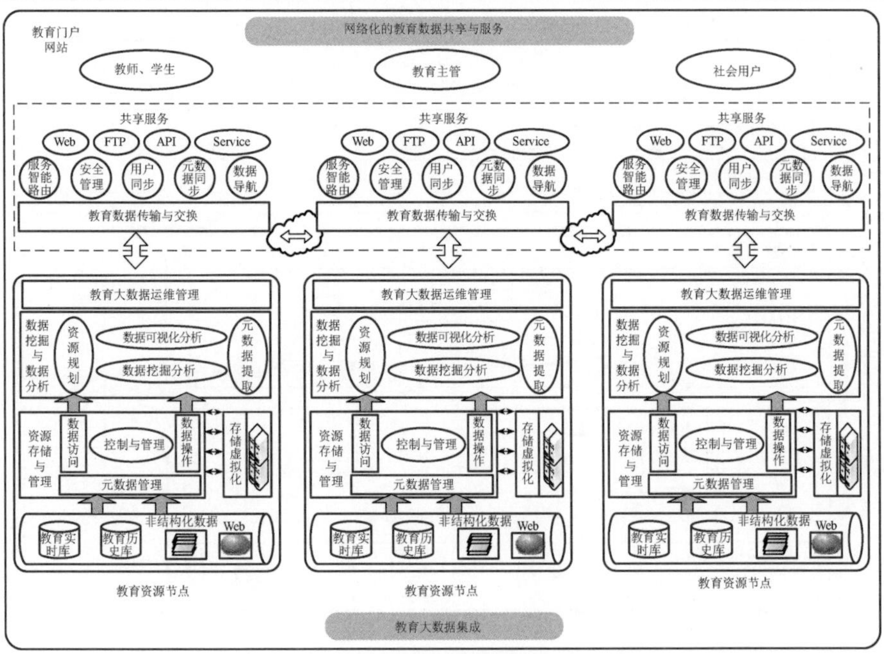

图 6-22　教育大数据平台组成图

如图 6-22 所示，教育服务门户为用户提供教育资源相关服务，各个资源节点的教育服务门户共同构成一个虚拟化的海量数据资源中心门户，提供元数据、用户和认证策略的全网同步。服务门户将根据用户的服务策略和特性按需提供信息，并通过数据传输与交换实现全网数据的透明共享。资源整合与集成，资源存储与管理、数据运维管理平台仅负责所属节点内多源异构数据的集成，海量数据的存储管理，元数据的提取、构建与发布及其节点内运行资源的调度与控制。

3. 应用架构

教育大数据平台依托云计算技术，综合利用存储和计算资源，通过共享分析过程和成果，实现教育大数据分析和利用的集约化，并在教育数据共享和服务模式上进行创新。

通过对教育大数据的统一存储、分析计算和运维管理，建立两套技术体系，分别是海量异构数据资源存储体系和多源异构数据并行分析系统。两套体系融合发展，一方面增强教育大数据存储分析管理的运维水平；另一方面加强在教育大数据服务方面的创新水平，为大数据服务教育发展、服务社会创造更大的价值。平台的应用架构如图 6-23 所示。

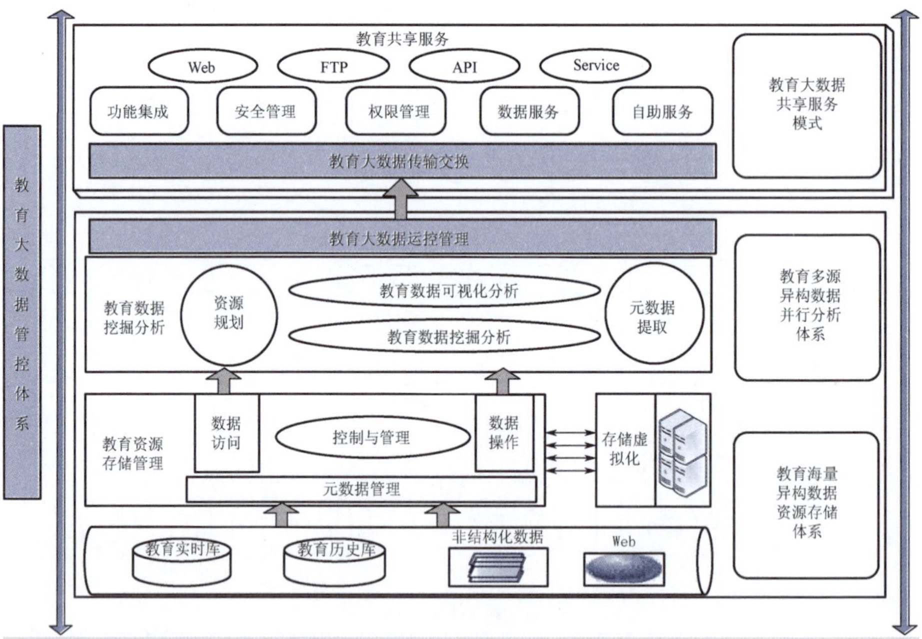

图 6-23　教育大数据平台应用架构

资源存储与管理平台重点描述教育数据的来源、汇聚的技术、存储的方式和存储服务支撑框架；教育数据挖掘与分析平台重点描述教育资源的并行分析算法和调度；数据运维管理平台重点描述教育云平台和教育大数据平台的整合包括对虚拟资源的管理和调度等；教育服务门户平台重点描述如何实现教育大数据的服务模式创新，对外提供教育数据分析服务。

4. 应用模型

教育大数据平台由多个资源节点共同组成，从应用层面将体现出“数据分析并行化”、“数据资源对象化”、“运控过程智能化”的特点。应用模型如图 6-24 所示。

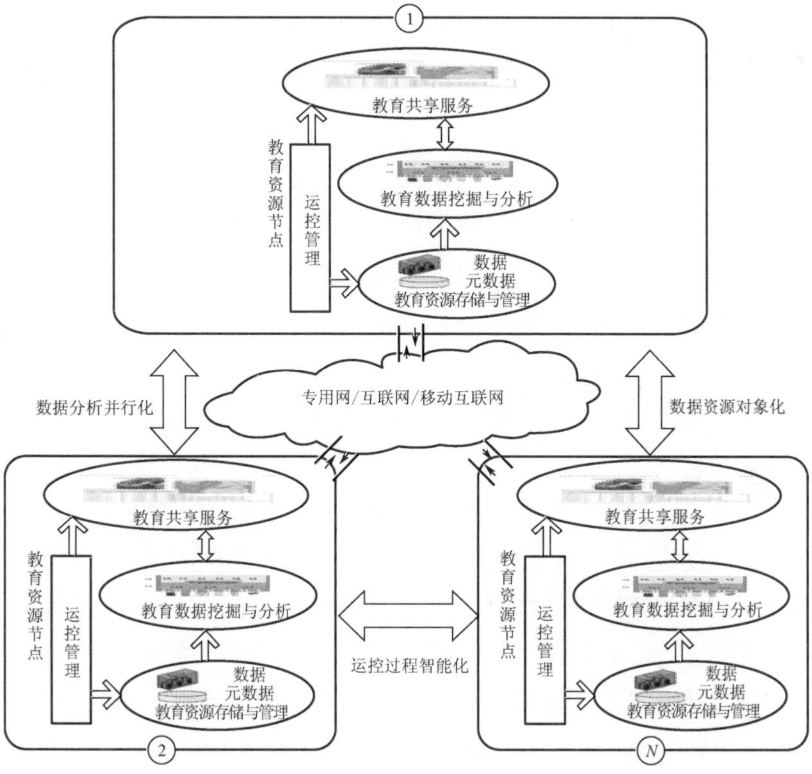

图 6-24　应用模型

“数据分析并行化” 主要指整个平台以分布式并行的方式来分析处理大规模数据。当用户需要请求平台所管理的计算资源服务来处理业务数据时，平台将根据该用户所提交作业的属性特征自动分配计算资源。平台会智能地将较大的分析作业分解为许多小的计算任务，然后将这些小的计算任务分配给多个计算节点进行处理，最终将计算得到的结果进行收集综合而得到分析作业的结果，并以合适的展现方式反馈给服务用户。

“数据资源对象化”指资源中心内的所有结构化和非结构化数据资源都将以对象的方式面向用户提供，无论数据资源的内在存储形态是结构化还是非结构化、数据格式是文档、影像、XML、DB还是其他，其展现给最终用户的始终是一个有业务应用价值的数据对象。

“运控过程智能化”指面向用户的所有服务过程都将透明可控。从用户发出数据分析服务请求到最终教育大数据平台，将分析结果提供给用户，其整个服务过程都将完整地进行记录，并由数据智能分析平台的子系统数据运维管理平台进行监控与评估，从而有效保证整个大数据平台的高可靠与高安全性。

5. 共享实例

教育大数据平台，用于汇聚各级各类的基础教育数据，包括若干主题数据库，如学籍库、教师库、成绩库、资源库、科研库、学校库等，同时提供各种基础数据服务，包括教育数据的采集、存储、处理和交换服务，需要考虑数据库与其他数据库的交换利用，加强教育类数据的融合与共享。

1)教育大数据共享需求

教育数据需保持一致和标准统一。大数据中心是一个海量信息的聚集地，不同的教育数据要在大数据中心进行汇集，大数据中心作为统一数据库平台，在一定程度上发挥着数据“清洗池”的作用，从大数据中心提供的数据应该是标准化的、一致的。它的建设将为标准的管理、维护和使用提供技术基础。

保证异构业务系统间的数据共享。大数据中心的建设意义最重要在于数据共享，通过统一数据库平台，使各业务子系统间调用的数据可以在系统间进行共享交换，避免出现数据割裂现象，以及数据对业务系统的强依赖性。大数据中心，必须要统一数据库平台中数据项及其属性的定义，而且尽可能兼容不同业务系统的数据定义，特别是在数据交换时，对无法兼容的数据提供映射和转换机制，保证数据的共享。具体实现如下。

大数据中心将不同来源的数据采集后经过标准化改造转换成符合特定教育信息化规范的数据，不同的应用系统通过到大数据中心提取数据实现教育信息的共享。例如，学校A某学生转到了学校B，该学生的学籍信息通过学校A的学籍管理系统提交到大数据中心，学校 B 的学籍管理系统到大数据中心提取该生的学籍信息，从而实现学籍信息的共享传递。学籍信息交换图，如图 6-25 所示。

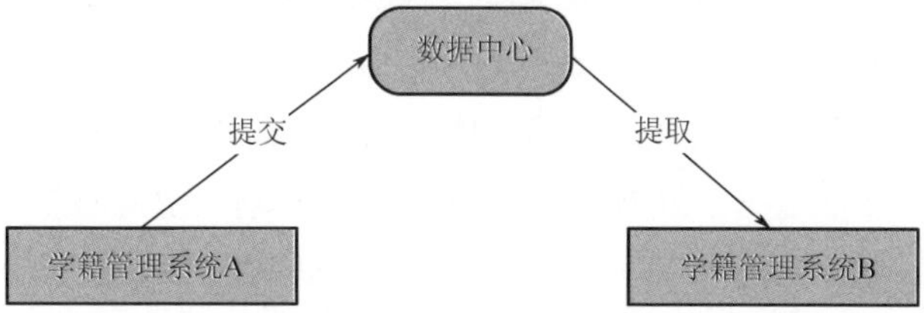

图 6-25　学籍信息交换图

保证业务系统之间没有冗余业务数据。大数据中心在设计中采用“一个应用”的理念，对有业务关系和数据关联的业务系统，统一设计业务模块和数据库，不对业务系统做人为切割，尽量保证业务系统之间没有冗余业务数据，从而简化数据一致性的实现。另外，对于性能优化、稳定性设计必须冗余的数据，提供数据同步机制。

保证遵循“谁产生、谁维护”的原则。所有的数据都有特定的产生者和维护者。在技术上，大数据中心由授权体系控制数据维护的权限，仅具有使用权限的人员不能对数据进行生产和维护，同时提供安全审计功能，保证对业务操作的严格监督和具有可跟踪性；在管理上，通过制定相应的规章规范，要求数据产生者和维护者需及时更新数据，保证系统中数据的准确性、实时性。

保证业务系统操作与共享服务的无关性。正确地抽象、定义业务系统的数据模型，不采用数据库直接驱动方式实现不同业务系统之间的数据共享，而是调用中间件的服务接口，避免出现当某些提供服务的业务系统发生变化时，会影响到使用服务的其他业务系统的正常运行。大数据中心的这一功能对于跨校园、跨区域的教育数据整合和服务是极为重要的。

保证提供可以反映整个区域学校全面情况的数据信息。大数据中心在设计数据库时，要充分保证数据的完整性，相关的应用设计也保证业务功能的完整性。通过大数据中心的业务应用，以及整合其他相关系统的信息资源，可以提供完整的反映整个区域全面情况的数据信息，实现面向全用户提供全要素的全数据集的“三全”能力。

保证为教育主管部门提供决策支持所需的数据信息。每个业务操作、信息采集、报表分析和统计结果都将是决策支持的重要数据来源。大数据中心可以根据实际业务需求，对实时库或历史库等存储数据进行统计分析和数据挖掘，提供灵活的检索功能和可视化展现界面，为教育主管部门提供决策依据。

保证数据平台、数据接口、数据通道、数据管理四个层面的统一。统一数据平台，可为各种数据的访问、交换、使用提供一个统一的支撑环境；统一数据接口，可实现应用系统与上级部门(国家、教育部等)相关业务系统之间的交换和共享；统一数据通道，实现横向互联、纵向贯通，为构建统一的业务系统提供技术基础；统一数据管理，对教育大数据从采集、处理、分析、可视化进行全流程监控管理与分析，为分析问题和解决问题提供科学支持手段[147]。

2)教育大数据共享逻辑架构

为达到全局数据的统一和一致，保证“谁产生、谁维护”，保证提供反映整个教育区域的全面信息，并为决策支持系统积累分析数据，设计大数据共享逻辑架构图如图 6-26 所示。

数据源是数据中心的数据抽取来源，我们把教育网所有的应用系统的数据库称为数据源，这其中包括两个方面的内容：一是现在已有的应用系统数据库；二是后续建设的各个应用系统的数据库。已有应用系统数据库是已经建成并投入使用的应用系统的数据库。因为这些应用系统的建设在数据中心之前，一般情况下，其原有数据库设计不可能与数据中心的总体设计相符，所以对其必须利用数据集成工具和数据同步工具来解决全局共享问题。对于后续建设的应用系统，其数据库将采用统一的信息标准来设计，即符合数据中心的总体设计，此类数据库的数据共享相对容易。教育数据源主要包括教师数据、学生数据、管理数据、教务数据等，其中，教师数据部分来源于教师管理系统，而学生数据部分来源于学籍管理系统。

共享数据中心库是所有共享数据的集成地，所有应用系统的共享数据在这里集成。它向下从数据源集成数据并保持更新同步，成为各个应用系统之间的共享数据通道；向上作为统计分析服务的数据源，向统计分析服务提供从各个应用系统集成过来的共享数据。共享数据中心库的数据来源于数据源，它通过数据集成工具从数据源的各个应用系统数据库抽取数据，并根据数据类型分类存储。另外，共享数据库与数据源的各个应用系统数据库保持更新的同步，共享数据库的数据同步分为自动同步和手动同步两种，自动同步主要针对后续建设的应用系统数据，其同步工作通过数据访问层实现；手动同步主要针对原有应用系统数据，其同步工作通过数据同步工具实现。

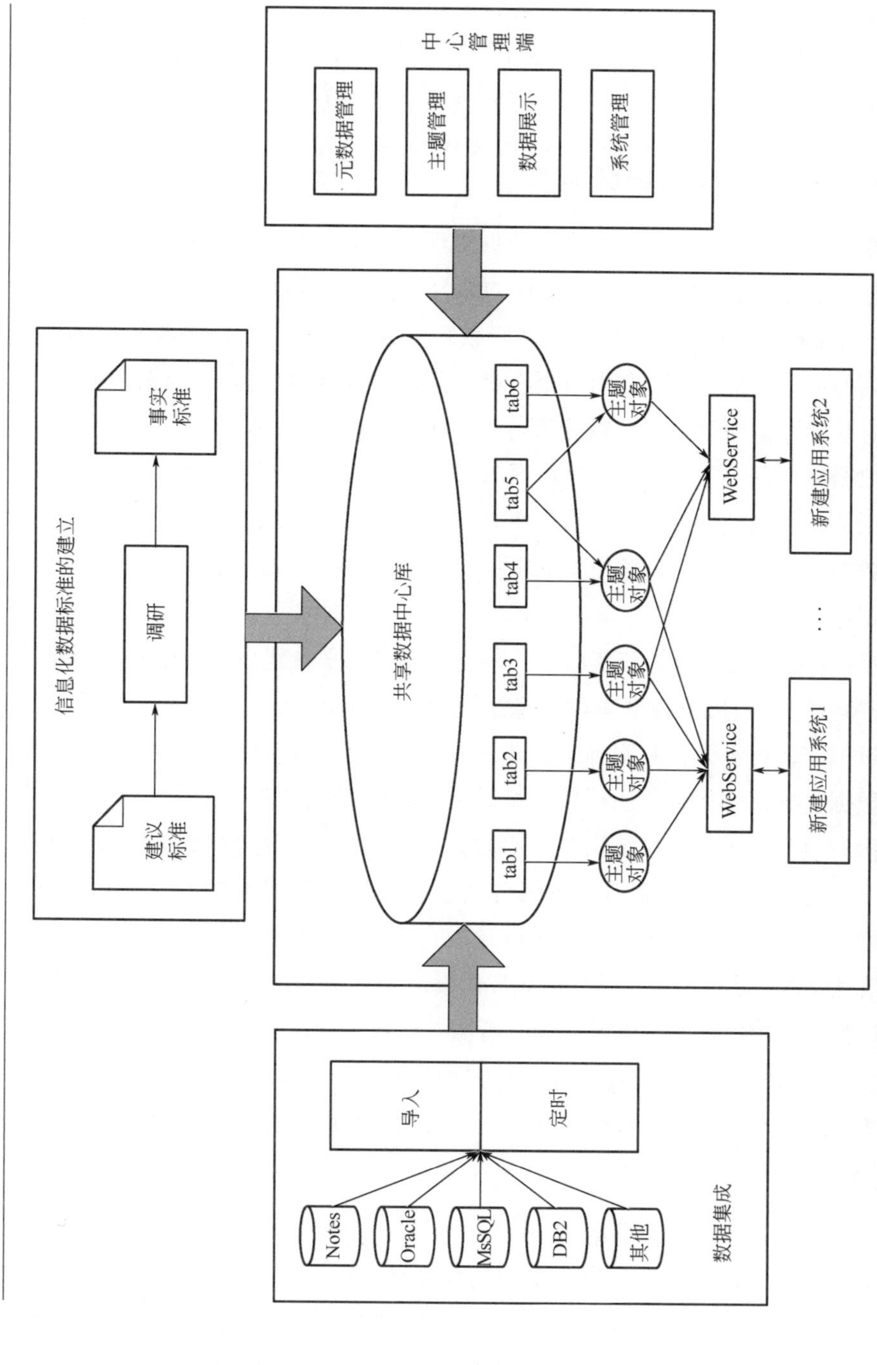

图6-26 教育大数据共享逻辑架构

数据中心作为全区教育信息存储、流通、共享的关键系统，设计时要尽可能涵盖区教育部门所有关键信息。针对不同的业务需求，数据中心应该包含不同的主题库，如学校库、教师库、学生库、资源库、设备库等，每种主题库中又可以包括若干子主题库。

6.4.4 相关平台建设基础

教育大数据平台是按照教育大数据治理和技术标准体系，有效整合教育资源，为智慧教育提供技术和服务支撑的综合平台。结合我国现有教育业务建设情况，初步构想在国家、省级建设两级教育大数据中心，根本目的在于打破各区域内的校际、部门间壁垒和数据垄断，在统一数据标准和安全保障体系下，对教育基础数据和教育专题数据进行集中统一管理，为系统集成和各个系统之间的数据共享提供平台，从而为跨部门、跨行业的应用提供数据支撑服务。各城市则依托智慧城市云服务平台，建立完善教育数据库，包括教育部门可以获取的数据、其他部门与教育相关的数据，以及其他途径获取可以利于教育决策的数据等。

目前，国家已经规划和实施了一些教育信息化平台建设，具有一定的建设基础，例如，通过国家教育管理信息系统建设，对教育管理数据进行治理，以及通过国家教育资源公共服务平台建设，初步构建了教育服务门户平台，为教育大数据支撑智慧教育应用提供了基础数据和应用模式参考。

国家教育管理信息系统由教育部教育管理信息中心统筹建设，致力于建成覆盖全国各级教育行政部门和各级各类学校的管理信息系统与基础数据库。国家教育资源公共服务平台由中央电化教育馆统筹，按照“统一规范、三级建设、信息互通、就近服务、学校应用”建设原则，努力打造涵盖多种教育资源类型、服务多元化学习主体的全民教育服务体系。此外，一些智慧城市的先行者也已开始规划并实施区域教育大数据平台建设方案。下面将分别对国家主导的系统和平台，以及各省市主导的区域智慧教育综合服务平台等建设思路进行简要说明。

1. 国家教育管理信息系统建设

教育大数据需要动态汇聚海量的教育数据，而这些数据的规范化采集与管理应由国家统一建设、规划和部署。教育部于 2013 年 7 月发布了《国家教育管理信息系统建设总体方案》[148]，对未来几年国家拟统筹推进的教育管理信息系统进行了规划和部署，提出建设国家教育管理信息化系统，为未来进一步规范我国教育基础数据打下了坚实的基础。

国家教育管理信息系统建设的总体目标是：建设全面覆盖、功能齐全、安全高效的教育管理信息系统、决策支持系统和教育管理服务平台，形成覆盖全国各级各类教育的教育基础数据库，实现系统的全国联网和数据的交换与共享，提升教育监管与服务水平，促进教育管理现代化、决策科学化、服务网络化，全面保障教育的改革和发展。在项目推进过程中，要严格按照“两级建设、五级应用、统一管理”的体系架构建设。

国家教育管理信息系统的体系架构是与我国行政区划和教育管理体制相适应的网状结构，共分为五级，即国家级、省级、地市级、县级和学校级，各级系统之间通过网络进行数据交换和共享。如图 6-27 所示。

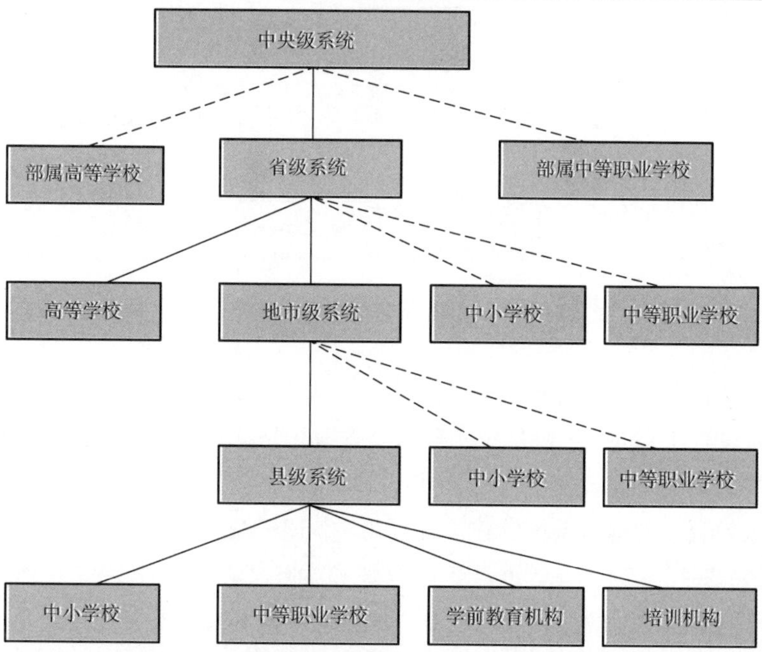

图 6-27　国家教育管理信息系统体系架构图

图 6-27 中的实线和虚线表示存在行政或业务管理关联关系，实线表示还存在管理信息系统间的关联关系。其中高等学校(含教育部直属高等学校)主要与省级教育行政部门进行系统对接和数据交换，学前教育机构、中小学校、中等职业学校和培训机构主要与县级教育行政部门进行系统对接和数据交换。

国家教育管理信息系统的建设采用“两级建设、五级应用”的总体思路，如图 6-28 所示。

两级建设：在国家(教育部)和省两级建设数据中心，分别部署运行国家级和省、地市、县、学校级信息系统。

五级应用：除了高等教育，均需建设五级应用系统，即国家级、省级、地市级、县级和学校级应用系统，分别供国家、省、地市、县、学校使用。高等教育需建设三级应用系统，即国家级、省级和学校级应用系统，分别供国家、省、高等学校使用。从而实现各类教育管理信息系统在全国范围的覆盖，确保数据的全面、统一、完整。

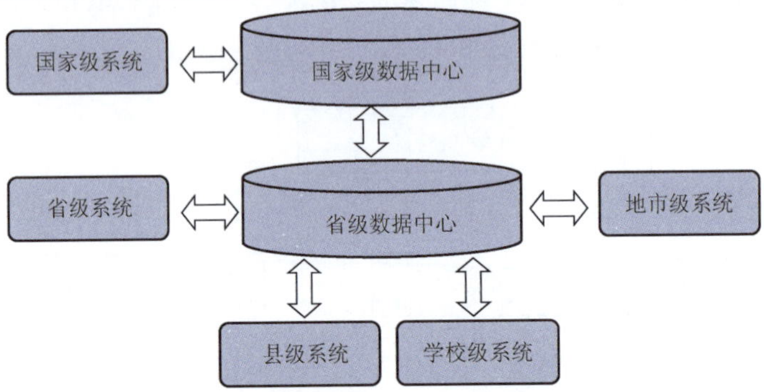

图 6-28 “两级建设、五级应用”体系示意图

技术架构是支撑和实现信息资源共享与应用的底层技术结构，主要通过选择和规定软件平台技术、硬件技术等来支撑应用系统的运转。各级教育管理信息系统均采用统一的技术架构，如图 6-29 所示。

国家教育管理信息系统的建设计划为：2012—2013 年，重点建设学生管理信息系统；2013—2014 年，重点建设教师和学校资产与办学条件管理信息系统，同时根据需要适时启动教育规划与决策支持集其他业务管理信息系统的建设工作。2013 年底，完成全国学生和学生资助等管理信息系统建设，简称全国学生基础数据库；2014 年底，完成全国教师和全国学校资产与办学条件等管理信息系统建设，建成全国教师和学校资产与办学条件数据库；到“十二五”末，基本建成覆盖全国的国家教育管理信息系统，主要教育管理信息系统进度安排如表 6-1 所示。

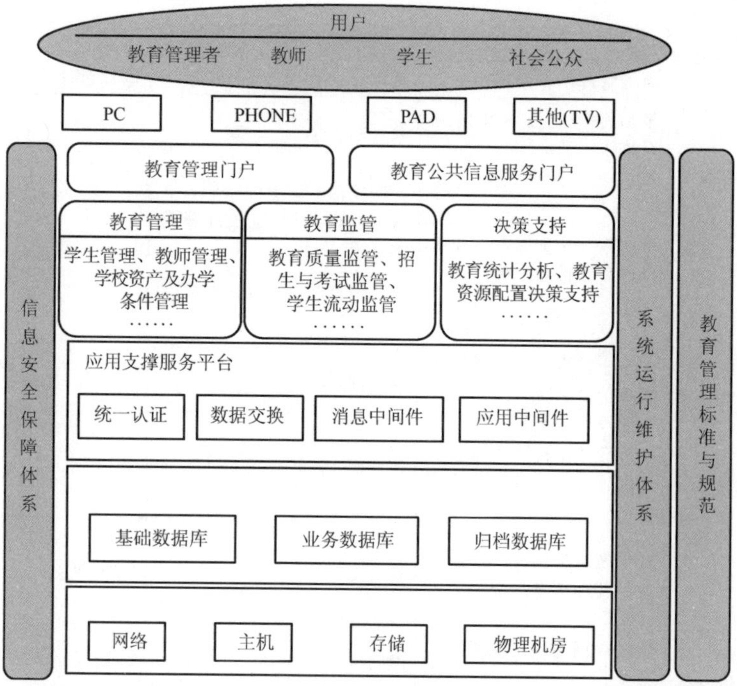

图 6-29 教育管理信息系统技术架构示意图

表 6-1 国家教育管理信息系统建设进度与部署安排

分　类	信息系统	部署模式	计划部署时间
学生管理类信息系统	学前教育学生管理信息系统	一期教育部部署网络版，省级不部署，县与学校部署采集系统	2012 年 9 月
		二期教育部、省两级部署网络版系统	2013 年 12 月
	中小学生管理信息系统	一期营养餐试点县与学校部署采集系统	2012 年 8 月
		二期教育部、省级部署网络版系统	2013 年 4—7 月
	中等职业学校学生管理信息系统	教育部、省	2013 年下半年
	高等教育学生管理信息系统	教育部、省	2014 年
	学生资助管理信息系统	教育部、省	2013 年下半年
	学生体质健康标准数据管理与分析系统	教育部	2013 年下半年

续表

分　类	信息系统	部署模式	计划部署时间
教师管理类信息系统	教师管理信息系统	教育部、省	2013年下半年
	教师专项业务管理信息系统	教育部、省	2014年
学校资产与办学条件管理类信息系统	学前教育机构资产与办学条件管理信息系统	一期教育部部署网络版，省级不部署，县与学校部署采集系统	2012年9月
		二期教育部、省两级部署网络版系统	2013年12月
	中小学校资产与办学条件管理信息系统	教育部、省	2014年
	中等职业学校资产与办学条件管理信息系统	教育部、省	2014年
	高等教育学校资产与办学条件管理信息系统	教育部、省	2014年
教育规划与决策支持类信息系统	学校规划与建设地理信息系统	教育部、省	2013年下半年
	教育统计信息系统	教育部、省、市、县、学校	2012年9月
	教育决策支持系统	教育部、省	2014年
其他业务管理类信息系统	涉外管理信息系统（含来华、出国、外籍教师、监管）	教育部	2013—2014年

2. 国家教育资源公共服务平台建设

为进一步推动公共教育服务均等化、教育资源供给均等化，构建起我国“以公共服务平台为引导，以学校应用为主体，以社会各方共建共享为支撑”的教育资源建设与应用新体系，让优质资源和创新应用惠及人人，促进优质教育资源全国范围内共享，国家于2012年底开通了国家教育资源公共服务平台，如图6-30所示。平台以教育信息化为基础，通过综合应用云计算、移动互联网、物联网等技术，将国内教育优势地区的名校、名师资源集中起来，无论城市还是偏远地区的师生都能通过接入云平台享受优质教育资源，平台提供的丰富多样的教学资源也将让传统课堂变得更加生动有趣。

国家教育资源公共服务平台总体建设目标为：依托现有公共基础设施，利用云计算等技术，逐步推动与区域教育资源平台和企业资源服务平台的互联互通，共同服务于各级各类教育，为资源提供者和资源使用者搭建起网络交流、共享和应用环境。该平台在提供资源上传下载服务的基础上，强调以学习空间为核心的资源推送，把不同用户所需要的适当资源送入不同的个人空间，以教师的教学空间应用带动学生、家长和学校的应用，在“宽带网络校校通”的基础上，促进“优质资源班班通”和“网络学习空间人人通”。当前，国家教育资源公共服务平台可以提供的服务主要包括空间服务（人人通）、公益资源服务及其第三方资源、服务与应用，如图 6-31 所示。

图 6-30 国家教育资源公共服务平台首页截图

此外，为推进国家数字教育资源公共服务平台规模化应用，部门省市依托国家教育资源公共服务平台积极开展试点工作，总体架构如图 6-32 所示。目前，国家正在依托数字教育资源公共服务平台推动 10 种应用模式，主要包括同步课堂、推送资源、探究性学习、名师课堂、“名师”导学、网校选课、网校辅学、跨区域网络协作教研、区域网络协作教研、名师工作室等。并逐步探索“企业竞争提供、政府评估准入、学校自主选择”的资源建设新机制，逐步形成政府购买公益服务与市场提供个性化服务相结合的资源共建共享新模式，最大范围、最大程度地开放共享优质教育资源。例如，四川省、江西省等多个省市势合形离建成地区教育资源公共服务平台，与国家教育资源公共服务平台实现对接。

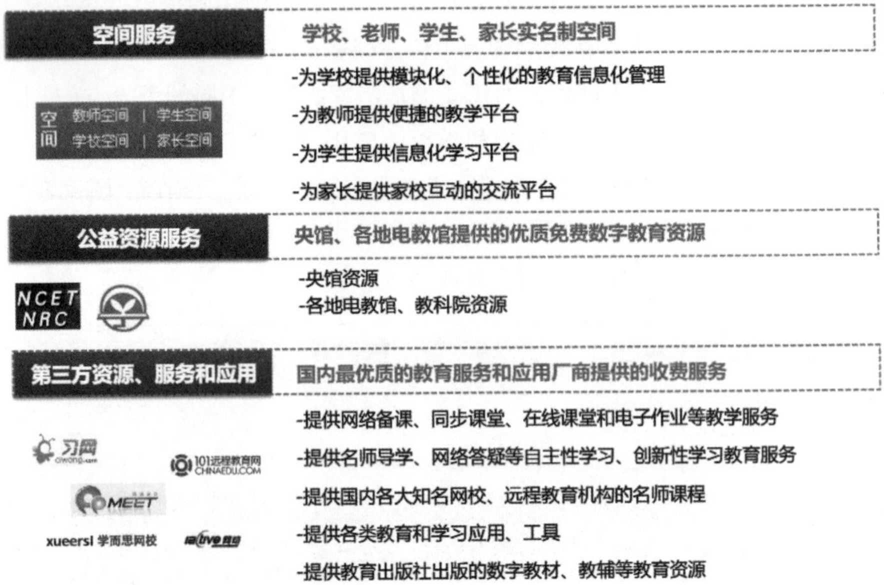

图 6-31　国家教育资源公共服务平台提供的服务[145]

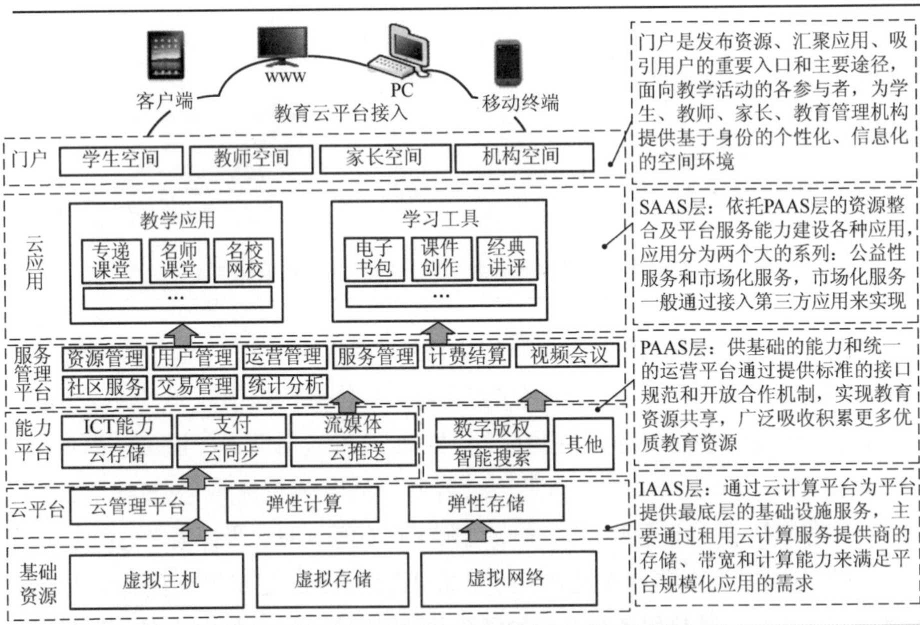

图 6-32　国家教育资源公共服务平台总体架构[149]

3. 区域智慧教育综合服务平台建设

随着智慧城市建设在全国兴起，一些省、市、县区已经开始着手以教育大数据为基础的区域级智慧教育平台的规划与实施，如北京市海淀区、深圳市罗湖区等。区域级智慧教育平台建设是各市区整合区域教育资源，打破学校与学校、区域与区域间教育壁垒，以教育大数据为基础，推进智慧教育发展的重点任务。下面将对区域智慧教育综合服务平台的建设原则和思路进行规划设计，以期为区域级教育大数据的应用发展提供可值得借鉴的经验。

1)建设目标

立足区域教育发展实际需求，全面贯彻“智慧教育”理念，依托区教育云基础平台，整合各类教育应用系统，促进应用系统贯通与集成，规划建设基于教育大数据环境的集成化、智能化的区域智慧教育综合服务平台，着力解决当前区域教育信息化存在的条块分隔、系统孤岛、优质资源匮乏、管理效率低下等现实问题，推进信息技术与区域教育深度融合，实现教育资源高效集约化配置与共享为目标，为各级教育管理者、教师、学生、家长和社会公众提供最需要、最适合、最准确、最便捷的智慧教育服务，为促进区域教育系统的整体性变革，实现区域教育的新一轮跨越式发展提供平台支撑。

2)实施原则

区域智慧教育综合服务平台建设是一项规模庞大、技术含量高、结构复杂、涉及面广、建设周期长的大型信息化系统工程，必须进行全局的统一规划，才能够使信息系统的建设健康、有序地进行，从而带动区域教育信息化水平整体提升，满足区域教育现代化发展的大局需要。

区域智慧教育综合服务平台的建设应遵循如下基本原则。

统筹规划，分步实施。以省(市、区)教育发展目标为统领，整体规划基于教育大数据的区域智慧教育综合服务平台体系架构、核心功能、建设任务、保障机制等，创设具有超前性、先导性和示范性的区域智慧教育信息环境。同时，在统一规划和总体设计的基础上，坚持突出重点、合理配置、注重效益、逐步到位的工作方法，并能充分利用前一阶段教育信息化的发展成果，有效整合已有硬件、软件资源，保护已有投资。新建的各种教育应用系统，均应遵循统一的数据及互操作标准，以促进系统互联互通。

需求驱动，融合创新。区域智慧教育综合服务平台是一项大型系统工程，要始终围绕实际应用需求展开建设，规划和实施都应本着“需求驱动”原则，按照教育大数据整体规划，以满足实际教育需求为基本前提，坚持“科教融合”的基本思想，结合先进信息技术的发展与新型教育理念进行创新设计。

递进升级，逐步完善。区域智慧教育综合服务平台应在总体设计时进行详细调研和充分论证，确保基础设施、教育装备、应用系统、教育资源等可以递进升级、逐步完善，以保持系统的先进性、灵活性和高效性。递进升级要有一定的前瞻性，瞄准未来3～5年的发展需求，逐步实现升级改造，推动区域智慧教育综合服务平台的可持续发展，尽量避免“推倒重来，全部更新”所带来的资源浪费，并且升级实施无论在机制层面还是在技术层面，都要进行严格的审查，以确定必要性和可行性。

上下联通，开放扩展。国家、省、市已经规划并实施了一系列的重大教育信息化工程，包括“三通两平台”、“校校通”、“班班通”等。区域智慧教育综合服务平台的建设应当充分考虑与上述工程的衔接，使其具备较强的兼容性和开放性。具有共性的系统，要采用国家、市、区等各级行政部门提供的公共服务平台。区级平台提供的业务要能够涵盖全区核心教育业务，同时与市级相关系统之间要实现教育数据无缝共享。此外，为满足学校特色化发展需求，应鼓励学校将特色的信息化系统部署在区域私有教育云上，运行效果良好、有推广应用价值的系统可以无缝集成到区域智慧教育综合服务平台中。

3)功能实现

区域智慧教育综合服务平台，依托于教育大数据中心，实现五大系统功能：智慧教学、智慧研训、智慧管理、智慧社区、智能分析。各类系统包括若干子应用系统，架构图如图6-33所示。

系统主要面向两类用户提供服务，分别是教育网内部访问用户和外部访问用户，用户角色主要包括教师、学生、家长、教研员、管理者和社会公众。用户可以使用计算机、智能手机、平板电脑等多种终端，通过多个网络，随时随地登录统一门户，根据自己的业务需要和个性偏好个性化定制服务，包括服务内容和界面风格，享受权限范围内的各种智慧教育服务。

4)建设计划

区域智慧教育综合服务平台建设与应用推进大体可分为四个发展阶段。这四个阶段各有不同的特点，但又不是绝然分开，并可能是互相交叉和重叠的。计划可以根据区域教育发展需求和现有应用系统建设现状灵活调整。四步走建设计划如图6-34所示。

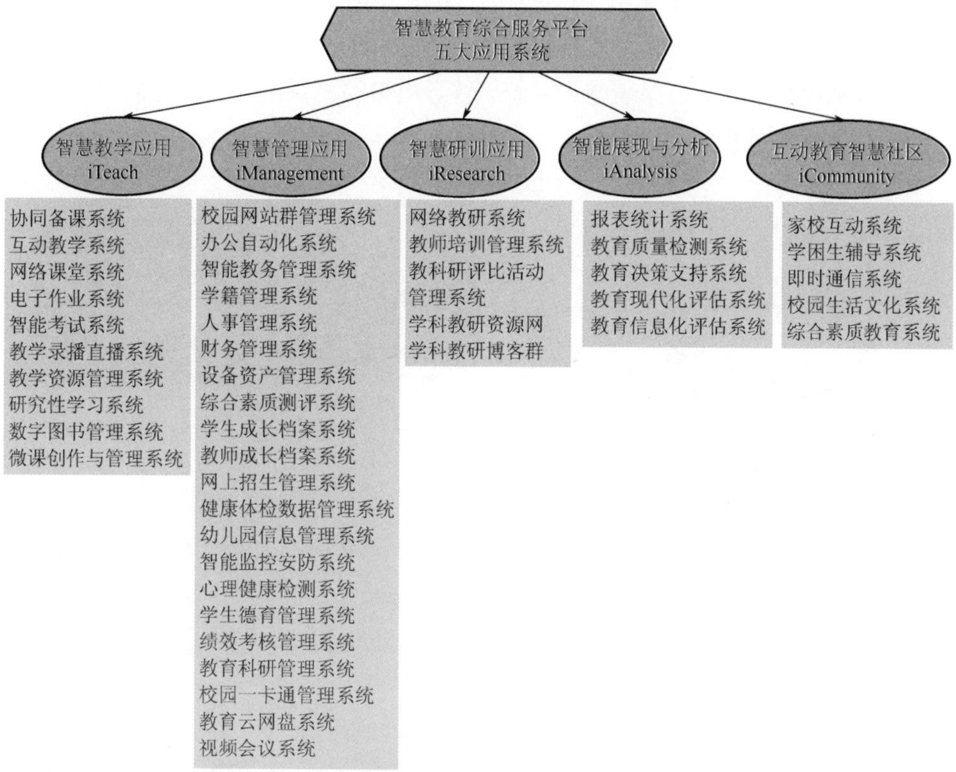

图 6-33　区域智慧教育综合服务平台系统功能

第一阶段：这一阶段的主要任务是全面启动区域智慧教育综合服务平台建设工程，形成初步的综合服务平台系统框架。重点任务包括：制定完善的组织架构、管理办法和规章制度；制定应用系统建设技术规范和学习资源建设技术规范；详细设计教育大数据中心建设方案；构建统一信息门户，实现统一用户和统一门户管理，支持多终端访问；重点建设家校互动系统、多渠道移动应用发布系统、互动教学系统、网络教研系统、智能教务管理系统、办公自动化系统。

第二阶段：这一阶段的主要任务是推进各类应用中核心业务系统的建设，形成较为完善的区域智慧教育综合服务平台。重点任务包括：着力建设智慧教学类应用系统，实现核心教学业务(互动教学、备课、作业、考试等)的信息化；着力建设智慧管理类应用系统，实现核心管理业务(校园门户网站、办公自动化、教务、一卡通、师生成长档案、校园安防等)的信息化，有效集成现有上级或教育局部署的管理应用系统(如学籍、人事、资产等)，实现数据互通；着力建设智慧研训类应用系统，实现核心研训业务(教研、培训等)的信息化；建设教育大数据中心，部署报表统计系统、教育质量检测系统，实现基础教育数据的智能展现与分析。

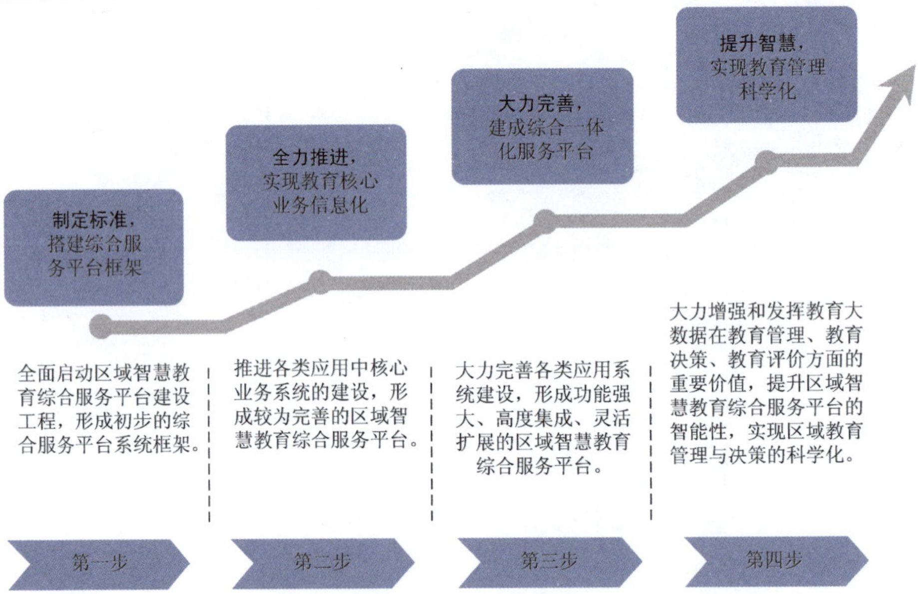

图 6-34　四步走建设计划

第三阶段：这一阶段的主要任务是大力完善各类应用系统建设，形成功能强大、高度集成、灵活扩展的区域智慧教育综合服务平台。重点任务包括：有序建设其他各类信息化应用系统，力争实现教育业务的信息化全覆盖；教育大数据中心与各应用系统之间实现基础数据的动态、实时采集与更新；门户系统与各应用系统实现全面融合，为用户提供高度集成化、个性化的个人空间服务。

第四阶段：这一阶段的主要任务是大力增强和发挥教育大数据在教育管理、教育决策、教育评价方面的重要价值，提升区域智慧教育综合服务平台的智能性，实现区域教育管理与决策的科学化。重点任务包括：建设教育决策支持系统、教育现代化评估系统和教育信息化评估系统；根据各系统的实际运行情况进行动态调整，试运行不合格的系统进行停顿改造或丢弃，保证区域智慧教育综合服务平台提供的都是精品化、高质量、高可用的服务；根据教育发展实际需求，新增部署特色化的教育信息化应用系统。

6.5 教育大数据的运营模式

随着公共数据开放战略的推广和实施，越来越多的公共部门加入开放数据的大军当中。教育数据作为公共数据的重要组成部分和基础内容，预计其开放的范围和程度将会越来越高。支撑教育大数据的信息化处理、数据储存、后期维护等工作所需的经费投入，也会给教育主管部门、学校、在线教育培育机构等带来较大的经济压力。选择一种合适的教育大数据运营模式就显得极为重要，它是保证教育大数据良性发展的重要前提，也是提升教育数据服务水平的重要保障。

2014 年 8 月出台的《关于促进智慧城市健康发展的指导意见》(发改高技[2014]1770 号)中明确提出，“鼓励市政公用企事业单位、公共服务事业单位等机构将教育、医疗、就业、旅游、生活等信息资源向社会开放。支持社会力量应用信息资源发展便民、惠民、实用的新型信息服务。鼓励发展以信息知识加工和创新为主的数据挖掘、商业分析等新型服务，加速信息知识向产品、资产及效益转化”。

随着教育主体职能的明确、教育行业的细分，教育大数据的运营模式将呈现出多元化的态势。一方面，由于教育行业具有特殊性，是属于公益性、民生领域的重要行业，且教育数据相对敏感，所以教育大数据的运营主体应该是教育主管机构，具体运营模式可以采取多种灵活方式，如购买第三方服务，或者委托具有一定资质和保障能力的机构代为运营；另一方面，由于教育数据中的一部分数据在指定的范围内是可以公开的，能被特定用户查询访问，所以就存在较大的商业价值。

6.5.1 教育主管机构的教育数据运营模式

非盈利的教育数据。“自由和免费”是公共数据开放的原则，教育数据开放不仅是教育主管机构加快信息公开的有力推手，也是促进教育公共服务发展模式创新和推动教育改革创新的难得机遇。教育主管机构在保证个人隐私和安全的基础上，可以适度、适时免费向社会开放部分教育数据。

教育数据的商业再利用。教育主管机构可以对一些价值度较高的教育数据利用商业模式，对开放数据进行再度开发利用，进而为用户提供增值服务。免费开放的教育元数据有时候对于公众而言参考价值不大，若教育主管机构运用其所掌握的技术优势和跨部门资源共享优势等，则对教育数据进行二次加工，可以为公众提供更有价值的服务。因此，教育主管机构可发展具有特色的定制服务和产品，通过B2B或B2C的模式为用户提供增值服务，并收取相关的合理费用。此外，还可创建“数据再利用应用池”机制，汇集社会各界对教育开放数据的开发应用(付费或免费)，从而调动公众参与教育的积极性，鼓励产业创新[146]。

6.5.2 企业的教育数据运营模式

目前，我国以盈利为目的的教育机构主要集中于在线教育上，即第4章所提及的以市场为主导的“互联网教育”。事实上，国内更多关注的是互联网在线教育行业的运营模式，如B2C、B2B2C等多种模式，我们在第4章对其进行了有关介绍。企业的教育数据运营模式强调的是如何利用教育数据这种新资源去营利、去提升竞争力和抢占市场。

过去几年中，在线教育领域发展的一种趋势是行业巨头和投资人持续加大投入，拓展业务；另一种趋势则是众多创业者将对在线教育进行细分，努力寻找新的“蓝海”。两种发展方向催生出两大教育大数据营运模式，一方面是以淘宝、百度等巨头为代表的平台化运营，对平台上的各种教育机构所提供的教育数据进行整合，提供更加体系化的、全流程的教育服务；另一方面是以粉笔网为代表的精细化运营，对在线课堂、学生管理、题库等教育数据进行深度挖掘，提供更加有针对性、个性化的教育定制服务。

但是，我们也要清醒地看到，企业的教育数据运营模式存在着较大的政策风险和市场风险。以美国inBloom公司的“被倒闭”为例，其失败的很大一部分原因在于其商业模式的失败，它的经营模式简言之就是一条“收集数据—兜售数据”的数据渠道，从不同的学校收集学生数据，经过加工处理使得数据标准化，将数据分享给其他需求者。按照教育大数据产业链，inBloom处在产业链提供数据原材料的上游，应该有着巨大的资源优势，但对数据隐私和数据安全两大“短板”缺乏必要保障措施，使得处于产业链上游的inBloom陷入了劣势。此外，inBloom在业务上，更侧重于数据挖掘，忽略了通过提供用户端软件与用户进行“交互”的过程，它不提供任何用户端软件，包括仪表板管理软件、数据分析软件等，数据分析结果无法有效传递到学生、家长等最终用户手里，对于改善学习质量毫无效果而言。而2012年成立的小型创业公司Clever，运用一个独立的API与第三方应用链接海量学生信息。它本身并不存储数据，只是让数据更容易被教育软件开发商获取。目前已有18000多所学校与Clever签约，而且没有出现公众质疑。教师使用Edmodo、Classdojo等大量云端存储工具来改善与学生和家长的沟通，依据基于云端的数据判断学生的需求，并有针对性地调整课程。

6.5.3 公私合营的教育数据运营模式

特许运营。随着教育数据的快速增长，其体量的巨大化、结构的复杂化、处理速度的快速化等专业技术要求越来越高，一般的政府或学校的信息化支撑部门，已经不能完全、高效地满足教育部门对教育数据的应用和管理需求。这时，政府部门就需要借助企业等市场力量，采用第三方委托方式，与更有技术优势、内容优势的企业进行合作，使教育数据运营管理效益最大化。

数据“捐赠”。企业通过参与教育信息化项目建设、运维、教育培训等也会创造和收集一些数据，并对其进行挖掘分析形成新数据，这些数据将会作为企业的重要资产，而政府公共部门可能接触不到相同规模、质量或频度的此类数据。为进一步建立资源共享、互惠共赢的合作关系，政府公共部门会和企业进行合作，企业向政府“捐赠”数据，政府获取这些数据资产的使用权后得以掌握更加全面的数据量。在教育领域，随着互联网在线教育规模的扩大和领域的细分，企业掌握的教育数据资源会越来越多、价值会越来越高，特别是帮助教育主管部门制定教育决策、改善教育环境等方面，企业可以在保障用户隐私的前提下将教育数据“赠予”教育主管部门。这种“捐赠”方式的公私合营运作模式可以有效弥补单纯以营利为目的的企业和非营利的政府部门间的合作空白。

6.5.4 公众参与的“众筹”运营模式

“众筹”是一种新兴的商业运营模式，即大众筹资或群众筹资，以公众参与为核心的运营模式。随着信息时代公众参与社会治理的积极性不断升级，众筹模式已经开始被应用到公共服务和社会治理领域，公共服务模式也从政府主导的“G2C”模式向公众主导的“C2G”发生转变。在教育领域，众筹运营模式的应用前景十分广阔。例如，美国的一些公立学校教育经费少、师资缺乏、学生素质差，DonersChoose.org 对此搭建了一个类似公益网站的平台，允许公立学校的教师上传改善自己学校条件的项目，用户通过平台自由选择资助对象[150]。

在大数据时代，随着数据“资产观”的广泛认同，以数据为核心的“众筹”将是一种新的渠道和路径。教育作为公共服务的重要组成内容，在教育大数据运营中可以尝试引入以众筹为代表的“众包”服务模式。教育是覆盖全社会不同主体、不同领域、不同行业的公益性活动，需要调动各类主体参与建设的积极性。教育主管部门、学校和其他教育培训机构等只是教育产业链中的一小部分，随着全民教育、终身教育理念的普及，以家长、学生等普遍公众为主的全民才是教育产业链中的真正主体，更是教育大数据的主要来源。如何发挥普遍公众的“长尾”效应，充分发挥公众在教育大数据中的作用，让公众变为教育大数据的“数据源”，形成数据“众筹”服务模式，是未来教育大数据运营的创新点。

07 大数据在智慧教育中的应用模式与案例

> 教育数据应用的发展阶段及其特征
> 大数据服务国家、区域与学校教育发展
> 大数据为核心教育业务提供“智慧”支撑

7.1 教育数据应用的发展阶段及其特征

随着人工智能、数据挖掘、机器学习等技术的发展，教育领域的数据处理与应用逐步走向成熟。教育发展已经步入一个全新的历史时期，创新应用大数据、云计算、物联网、移动互联网等信息技术，形成教育行业数据分析应用体系，研发专用的数据分析决策模型。教育数据应用的发展阶段大体经历了初始起步阶段、重点探索阶段和快速发展阶段，这三个阶段的教育数据应用是不断递进的。

7.1.1 初始起步阶段(1970—1997年)

早在20世纪70年代，就出现了利用计算机等信息化手段改善教学方法，其中影响较大的是源于人工智能运动诞生的智能适应学习系统。该系统主要包括专家模型、学生模型、指导模型和指导环境子系统[151]。它通过将学习者的学习方法、学习习惯和学习过程等数据的收集分析，用以改善学习方法和提高学习效率，当时计算机使用成本较高，成为限制该方法流行的最大瓶颈。

始于20世纪80年代中期的数据仓库由于具有面向主题、集成性、时变性和非易失性特点，成为数据分析和联机分析的重要平台[149]。数据仓库通过提供不同种类的应用系统的历史化数据，为学校进行全局范围的战略决策和长期趋势分析提供有效的支持。目前对其研究主要集中于数据仓库的构建和维护的基本理论、方法上。

20世纪80年代末、90年代初，数据挖掘和知识发现成为一个活跃的研究领域。1989年8月在美国底特律市召开的第11届国际人工智能联合会议的专题讨论会上，首次提出了数据库中的“知识发现”(Knowledge Discovery in Databases，KDD)这个术语。1995年在加拿大召开了第一届知识发现和数据挖掘国际学术会议，此后，每年举办一次KDD国际会议。另外，从1997年开始，KDD拥有了自己的专门杂志*Knowledge Discovery and Data Mining*。1998年第四届知识发现与数据挖掘国际学术会议上不仅进行了学术讨论，而且有30多家软件公司展现了他们的数据挖掘软件产品，不少软件在北美、欧洲等国家得到了应用[152]。

这一阶段，计算机被初步引入教育领域中，计算机的应用程度比较低。教育数据经历了一个从无到有的过程，采集的数据相对较少。教育数据对教学的改善作用虽然引起了学术界和社会的重视，但是由于计算机普及性的不足和数据库技术的滞后性，教育数据在教育层面上仍属于新生事物，处于教育应用中的初级阶段。

7.1.2 重点探索阶段(1997—2008 年)

1998 年，《科学》杂志上刊登了一篇介绍计算机软件 HiQ 的文章《大数据的处理程序》，第一次使用了大数据一词。但是，由于 IT 产业发展能力和信息资源的产业利用在当时都还处于初级阶段，大数据的概念并没有得到应有的重视。2002 年美国通过了《教育科学改革法》，明确了数据在教育决策中的决定性地位，"所有教育政策的制定都必须由实证数据进行支持"。2004 年在高等教育中出现的"智能导师系统"和"人工智能系统"掀起了"教育数据挖掘"研究的热潮，也促使学习分析技术这一关注学习者行为的分析技术的诞生[153]。自 2005 年起，人工智能(AI)、人工智能教育应用(AIED)和智能导师系统(ITS)等国际会议开展了多次"教育数据挖掘"主题研讨会。国际教育数据挖掘工作组于 2008 年开始每年召开"教育数据挖掘国际会议"。2011 年，国际教育数据挖掘协会(IEDMS)成立。教育数据挖掘主要研究数据挖掘技术在教育领域中的应用，从其研究领域的角度来看，教育数据挖掘研究包括"在教学研究中的应用"和"在教务管理中的应用"[154]。

这一阶段，随着信息化进程在教育领域不断推进，出现了独立的教学管理信息系统，如学习管理系统、教务管理系统等，存储了海量的学习者信息、学习过程数据、学习结果数据和教学管理数据等。教育数据挖掘技术得到迅速发展，教育数据挖掘集中于开发一系列的数据挖掘方法，挖掘海量数据中的有用信息。但学习分析技术处于初步发展阶段，数据分析利用仍处于初级水平，数据价值并没有被充分挖掘，处于"数据丰富、信息贫乏"的阶段。

7.1.3 快速发展阶段(2008 年至今)

2008 年 9 月《自然》杂志版"Big Data"专刊，首次提出大数据一词。2010 年，全球数据量跨入了 ZB 时代，各种类型的数据呈指数增长，渐渐超出了传统关系型数据库的处理能力，而大数据技术可以很好地解决传统数据库系统难以应付数据不断激增的问题。2012 年被称为大数据元年，大数据概念引起了空前关注。首先，奥巴马政府公布《大数据研发计划》，致力于提高和改进人们从海量、复杂的数据中获取知识的能力，发展收集、储存、保留、管理、分析和共享海量数据所需要的核心技术。紧接着，为了更好地促进美国国内“大数据”教育应用，为美国高等院校和 K-12 学校在“大数据”教育应用方面提供有效指导，美国教育部在 2012 年 10 月发布了《通过教育数据挖掘和学习分析促进教与学》。

美国新媒体联盟发布的 2010 年度和 2011 年度《地平线报告》均预测学习分析技术将在未来的四到五年内成为主流。2011 年 2 月底，在加拿大的阿尔伯达省班芙市举行了首届“学习分析技术与知识国际会议”。美国联邦政府教育部技术办公室 2012 年 4 月 10 日发布《通过教育数据挖掘和学习分析改进教与学：问题简介》，指出在教育中教育数据挖掘和学习分析两个特定的领域会用到大数据[155]。

这一阶段，信息技术大发展使教育数据大爆炸，大数据意识和观念开始席卷各行各业、政府部门和社会公众。数据作为资产的价值已经被逐渐认识和重视，教育数据挖掘和学习分析技术得到长足发展，被广泛应用到教育教学领域，正在形成一定的规模效应。政府、企业、高校都在积极开展教育大数据的应用探索，民众也开始认识大数据，谈论大数据对于教育发展的影响，所有这些都昭示着教育数据的应用发展进入了“快车道”。

7.2 大数据服务国家、区域与学校教育发展

教育环境的设计、教育实验场景的布置、教育时空的变化、学习场景的变革、教育管理数据的采集和决策，这些过去靠拍脑袋或者理念灵感加经验的东西，在云计算、物联网、大数据的背景下，正在变成一种数据支撑的行为科学[156]。国家、区域与学校在教育决策、资源分配、发展评价等诸多方面的行为将由于大数据的支持变得更加科学、准确和有效，大数据技术通过不同的途径服务国家、区域与学校不同层面教育的科学发展。大数据促进国家、区域与学校发展，如图 7-1 所示。

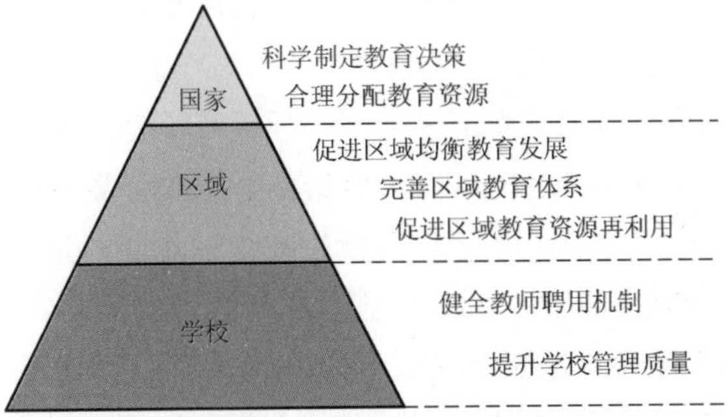

图 7-1　大数据促进国家、区域与学校发展

7.2.1　国家教育发展层面

《国家中长期教育改革和发展规划纲要（2010—2020 年）》提出“2012 年财政性教育经费支出占国内生产总值的 4%”。业内多方人士认为，这一指标重点借鉴了 20 世纪 80 年代一个名为“教育经费占国民生产总值合理比例研究”的国家课题项目的成果，作为课题组成员之一的王善迈教授在介绍该课题研究过程时指出，该指标是基于大量的数据分析得出的，仅采集数据和进行数据加工，就花了近 1 年时间[157]。由此可见，以往国家在制定教育发展目标或决策时，依托原有的方法往往需要耗费较长的时间。而大数据时代的到来将使数据的收集和分析更加方便、快捷、全面、准确，教育政策的制定将更加依靠数据说话。

1. 大数据驱动教育政策科学化

在大数据支持下，国家、政府能够依据全面的教育统计分析数据，在全国范围内更加科学地确定教育经费投入和分配政策；科学评估教育产生的社会经济效益；全面掌握所辖范围内教育均衡发展现状；更加直观地查看各个地区、学校的数字教学资源建设、应用与共享状况。国际组织和很多国家都已经开始关注并利用教育中的大数据来驱动更加科学有效的教育政策的制定，以大幅改善教育现状，提升教育质量。

国际经济与合作组织专门设计了国际学生评估项目（Programme for International Student Assessment，PISA），目的是改变教育改革和教育政策制定过程中所需信息数据的严重不足状况。PISA 不是一场世界性竞赛，也不是一种选拔性的考试，而是一项多维度、实质性的国际教育调查研究，PISA 的第一大特性就是其“政策导向”[158]。PISA 的主要国际负责人 Schleicher 指出，“基于数据的教育决策更具说服力和公信力”[159]。

2012 年美国联邦政府教育部参与了一项耗资 2 亿美元的公共教育中的大数据计划。这一计划旨在通过运用大数据分析来改善教育。联邦教育部从财政预算中支出 2500 万美元，用于理解学生在个性化层面是怎样学习的。部分综述了该计划的数据和案例已经在美国教育部教育技术办公室于 2012 年 4 月 10 日发布的《通过教育数据挖掘和学习分析增进教与学(公共评论草案)》中披露出来[160]。澳大利亚政府推出的“我的大学”(My University)项目，通过大规模实时在线数据，将那些与学生和家长评价相关的本科到研究生的课程和大学排名与政府政策挂钩[129]。

目前，我国正在推行的学生“终身一人一号”电子学籍管理办法，为持续性记录每个学生的学业表现与全面发展情况提供了制度保障。如果能够由此建立全国联网的学生成长档案库，辅以家庭、教师、学校的多样化数据，这将为全国高考招生与录取政策、学生就业政策、资源分配政策、学生择校政策等当前众多教育政策的改善与优化，提供最宝贵的数据支持。

2. 大数据驱动教育资源配置合理化

我国在实现教育跨越式发展的同时，教育公平、数字鸿沟等问题也越来越突出，而解决这些问题的关键是要实现教育资源的合理配置。大数据技术为实现教育资源的科学合理的分配提供了条件。通过将教育、医疗、经济、交通等多个领域的数据进行跨领域关联分析，可以建立科学的教育资源配置模型，彻底改变当前教育资源分配模式存在的主观性强、过度依赖经验等缺陷。实际上，目前一些国际组织已经开始将大数据技术应用到教育资源的分配上。

联合国教科文组织发布的最新一份《全民教育全球监测报告》显示，全世界用于教育的宝贵经费正在被低质量教育所浪费，其损失金额高达每年 1290 亿美元。报告就此呼吁各国政府在投资教育时，要注重教师的数量与质量，确保把最好的教师配备给最需要的学生[161]。大数据可以帮助教育部门负责人和决策者了解资金政策的影响，美国弗吉尼亚州高等教育委员会政策研究和数据仓库的负责人 Massa 说“我们的目标是创造一种环境——所有讨论都是基于事实，而不是直觉或者猜想[162]。”

DonorsChoose.org 组织会根据教师的需求建立特定的项目筹集资金，该组织在两个层次上利用了大数据。首先，该公司通过使用电子邮件和社交网络向超过 100 万注册捐助者发送学校的请求(大约 80%的请求会得到捐助)。该公司可以跟踪和分析捐助者的捐助形式(购买教科书、实地考察、贡献技术、资金支持)。2000 年以来，DonorsChoose. org 已经为美国一半以上的学校筹集了超过 1400 万美元，报告显示在 2013 年这个数据增长了 50%。2014 年 2 月，DonorsChoose 向公众公布了捐赠的历史数据和趋势报告。DonorsChoose. org 的数据科学家 Dubovskiy 说:“校长和管理人员可以对这些数据进行挖掘，及时了解学校教师的请求。”其次，他们也可以将本学校的需求和其他学校的比较，按区域、贫困程度、民族比例或者其他标准分类。这些信息能够促使政策改变，Dubovskiy 说:“现在有数百万美元的融资机会，如果捐助者可以让管理人员了解他们需要什么、钱花在什么地方，这会有助于对教育财政作预算，有助于教育资金的合理分配[163]”。

7.2.2 区域教育发展层面

大数据在区域教育发展层面上同样有助于区域教育政策的制定和教育资源的合理分配，有效促进区域教育均衡发展。此外，不同区域有自己不同的教育现状，在大数据背景下，不仅可以缩小区域间的教育差距，而且有助于不同区域根据自身环境条件、经济状况和发展需要形成各具特色的区域教育发展路径。

1. 大数据驱动区域教育均衡发展

在大数据时代背景下，区域教育均衡发展应该以数据为基础，准确把握区域教育发展动态，利用大数据技术，从教育环境均衡、教育资源均衡、教育机会均等和教育质量均衡等四个方面提供科学依据，进而促进区域教育均衡发展[164]。

1)及时调整教育政策，改善区域教育环境

由于传统教育数据在数量和获取途径上是有限的，仅能反映当前某些方面的教育状况，无法对未来的发展趋势和政策制定提供有效支持。而大数据技术能够获取海量、多元化的数据，并通过挖掘、分析等技术手段，对各种数据间关系进行归纳总结，通过构建发展模型，进一步分析区域教育发展中各组成要素的关系，准确挖掘教育均衡发展的影响因素，为教育政策的及时调整提供科学依据。基于数据的教育决策更具说服力和公信力，有助于提高民众对于教育政策的满意度。此外，教育大数据还可用于区域教育环境的合理改善。当前，我国教育信息化建设方面还存在一定的盲目建设和不均衡问题。通过对区域教育信息化基础数据的持续采集和综合分析，依据“应用导向”的基本原则，合理开展区域信息化环境建设与优化，实现教育信息化环境的节约型建设与应用。通过对学校信息化基础设施与资源的建设与应用情况监控，促进区域信息化环境的均衡布局。

2)统筹布局教育机构，科学分配教育资源

实现区域教育均衡发展首先要在教育资源供给与分配上达到均衡，应根据不同地区、不同学校和不同学生个体的发展需求予以个性化的资源保障和支持。传统教育数据反映的是宏观的、整体的教育现状，因此传统的教育机构布局与教育经费的调整难以避免的会出现一些“平均”现象，大数据技术将有效改变这一状况。大数据技术获取的是全样本的数据，记录的是即时性、过程性的行为与现象，误差较小；能够全面采集全国或区域范围内教育机构的分布数据、学生入学退学转学数据、教育经费投入数据等，同时结合区域经济发展、人口流动、居民收入等数据，建立科学的评估模型，统筹管理，调整下一阶段的教育机构布局、教育经费投入及分配等政策，实现教育资源更加科学的分配。

3)全面获取教育相关信息，促进教育机会均等

传统入学率的统计存在统计结果不全面、不准确和延时性等缺陷，借助越来越完善的、越来越细化的信息化系统所产生的海量数据，可以真正反映某个区域教育机会均等的发展水平。随着全国统一学籍信息管理制度的建立，每个学生的受教育状况，包括入学、退学、休学、转学等，可以实现实时采集与监控。通过与户籍、居民收入、健康医疗等数据的关联分析，可以提前发现可能存在入学难的家庭，及早开展帮助和干预，保障儿童受教育的基本权利。全区适龄儿童入学信息的采集和深度挖掘，有助于科学预测区域教育在机会均等方面的均衡发展趋势，并制定针对性的教育政策，包括资源调配、环境改善、经费投入等。对于特殊儿童，可以通过信息技术手段，打造尽可能满足其学习需求的无障碍学习环境，提高特殊儿童的教育机会均等化水平。

4)深入挖掘数据价值，不断提升教育质量

区域教育均衡发展要以提高教育质量、促进内涵发展为重点[165]。教育管

理与服务平台不仅汇聚学生的各种数据，还汇聚大量教师和课程相关信息。利用数据技术对教师进行全面考核，确保在岗教师的质量，并合理分配教师资源。跟踪教师成长过程，运用回归分析、关联规则挖掘等方法帮助教师分析教学方法和手段的有效性，帮助教师及时调整教学方案，优化教学方法，提高教学质量。对学校历届学生的课程成绩进行关联分析和时间序列分析，从海量数据中分析出有价值的规则和信息，找出影响课程成绩的原因，为学校课程调整提供依据。利用大数据技术还可以分析课程资源的受关注度及其对学习效果的影响度，为大量优质教学资源的建设提供指导。学习大数据的持续生成与深度分析，将为学生提供更加适合的学习资源和学习方式，实现真正的个性化学习，促进每一位学生的个性化发展。

2. 大数据驱动区域教育体系完善

通过建立连续的制度化的区域教育发展数据采集机制，可以全面跟踪了解所有学生的在校学习情况和毕业后工作情况，进而更加客观地评价区域教育质量，根据评估结果动态调整区域教育体系，如专业调整、课程计划调整、培养方式的调整等，实现教育与社会需求之间更加无缝的对接，帮助每一位学生获得成功。

美国弗吉尼亚州正在建立一个纵向数据系统（longitudinal data system，LDS），它将跟踪学生从幼儿园到高中再到大学，然后通过他们的工作生活对美国弗吉尼亚州人的发展进行跟踪，这项价值约 1750 万美元的项目可能会从“根本上”改变弗吉尼亚州的教育和劳动力发展政策[166]。作为弗吉尼亚州纵向数据系统的一部分，弗吉尼亚州高等教育委员会目前正在挖掘所有公共和非营利大学的学生数据，追踪学生表现情况。最初委员会利用数据分析是为了做预算，或者是为招生、财政援助和学位奖励做报告。弗吉尼亚州高等教育委员会政策研究和数据仓库的负责人 Massa 说“过去十年中，我们已经开始着手完善教育体系，帮助学生取得成功”。例如，2008 年，委员会将获得佩尔助学金（Pell grant）和其他形式的财政援助学生的成功率与所有学习的成功率进行了比较[162]。委员会正在做毕业生工资情况的统计报告，包括了过去 20 年的毕业情况。通过和失业率与工资记录相关联，还可以预测毕业生未来的工资情况[160]。

3. 大数据驱动区域教育资源再利用

苏州工业园区提倡的“智慧教育云”工程打破了传统的行业领域边界和教

育信息化边界，推出了全新的教育信息化概念，实现了教育部门与其他政府部门信息资源的有效整合，对政务数据资源进行了“再利用”，使数据资源实现增值[167]。同时，该工程的实施使得教学、管理、学习、交流等环节和流程集于一体，教育部门、学校、教师、学生、家长和其他教育参与者，可以在同一个平台上，根据权限去完成不同的工作。苏州工业园区域教育基础数据架构示意图如图 7-2 所示。

1)政教互联的创新理念

苏州工业园区教育信息中心借鉴新加坡“智慧教育”的成熟经验，提出了“复用政务数据资源，架构区域性教育基础数据平台”的发展思路，以此为教育行政管理决策提供高效、准确的基础数据，为园区教育软件平台枢纽提供底层支撑，满足教育参与者对教育资源的使用需求，这一创新理念解决了信息沟通壁垒问题，实现了政教双赢。

苏州工业园区政务数据资源既是战略性、全局性的信息资源共享库，又起到政府各部门业务应用系统构建的基础纽带作用。作为园区推行的“三库九枢纽”的信息化建设架构中的重要一环，“智慧教育”必须与整个政务云融通，共享数据。为此园区专门成立了政务数据(园区三库)推进工作组，研究如何将各机关局办的数据壁垒打通。

2)共享扩展的数据架构

根据国家、省、市的数据结构标准和《教育信息化建设指南》指导思想，江苏苏州园区区域教育基础数据库包括学校、教师和学生三个基础表。学校(含教育机构、社区教育中心)库表里包含学校名称、建制、建筑面积、法人、班级、师生规模、财务、地理、联系方式等相关信息；教师库表里包含姓名、年龄、性别、学历、专业、工作经历、荣誉奖惩等相关信息；学生库表里包含姓名、年龄、性别、学习经历、荣誉奖惩、家庭、社区等相关信息。

在建设初期，很多数据在园区政府数据中已经存在，如法人库已经包括联系人、经营、年检、证照等相关信息，人口已经包含了园区籍学生的信息，地理信息库中已经可以检索查询学校的位置、规模、施教区域等信息。有相关数据共享需求时，只需向园区政务数据资源发起请求，经过审核通过后，便可检索并共享到教育数据库内，不需要再收集汇总和整理，节省了大量的采集时间和人力。

与此同时，其他相关委办局也可以向教育基础数据平台请求数据资源共享，如医疗卫生机构会定期收集适龄儿童的疫苗接种情况，社会事业局会在学年度开始时收集各类办学机构的审批、登记注册等信息。公积金中心也会检索在编教师的信息，并进行适时调整。

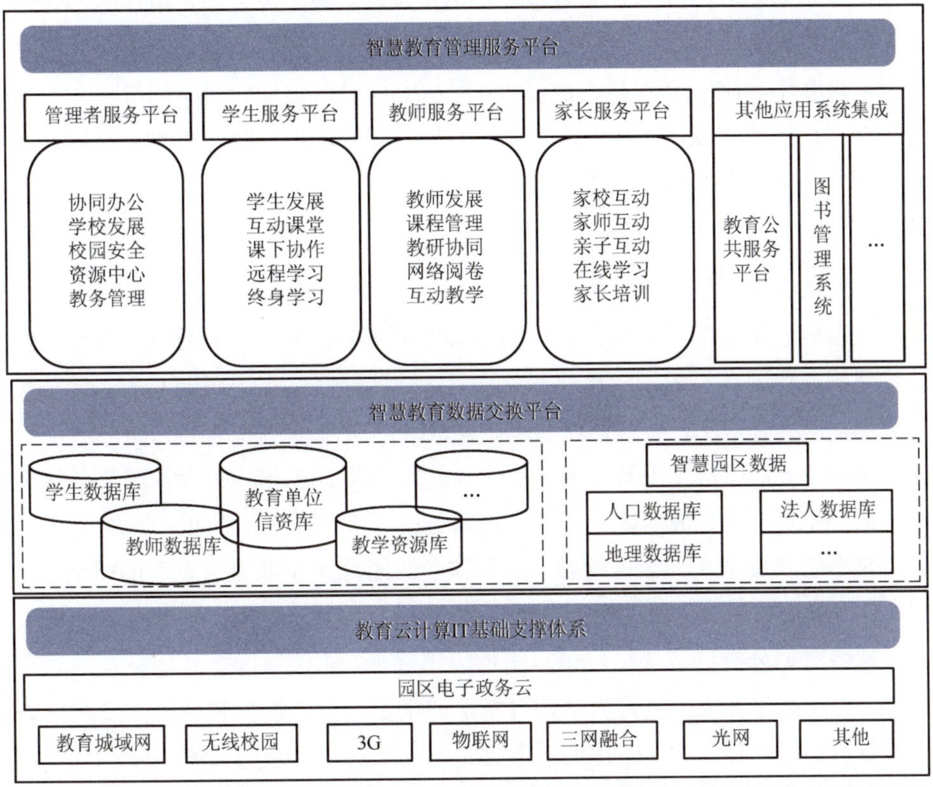

图 7-2　苏州工业园区域教育基础数据架构示意图

7.2.3　学校教育发展层面

随着各种智慧教学与管理平台的不断出现，大数据对学校教育的变革作用将不断凸显。大数据在学校教育层面的应用主要体现在健全教师聘用机制和提升管理服务质量上。当然，大数据也会大大促进教师的智慧教学和学生的智慧学习，这将在下面阐述。

1. 大数据驱动教师聘用机制改革

通过对应聘者的个人信息进行分析和预测，从而将更有可能成功和更适合的教师招聘进来。美国丘拉维斯塔、普里圣多、温斯顿赛勒姆和其他城市的学校都在使用大数据工具，用于帮助学校聘请教师。该学区计划开展预测分析软件项目，公司与学校的合作使教师招聘过程得到优化，在聘请教师时，分析教师的信息来预测教师能否在教育事业上取得成功，哪一位教师是最优秀的。例如，系统考虑到教师的学位和专长，以及信仰、人生观、态度、经验开放性等因素。这并不会决定老师是否被聘用，但从中得出的数据会对聘用过程有一定的影响。在招聘过程中，基于预测分析的得分不应该作为唯一标准，只是为面试提供一个更加客观的决策依据，在美国有好几个学校已经建立了研究试点[162]。

2. 大数据驱动学校管理质量提升

管理信息化是学校信息化建设的重要组成部分。实际上，当前大多数学校的管理信息化走在了教学信息化的前面，各种管理信息化应用如 OA 系统、教务系统、一卡通系统、资产管理系统、设备维修系统、绩效考核系统、招生管理系统、科研管理系统等基本涵盖了学校管理的所有业务。教育管理数据的深度挖掘，有助于针对性地提升学校管理服务的水平和质量。目前，国内已有一些高校率先开展基于大数据的教育管理服务。浙江大学通过对资产的归纳、整理，最终形成权威、全面的资产数据，并基于资产数据提供数据查询和分析服务。这些数据分析的成果已经被真正地应用起来，能够帮助教务处更好地利用教室、实验室等资源。复旦大学则对特定的学生进行数据分析，并且得到一些非常有价值的数据。例如，他们对来自不同区域的学生进行分析，分析结果认为，学生成绩受不同地区基础教育发展状况的影响较大。从平均绩点看，来自东部地区、中部地区、西部地区学生的成绩呈递减趋势。在中部和西部地区，城镇学生成绩优于农村学生，东部地区则相反。分析认为，出现这种情况或与学生所受基础教育相关：在中、西部地区，城镇的基础教育资源和水平明显高于农村；而在东部地区，农村和城镇教育资源和水平相对均衡，不少农村学生在基础教育阶段可能学得更深。

教师、学生、家长和教育管理者是智慧教育系统的核心用户。智慧教育要为各类用户提供最需要、最适合、最准确、最便捷的教育服务，满足他们接受美好教育的期盼。总地来说，智慧教育要为学生提供智慧学习的服务，为教师提供智慧教学的服务，为家长提供智慧沟通的服务，为教育管理者提供智慧管理的服务。大数据技术在实现上述智慧服务的过程中起着至关重要的作用，能够为学生、教师、家长、教育管理者提供最适合的服务。

7.3 大数据为核心教育业务提供“智慧”支撑

近年来，信息社会的快速发展引发了数据规模的爆炸式增长，借助对大数据的分析研究，能够发现医学、物理、经济和社会等领域的新现象，揭示自然与社会中的新规律，并预测未来发展趋势[163]。大数据在教学、学习、管理、评价、科研、服务等教育主流业务方面也逐渐体现出其优势，不仅优化了传统的教育业务流程，而且为教育业务的科学创新提供了支撑和保障。大数据为核心教育业务提供“智慧”支撑，如图 7-3 所示。

7.3.1 智慧教学

大数据为教育提供了另外一种可能，标准化的教育将转向由网络完成，而人才培养和个性化将主要由学校承担：越来越小的班级、越来越近的学校、越来越聚焦的教育支持、越来越个性的培养方式，将使教育摆脱工业化时代[168]。

通过大数据进行学习分析能够为每一位学生都创设一个量身定做的学习环境和个性化的课程，还能创建一个早期预警系统以便发现开除和辍学等潜在的风险，为学生的多年学习提供一个富有挑战性而非逐渐厌倦的学习计划。未来的学习将是大数据驱动的新时代。我们应该积极迎接这个新时代，通过大数据来分析学习，进一步改善教学的方式与方法，进一步促进学生学习成绩的提高。

1. 大数据驱动教学模式与方式的改革

大数据支持课程教学模式创新，借助海量开放教育资源、大平台，学生不再局限于在课堂上进行学习，云平台的各种资源为学生提供了一个无墙的课堂。各种新型的课程教学方式，将突破学校教学时空的局限，推动学校的教学模式由封闭走向开放。在课程教学组织方式上，从结构化良好的封闭式课堂教学逐步发展到半开放的混合式课程、完全开放的社会化课程教学，教学时空、师生关系进一步多元化。例如，翻转课堂拓宽了课堂的教学时空，构建了一个“半开放式”的教学系统；MOOC 课程则是完全依赖于网络的社会化学习，是基于自组织的深度协作式、开放式教学。在课程评价方式上，借助于基于大数据的学习分析技术，对学生的知识建构与复杂能力评估，将为学生学习提供更加个性化、有效的支持，实现“智慧化”学习。

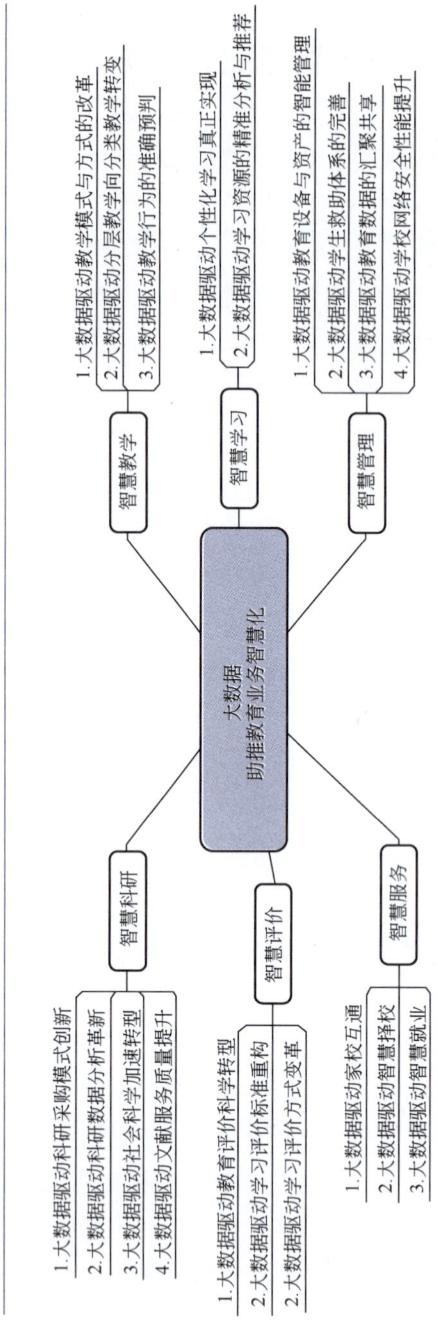

图7-3 大数据为核心教育业务提供“智慧”支撑

美国教育部门对大数据的运用主要是创造了“学习分析系统”——一个数据挖掘、模化和案例运用的联合框架。这些“学习分析系统”旨在向教育工作者提供了解学生到底“怎样”学习得更多、更好、更精确的信息。举例来说，一个学生成绩不好是由于他因为周围环境而分心了吗？期末考试不及格是否意味着该学生并没有完全掌握这一学期的学习内容，还是因为他请了很多病假的缘故？利用大数据的学习分析能够向教育工作者提供有用的信息，从而帮助其回答这些不太好回答的现实问题[160]。

专栏 7-1 美国《通过教育数据挖掘和学习分析增进教与学(公共评论草案)》报告

美国《通过教育数据挖掘和学习分析增进教与学(公共评论草案)》报告(以下简称“报告”)通过对公开发表或未公开发表的教育数据挖掘和学习分析相关文献的综述、对教育软件和学习管理系统开发公司中 15 位数据挖掘和分析方面专家的采访及其 8 位数据挖掘和学习分析领域学术专家讨论的总结分析[169]，对个性化学习解读、教育数据挖掘和学习分析解读、自适应学习系统中大数据应用介绍、美国教育数据挖掘和学习分析应用案例介绍和美国的大数据教育应用挑战与实施建议等内容进行了介绍。

教育数据挖掘的四个研究目标：①通过整合学习者知识、动机、元认知和态度等详细信息进行学习者模型的构建，预测学习者未来的学习发展趋势；②探索和改进包含最佳教学内容和教学顺序的领域模型；③研究各种学习软件所提供的教学支持的有效性；④通过构建包含学习者模型、领域模型和教育软件教学策略的数据计算模型，促进学习者有效学习的发生[170]。

五类技术方法。为了达到以上四个研究目标，研究者主要采用以下五类技术方法：①预测。建立一个能够从整合多个预测变量推断单一被预测变量的模式，例如，研究者通过在线学习环境中学习者参与在线讨论的情况、测试情况等，预测学习者在该门课程的学习中是否有失败的风险。②聚类。根据数据特性，将一个完整的数据集分成不同的子集，例如，研究者根据学习者在在线学习环境中学习困难、交互模式等将学习者分成不同的群组，进而为不同的群组提供合适的学习资源和组织合适的学习活动。③关系挖掘。探索数据集中各变量之间的相关关系，并将相关关系作为一条规则进行编码，例如，研究者利用关系挖掘，探索在线学习环境中学习者学习活动和学习成绩的相关关系，进而用于改进学习内容呈现方式和序列，以及在线教学方法。④人类判断过程简化。用一种便于人类理解的方式描述数据，以便人们能够快速地判断和区分数据特征，该方法主要以可视化数据分析技术为主，用以改善机器学习模型。⑤模型构建。通过对数据集的聚类、相关关系挖掘等过程，构建供未来分析的有效现象解释模型[171]。

资料来源：徐鹏、王以宁等，《大数据视角分析学习变革——美国〈通过教育数据挖掘和学习分析促进教与学〉报告解读及启示》，《远程教育杂志》2013年第6期。

通过应用大数据技术对海量数据进行分析与预测，将改变传统的千篇一律的教学模式，有利于实现个性化教育，追求高质量、个性化的学习体验成为当今教学模式的主要体现。一方面，大数据能够促进自主学习、混合学习等学习模式的创新应用，能够真正让学习者成为学习的主人，为学习者提供成长记录并进行科学分析，为学习者的学习选择提供科学依据，让学习者更了解自己。在大数据的支持下教学能够更有效地关注个体，记录个体的学习轨迹，分析预测个体的学习行为，真正做到有教无类的教学。另一方面，标准化的学习内容由学生自组织学习，学校和教师更多地关注学生的个性化培养，教师由教学者逐渐转变为助学者。在逐步到来的大数据时代，互联网教育与学校教育将逐渐分离，更多的交往互动、个性化服务和灵活的学制将使学校获得新的生机[172]。

以大数据驱动的智慧教学在实践中的应用日益普及。2007年美国普渡大学启动“信号项目”，通过将数据从学生信息系统、课程管理系统和课程成绩单中提取出来，按照学习表现分类并利用数据分析技术，对那些极有可能不及格或辍学的学生有针对性地提供服务。美国奥兰治县的马鞍峰社区学院通过“高等教育个性化服务助理”或称为SHERPA(Service-Oriented Higher Education Recommendation Personalization Assistant)系统，运用学生数据成功实施了个性化教育。该软件为每个学生建立详细档案，记录了其完整的在校期间的日程信息、跟随导师学习的经历和其他个人信息；接着对这些信息进行分析，提出对时间管理、课程选择的建议，以及分析其他有助于学生在学业上获得成功的要素[173]。

2. 大数据驱动分层教学向分类教学转变

IBM与美国亚拉巴马州的莫白儿县公共学区进行大数据合作。结果显示，大数据对学校的工作具有重要作用。当IBM刚刚开始与这一学区合作时，除了学生成绩不好，该县还面临着辍学率已增加到48%的严峻情况。根据联邦政府的《不让一个孩子掉队法》(No Child Left Behind，NCLB)，学生成绩糟糕的地方，政府将受到惩罚。为了应对这一巨大的挑战，该县此前已经在学生数据的基础上建立了一个辍学指示工具，并将其用于全县层面的决策。最后借助大数据分析成功改善学区内所有学生的整体成绩。

美国“希维塔斯学习”（Civitas Learning）是一家专门聚焦于运用预测性分析、机器学习，从而提高学生成绩的年轻公司。该公司在高等教育领域建立起最大的跨校学习数据库。通过这些海量数据，能够看到学生的分数、出勤率、辍学率和保留率的主要趋势。通过使用 100 多万名学生的相关记录和 700 万个课程记录，这家公司的软件能够让用户探测性地知道导致辍学和学习成绩表现不良的警告性信号。此外，还允许用户发现那些导致无谓消耗的特定课程，并且看出哪些资源和干预是最成功的[160]。

利用学校教学数据库中存放的历届学生各门学科的考试成绩，结合数据挖掘的关联分析与时间序列分析等相关功能，就能从这些海量数据中挖掘出有用的信息，帮助分析这些数据之间的相关性、回归性等性质，得出一些具有价值的规则和信息，最终找到影响学生成绩的原因，在此基础上对课程设置做出合理安排[174]。

利用大数据技术可以实现由分层教学向分类教学的转变。所谓分层教学就是教师根据学生现有的知识、能力水平和潜力倾向，把学生科学地分成几组各自水平相近的群体并区别对待，这些群体在教师恰当的分层策略和相互作用中得到最好的发展和提高，又称为分组教学、能力分组，它是将学生按照智力测验分数和学业成绩分成不同水平的班组，教师根据不同班组的实际水平进行教学。分层教学有利于中高层次学生提高积极性和增强自信心，但对于成绩处于低层次的学生没有产生积极的影响，而且可能适得其反。而分类教学则是教师根据学生自身在知识、技能、能力倾向方面不同的情况，对学生个人进行有针对性的辅导、教育，让学生明确自己的长短板、优劣势，真正意义上做到因材施教。但是平时的考试结果则是一张简简单单的试卷外加一个分数，从成绩单中，不能准确地看出学生出现问题的原因在哪里，也就是“病因”，所以在对学生进行因材施教的前提条件是，对学生的学业情况进行剖析、诊断。

3. 大数据驱动教学行为的准确预判

大数据优于其他信息技术的因素在于它对未来强大的“预判”能力，从商业计划到选举结果，大数据发挥着越来越精准的预判能力。随着教育大数据应用的逐步深入，预测性分析在消除教育不确定性方面做了很多工作，越来越多的公司推出了数据驱动个性化学习和教学的工具。如著名的个性化教育服务公司Desire2Learn利用其分析平台“学生成功系统”（Student Success System，S3）可以提前几个月预测学生的期末考试成绩，甚至能精确到小数点后两位。

对于学生来说，Desire2Learn的核心价值在于可以帮助学生利用Desire2Learn的学习管理平台阅读课程材料、提交家庭作业、做测试题和同学交流等。这不仅为学生提供了方便的学习工具，也为Desire2Learn提供了大量宝贵的学生的学习情况原始数据。利用这些原始数据，Desire2Learn再对学生的学习情况做分析，并以高度图表化的形式把结果反馈给学生和老师。一方面，这些反馈能够帮助学生了解对于具体知识点的掌握，夯实不足；另一方面，反馈能帮老师了解每个学生的学习进度，同时还能据此优化教学方案。而对于Desire2Learn，它则可以利用对学生学习情况的了解，预测学生是否适合一些新的课程，从而辅助学生做出选课决定[175]。

具体而言，通过“S3”分析平台，教师不仅可以查看整个班级表现的报表，并能像传统OLAP联机即时分析工具那样，能对教学报表进行钻取、筛选学生或课程的详细信息，来检视学生的能力、参与度和评估分数。“S3”多样化的模型管理、预测和数据可视化能力，也为系统定制提供了方便。在学习过程中，不同学生都会面临不同的痛点、难点，因此一些人就会中途退出，“S3”对学生可能存在的风险提供了预测模型。事实上，教育机构中不同课程的多样性，单个预测模型并不能提供足够的预测准确性，如学生接受教育的方式、教员的经验、课程内容的难易程度和学生的求学动机等。为了更好地回应课程变化的影响，“S3”分析平台使用了组合式技术，把多个预测模型进行合并，并基于每门课程来进行预测。例如，“S3”针对每一位学生的每一门课程提供该门课程获得成功的影响因素总览图，来帮助教学人员提供恰当的教学介入。如图7-4所示，一名叫Kate的学生，其学习成绩优于班级平均水平，但成绩预测却显示她会低于班级评价成绩的8%，这种矛盾原因何在？仅从学习成绩来看Kate是一位优秀学生，但如果将社交、预习和出勤等其他因素综合考虑进来评价Kate的成绩，结果就有所差别。有关数据显示，Kate的预习指数和出勤与完成指标都在上升，但她的参与和社交学习指数却在下降，这就解释了为什么会出现学习成绩与预测成绩矛盾的结果。“S3”系统通过钻取社交图（sociogram），发现Kate在社交媒体上并不太互动。这就为Kate未来进一步提高其综合学习成绩指明了方向，在她提升学习成绩的同时，还要加强与同学和教师等的社交互动。

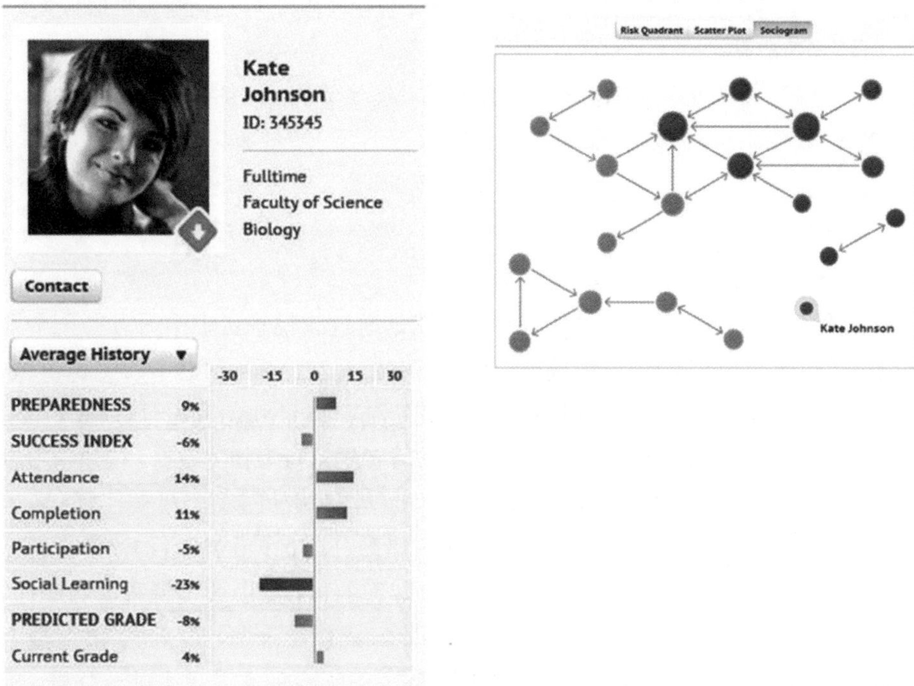

图 7-4 Desire2Learn 公司的“学生成功系统”分析系统（“S3”）截图

专栏 7-2 Desire2Learn：云端教育学习管理平台

为企业、高等教育机构和 K-12 提供线上学习管理系统的创业公司 Desire2Learn 本质上是个云端教育学习管理平台，旨在通过激发终身学习热情改变世界的学习方式。在实践中，通过帮助客户把教科书转变成数字资源，从传统的教室与在线学习组成混合模式，实施学习支持提高学习成果的分析，让整个学习体验更加个性化和吸引力。

Desire2Learn 的平台基本涵盖了网络教育的各个方面，主要包括以下几个方面。

· 基于云的全面学习平台：提供了一个可通过公有云与私有云设施统筹的统一、可扩展的学习平台。

· 以移动为中心的教育体验：全面支持通过移动设备和平板电脑来增加互动性和丰富学习体验。

• 数字内容发现与分配：通过与全球众多顶级的出版商的合作和开放内容，赋予教师全新的数字教学内容。

• 学习分析：提供完整的学习分析引擎，优化内容和学习途径；提供预测模型，增强学习成果。

• 开放API集成：支持开放标准，包括IMS全球学习协会规范，可共享内容对象引用模型(SCORM)和其他学习应用程序。

资料来源：http://www.egouz.com/topics/5027.html.

此外，Onsophic公司的在线学习平台就是通过收集平台中学习者每一个知识点学习(如二次方程)的详细数据，通过数据挖掘和分析，建立学习知识模型，为学习者提供详细的学习反馈和建议。麦克费登(Macfayden)和道森(Dawson)通过跟踪和采集Blackboard在线学习平台上学习者学习行为相关数据，构建学习者行为模型。该模型被用于预测平台中学习者的学习失败可能，经过实证研究，该模型的预测正确率可以达到80%以上。可汗学院(Kaplan Inc)通过构建学习者体验模型，对其线上课程进行评估，进行线上课程的再设计，改变课程学习顺序，大大提高了教师的教学效率和学习者的学习成绩。卡丹(Kardan)和克纳蒂(Conati)利用数据挖掘技术，对学习者与在线学习平台的交互日志进行分析，确定不同学习者的学习类型和交互特点，构建学习者的学习档案。该研究结果主要用于对新学习者进行分类，并提供合适的学习支持和交互支持。马丁(Martin)等采集、处理学习者相关数据，构建学习者的学习曲线，并通过对大量学习者学习曲线数据的分析，对现有领域知识模型进行重构。里特(Ritter)等通过对一个名为Cognitive Tour 的数学教学智能导学系统中数据的挖掘和分析，为该系统提供了长达15年的动态、细粒度的系统评价，优化了系统的组成模块和线上教学策略。

7.3.2 智慧学习

智慧学习是学习者在智慧环境中按需获取学习资源，灵活自如地开展学习活动，快速构建知识网络和人际网络的学习过程。智慧学习以发展学习者的学习智慧，提高学习者的创新能力为最终目标。大数据将使得教师和机器了解每个真实的学生，从而为其提供真正个性化的学习资源与服务。

1. 大数据驱动个性化学习真正实现

智慧型学习平台能够持续采集学习者的学习行为数据，并进行智能分析，依据学习者模型推送适合的学习资源，进行个性化的学习评价，提供准确的诊断结果，给出适合学习者的学习建议。网络学习虽然具有天然的“个性化”优势，然而缺少了大数据的支持，机器将无法真正了解每位学习者，也就无法实现个性化资源与服务的推送。如果说互联网促进了教育的民主化，那么大数据将实现教育的个性化[176]。而教育个性化的首要体现便是学习的个性化。

在加拿大，教育科技公司“渴望学习”(Desire2Learn)已经面向高等教育领域的学生，推出了基于他们自己过去的学习成绩数据预测并改善其未来学习成绩的大数据服务项目。这家公司的新产品名为“学生成功系统”(Student Success System)，通过监控学生阅读电子化的课程材料、提交电子版的作业、在线与同学交流、完成考试与测验，能让其计算程序持续、系统地分析每个学生的教育数据。教师得到的不再是过去那种只展示学生分数与作业的结果，而是像阅读材料的时间长短等这样更为详细的重要信息，这样教师就能及时诊断问题所在，提出改进的建议，并预测学生的期末考试成绩[160]。

在 2012 年国际消费电子展的高等教育技术峰会上，世界最大的教育出版公司培生集团(Pearson)与适应性学习领域里的先行者纽顿公司共同发布了主要由培生集团开发的适应性学习产品——“我的实验室/高手掌握”(MyLab/Mastering)(图 7-5)。这款产品在将全球范围内向数百万名学生提供个性化的学习服务，向他们提供真实可信的学习数据，让学校通过这些数据提高学生的学习效果并降低教学成本。首款产品将在美国的数十万名学生中使用，包括数学、英语，以及写作等技能开发课[177]。

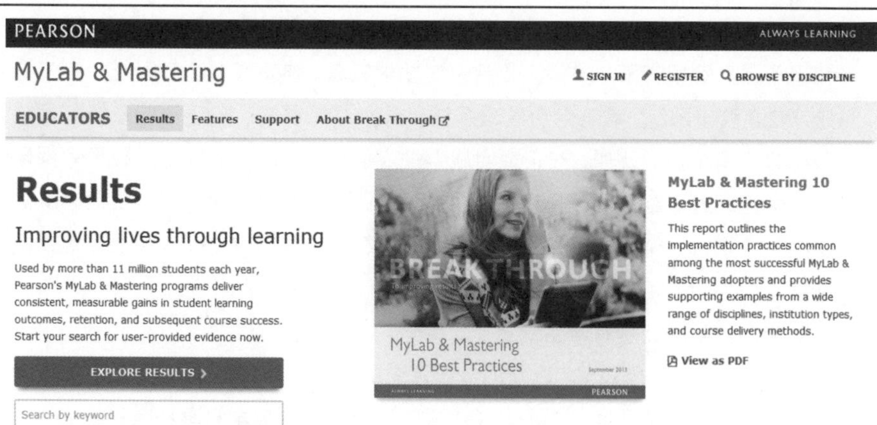

图 7-5　MyLab/Mastering 官方介绍页截图

■ 专栏 7-3 “翻转课堂”：个性化学习的一剂良方

在新课程理念深入人心的今天，在以学生为本、合作学习等理念指导下的各地课堂教学改革，基本形成了三个共识——集体备课汇集教师集体智慧、编写并使用指导学案和组建学习小组进行合作学习。但现行教学模式中，依旧存在学生个性化学习受到制约、课堂上“齐步走”等问题。山东省昌乐一中依托教育平台，会诊现行课堂难以解决的问题，广泛研究课改前沿信息，2013 年 4 月起推进“翻转课堂”实验，为个性化学习开出了一剂良方。

1. 传统课堂的翻转

为了进一步减轻学生课外学业负担，尊重学生习惯，保证学习质量，对学生实施个性化教学，2013 年昌乐一中创新教学模式，开始进行“翻转课堂”实验。将传统上课听新课、下课做作业的形式变成课前看视频学基础知识、课上师生互动运用所学知识。课堂上，教师在旁巡视，“一对一”个性化指导，学生展示交流、协作研究、科学实验、完成作业，各抒己见、热火朝天。“翻转课堂”把现在的教学模式完全翻转过来。一是把教师的教学搬出正课外。教师提前录制教学视频发布到网上，上课前一天让学生观看视频学习。二是把以前学生独自做的作业搬到课堂上，让学生在教师的指导下做作业，有疑难时跟教师和其他同学一起来讨论。昌乐一中“翻转课堂”在实践中形成了自己的模式，课型分为“自学质疑课”和“训练展示课”。在这两种课型中，教师制作发布到网上的教学视频都是学生展开自学和课上讨论的基础。

2. 翻转课堂有赖于信息技术支撑

翻转课堂的顺利实施需要有良好的网络教育平台提供技术支撑。昌乐一中依托中小学网络教育平台，为教育数字化建设提供运行平台、软件工具、内容资源支持和运营服务等整套解决方案。平台系统功能完备，丰富多样，有阳光·第二课堂系统、教学教研系统、教务综合管理系统、阳光微课系统、在线答疑系统和翻转课堂系统等不同类型。例如，在正式实施“翻转课堂”之前，学校就开展了假期网络学习。学校通过网络对假期作业进行讲评，讲评视频根据学生需求，由 50min 的一个视频逐步变为 5 个 10min 的视频，这些视频符合“翻转课堂”教学视频短小精悍的特点。

3. 个性化学习让所有学生受益

在“翻转课堂”模式下，以前的自习课变成了现在的“自学质疑课”。课上教师给学生学习新课时的帮助，主要体现在事先设计制作的自学学案和微课视频上。学生根据学案明确自学目标，根据提示的自学要求和方法自读教材，完成预习题并记录疑难。学生完全可以根据自己的需要和节奏，选择如何对待视频，这体现了对个性化需求和学生主体地位的尊重。翻转课堂模式下的“训练展示课”相当于把原先的课堂练习和课后练习都拿到课堂上完成，通过个人练习、小组讨论、展示点评、反思总结，学生的学习内容在小组和教师帮助下得到巩固。通过事先的微课视频讲解重点难点和有针对性的答疑解惑，教师就有充分的时间关注学困生，对他们进行个别辅导(在线测试数据指明了帮扶目标)，从而使一对一教学真正走进了课堂。

资料来源：http://dzrb.dzwww.com/dzgc/zjxw/201401/t20140108_9486045.htm。

2. 大数据驱动学习资源的精准分析与推荐

大数据技术能够精确记录每位用户使用学习资源的过程细节，什么时候点击的，停留了多长时间，多少道题答对了，资源的回访率，什么时候被推荐，何种方式推荐的等内容。基于这些资源使用记录，可以对学习资源的质量进行精准分析，进而优化学习资源的设计与开发。

MIT的博士生、博士后和edX工程副总裁利用大数据技术对Coursera和edX上690万条视频观看记录数据，包括对视频的时长、措辞、一般的视频类型、使用者在课后作业部分的参与度和复习回顾等维度的分析，共同撰写了《学习视频如何影响学生的参与积极性：对MOOC视频课程的经验性分析研究》(*How Video Production Affects Student Engagement*：*An Empirical Study of MOOC Videos*)论文，从课程制作和授课过程(运营)两个角度分析了如何提升学生的活跃度，并得出了如何让视频更吸引人的结论和建议。

• 视频短片更吸引人。如果视频时长超过6min，则参与度急剧下降。据edX数据的统计，无论视频多长，用户实际观看时长的中位数都不超过6min。而且6～9min长的视频是个拐点，更长的视频实际观看中位数反倒会下降。建议在前期制作中，更多地将视频划分为不超过6min的短片。

• 给幻灯片配上教师的特写能提高参与度。对于大于6min的视频，有教师讲课头像和纯PPT、软件操作等录屏相比，前者收获的关注更多。建议在前期制作中将教师的特写适当地插入视频中，但要适可而止，因为太突兀的画面转换会显得很不自然。

• 个性化的视频要比在录音室内完成的高保真制作更吸引人。建议尝试在一些非正式的场合录制视频，如一间能模拟“一对一”辅导的办公室。

·“可汗式”的边画边讲教学要比幻灯片或者代码截屏具有更高的参与度。建议在讲解中辅以动作或者连续的视线牵引，吸引学生注意力，让其更能跟上教师的思路。

·对于 MOOC 而言，即便是高质量的授课视频也要拆分成短片才更吸引人。建议教师在备课时也应该将适于 MOOC 的授课形式谨记于心，并与拥有在线教育经验的课件设计人员通力合作。

·如果教师在视频中语速适中，讲解热情洋溢，那么学生也会有更高的参与度。建议引导教师调动自己的情绪，并让他们明白，并不需要刻意地降低语速，学生在需要的时候暂停视频。

·学生观看授课类视频与辅导类视频的方式不同。建议对于授课类视频，重点应放在提高首次观看的体验上；而对于辅导类视频，则应方便回放和快速浏览，如在视频中插入大号字体的小标题[172]。

■ 专栏 7-4　MOOC 开放平台的渗透效应

1. 什么是 MOOC？

智慧教育通过弥漫云端的架构、有线与无线网的融合，将教室拓展到校外，将学校与网络社区连接。在“开放”口号的影响下，教育领域诞生了“MOOC”(Massive Open Online Course)大规模在线开放课程模式，使得教学模式和学习模式都发生了深刻的变化。MOOC 模式有助于促进教育均衡发展，促进教育公平，创新教学模式，提升教育质量。MOOC 和开放教育的时间轴示意图，如图 7-6 所示。

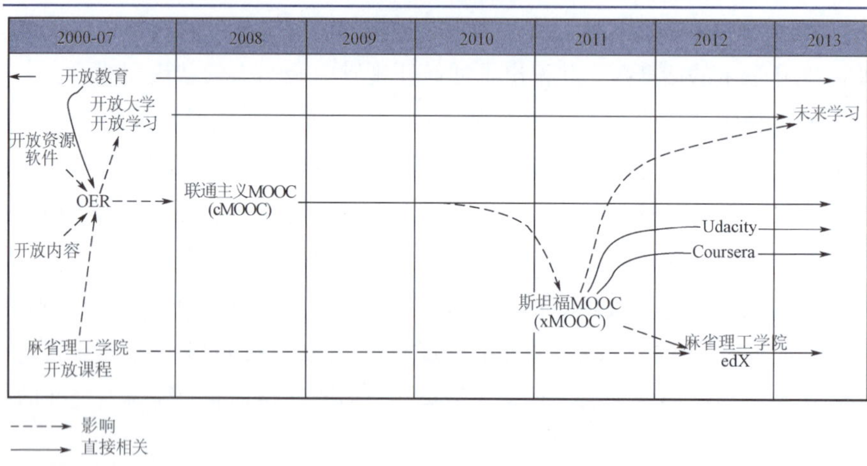

图 7-6　MOOC 和开放教育的时间轴示意图[178]

MOOC 的特征主要表现在以下几点：①完全无条件的开放，让最多的学习者在上面学习使用；②增加了对行为轨迹的评价，对所有学生的学习、考试、做题等环节的每个数据进行实时分析；③添加了对学生学习诱导的成分。MOOC 除了能让各高校、教育机构等实现教育资源的共享，也为各高校、企业发现优质学生资源提供了无与伦比的“精准”探测器。“公开课是把课程资料搬到网上，而 MOOC 则是把整个课堂搬到网上。”仅在 2012 年 2 月—2013 年 3 月的时间里，MOOC 平台就发布了来自 17 个国家 62 所大学的 328 门课程，吸引了超过 220 多个国家的 2900 万注册使用者，其中美国以外的学生来源占比约为 72.3%。截止到 2014 年 1 月份，Coursera 注册人数超过 565 万，在线课程 549 门；edX 注册人数超过 160 万，在线课程 101 门；Udacity 注册人数 130 万，在线课程 33 门。MOOC 平台提供的课程数量、学生来源、课程占比示意图如图 7-7 所示。

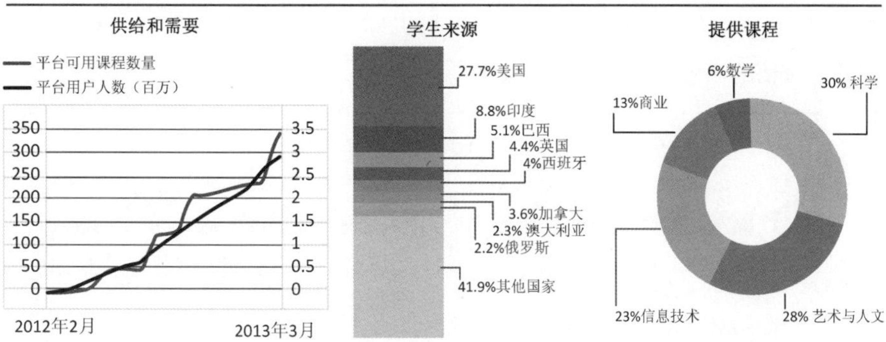

图 7-7　MOOC 平台提供的课程数量、学生来源、课程占比示意图

2. MOOC 的渗透效应

1）“可拓展”的 MOOC 功能

借助 MOOC 开放平台有助于提高学校的教学知名度。在英国最新的《国际教育战略：全球发展与繁荣》中，也重点提到了要加强网络课程平台的建设。当然，学习在线课程的学生不会得到证书或文凭。英国版的“慕课”平台更希望通过提供在线课程来提高学校的知名度，从而吸引更多学生来英国学习。爱丁堡大学曾经通过美国一个在线课程网络推出网上课程，登记的学生达到 30 万人。伦敦大学的国际在线课程也有超过 20 万人登记。

2）“可复制”的 MOOC 教育模式

MOOC 正在全球各地蔓延和渗透。英国版的 MOOC“未来学习”（FutureLearn）在 2013 年也正式启动，该平台由伯明翰大学、谢菲尔德大学、利兹大学、诺丁汉大学、华威大学等 20 多所大学提供免费在线课程，并向学生提供网上授课和考试课程等，学生可以通过计算机和手机在线学习，而大英博物馆、大英图书馆和英国文化协会则将为学生提供更加丰富的教材。

在亚洲，香港科技大学（HKUST）发布了亚洲首个大规模开放在线课程MOOC，课程的目标群体主要是中国大陆及港澳台地区的学生，希望借此能引起学生的一些兴趣。2013年中国高校也开始关注大规模网络在线教育，一些知名学府如北京大学和清华大学正式加入了edX网络在线教学计划，复旦大学和上海交通大学也加入了Coursera大规模在线教育平台。2013年5月17日，清华大学正式加入edX，并成立由计算机系、交叉信息研究院、社科学院和教育研究院联合组建的MOOC教育研究中心，组建"学堂在线"研发团队。同年5月，北京大学宣布加入edX平台[170]。9月23日，北京大学首批网络公开课《民俗学》、《世界文化地理》、《电子线路》和《20世纪西方音乐》终于在edX平台上揭开了神秘的面纱。北京大学在线课程开放进程表示意图，如图7-8所示。

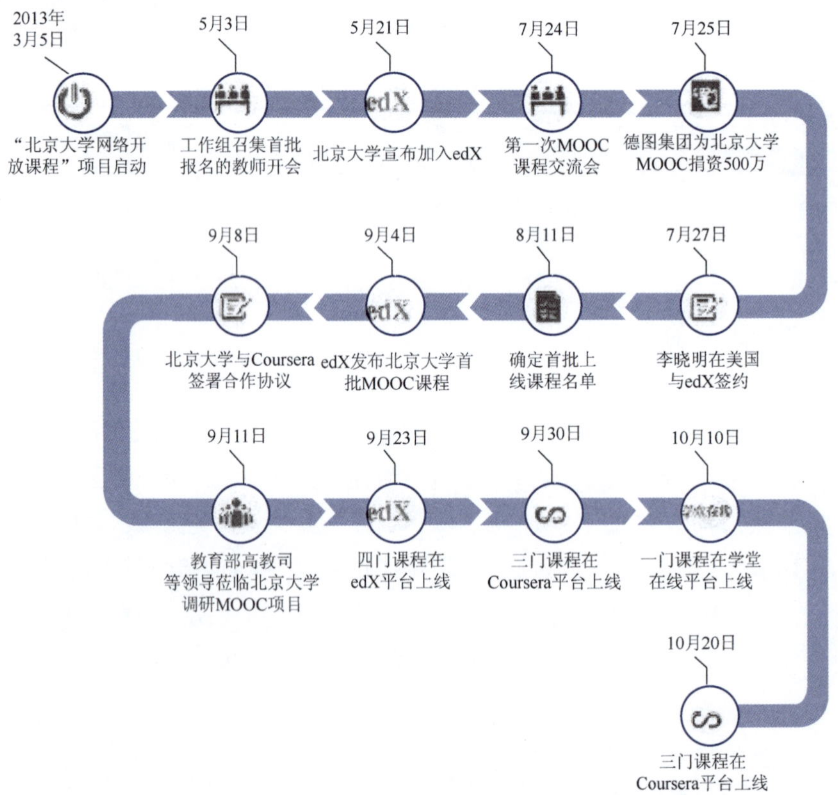

图7-8　北京大学在线课程开放进程表示意图

3)移动的 MOOC

MOOC 在改变了传统教育模式的基础上，未来会利用信息技术不断推动着教育朝着更加智能、创新的方向发展。当开放的教育平台遇上不受时空限制的移动元素，教育将面临着新一轮的改革的冲击。智能手机、平板等移动设备的大量普及催生了教育 App 这种便携式学习工具，没有地点的限制，时间更具可控性。“移动”MOOC 又重新定义了一次在线学习，还是在线，但选择什么载体早已不重要，重要的是可以随身携带。

英国 MOOC 在对比其与美国等其他国家和地区 MOOC 的特点时，指出其在线开放课程要“在计算机和智能手机上都能够使用，并且尽可能优化在手机上的使用”。2013 年底，Coursera 公司宣布投放 App 应用。edX 和 Udacity 也开始紧随其后，Udemy 已经于 2014 年 1 月推出安卓版 App。MOOC 手机 App 应用示意图，如图 7-9 所示。

图 7-9　MOOC 手机 App 应用示意图

基于对教育大数据的挖掘和分析，可以精细分析学习者的学习风格、特点和现状，从而为学习者主动推送最合适的个性化学习资源[179]。2013 年，贵阳市白云区 9000 名学生利用专业数据中心和智慧教育云平台探索智慧教育新模式，开始全新的电子信息化英语学习模式，共享全球优质的英语教学资源，教师与学生通过电子化的教学手段进行互动，同时以交际英语的学习方案相辅相成。作业也是在平板电脑上完成的，教师很快就在另一个终端进行作业批改，这些数据都会保留下来作个性化的分析，记录在系统里，例如，哪个学生定冠词老是出错？谁在音标上还需要加强？哪个班缺少单词量，系统都会精准提示。阶段复习或是查缺补漏，教师就能够很快针对每个学生、每个班级的问题作出不同的安排和辅导，数据分析为教学带来了难以想象的高效率因材施教[180]。

7.3.3 智慧管理

在教学管理活动中，摄像头和各类传感器可以将管理中的基础数据实时记录下来，甚至可以精确到人员的出入登记和员工的行为轨迹。管理工作将从有章可循进步到有数据可循，全面的数据管理使分析和预防重大事故成为可能，在管理上的盲区将越来越少，管理质量将会进一步量化。在大数据的驱使下，教学管理行为将变得越来越全面，甚至贯穿到人的完整职业生涯[181]。

1. 大数据驱动教育设备与资产的智能管理

随着物联网技术在教育领域的广泛应用，越来越多的学校通过设置全方位的传感器，对教育管理过程中的教学活动、人员信息、学校资产和办学条件等数据进行采集、汇总、挖掘与分析，并对采集或分析的数据进行可视化处理。学校信息化管理部门可以根据各级各类教育管理机构的需求，通过建立基于大数据自上而下的教育管理和调度指令发布功能，并对各级各类教育管理机构所需的各方面信息与数据、资产设备、教学活动、企业运维服务管理数据等进行远程可视化智能监控与管理，从而实现对教育设备和资产的科学使用，降低能耗和管理负担，节约开支。例如，浙江大学通过对学校资产的归纳、整理，最终形成权威、全面的资产数据，并提供数据查询和分析服务。这些数据分析的成果已经被真正地应用起来，能够帮助教务处更好地利用教室、实验室等资源。

江南大学建设了“校园级”智能能源监管平台，该平台通过物联网、通信、信息、控制、检测等前沿技术智能化监管能源，将原来能源管理过程中的“模糊”概念变成清晰数据，为管理者提供更好、更科学的决策支持，打造低碳绿色校园。平台内含电能计量、给水管网、空调节能、能源审计、能源公示等十来个系统，能做到在任何时间、任何地点对任何人、任何物的节能情况都实时掌握，在全面感知能源的基础上实现了全程能源管理和全新的节能服务。管理人员轻点鼠标，移动到屏幕上电能计量子目录的行政大楼某房间的部位，这个楼层、房间的当日能耗、当月安装电表总数、离线电表总数等就能清晰地显示。学校安装了 6000 个这样的监控点，一旦有待机或电能不正常情况，就会通过自动短信平台发送给相关负责人，为学校大大减少了用电系统的待机功耗。不仅如此，这一新型节能系统还能发现“隐形”浪费，例如，给水管网监测显示该校一幢学生宿舍的用水曲线异常，本该处于低谷的晚上用水量却达到日间用水量的高峰，由此立即发现了供水管网问题并修复了地下的破损管道。以前地下管道破损都要到抄表时才发现，按每小时 8 吨漏水计算，如果该破损管道不及时发现，一月漏水量将达到近 6000 吨，那么学校为此将多付 1.84 万元。这一系统在江南大学运行 6 年间，与之前的其他同类高校相比，在能源费用支出方面已累计产生了近亿元的节约效益[182]。

2. 大数据驱动学生救助体系的完善

学生救助体系是保证教育公平的有效措施，如何能帮助到真正需要帮助的学生是建立公平、公正救助体系的关键问题。在传统教育体制下，一般沿用学生申请、学校审核的模式，但有时由于申请内容审核的困难等，这种模式容易出现错助、漏助等现象。华东师范大学为了建立加科学的救助体系，2011 年建立了基于大数据的勤工助学管理中心预警系统[183]。预警系统流程包含四个方面学生基本信息数据库，包括学生家庭经济情况、日常餐饮消费情况、参加勤工助学情况、学习情况和获得奖助学金情况等；通过调研得到学生正常餐饮消费标准，针对实际情况制定预警标准；根据预警标准，通过计算机分析处理，对低于正常标准的学生进行预警，生成预警目标下需要关注的学生名单；对被预警学生进行了解与干预，对确实存在困难的学生进行帮助与引导。

以餐饮预警系统子系统为例，它通过实时跟踪学生的餐饮消费数据，对学生的餐饮消费数据进行阶段性的统计分析，如果低于全校学生每顿饭消费均额的 60%，那么这些同学会进入进一步核查的名单，系统自动发出短信询问以确定学生是否有经济困难需要帮助，及时发现有特殊情况的困难学生。经过人工分析和考察，最后进行干预。未来，华东师范大学将进一步借助信息化手段，建立更多信息收集渠道，全面掌握学生的实际生活情况，改变单凭学生申报的家庭经济情况分配资助资源的传统做法，实施个性化资助，实现资源配置最优化，提升救助体系的科学化。

3. 大数据驱动教育数据的汇聚共享

数据采集是管理的基础，管理的目的是通过数据采集来支持相应的服务，从海量的教育数据中发现隐藏的、有用的信息，反映教育系统中实际存在的问题，为决策者做好教育管理工作提供有效依据。大数据时代数据的管理和分析是对数据进行深层次挖掘，分析数据中体现的关联关系，在保护个人隐私安全的前提下，实现数据共享，为管理决策提供参考。

西安交通大学启动了教师综合数据管理与分析服务平台项目，学校召开平台建设项目会议，对平台的建设目标、技术体系、功能要求和网络安全、数据标准、项目实施等相关技术问题进行了研讨。建成后的平台将对学校分散的教师教学、研究生培养、科研和人事数据实现集中采集、管理和分析，对校内各类信息资源和数据进行整合、优化和共享，为教师教学、科研工作的开展提供优质信息服务。该平台在学校现有业务系统建设成果的基础上，将教师有关的人事、教学、研究生培养、科研等数据等进行整合，解决教师数据资源分散、数据统计不一致、重复填写各类信息报表等问题，为学校业务部门的相关工作提供数据支撑服务，并为教师每年的业绩考核统计工作提供服务[184]。

此外，复旦大学在数据化的过程中也正在逐步完善数据应用机制，建立创新的数据管理和利用体系，包括利用云计算和虚拟化技术建立数据基础设施，探索建立数据量化标准规范，推广个人数据服务以完善数据收集机制，创新数据统计与展示服务业务变革。例如，复旦大学在进行的教师科研教学能力属性的挖掘中，对图书馆历史数据中的论文署名进行了梳理，将教师的论文数据化关联到个人；进一步深入结合教师在 e-Learning 网络教学平台的活跃程度、教学评估、论文合作署名等信息，就可以描绘出一个教师的科研能力、科研范围、合作者、教学能力、学生关注度和欢迎程度等，为学校改进教学和科研管理提供依据[177]。

4. 大数据驱动学校网络安全性能提升

一些大学正在使用大数据分析技术，解决网络安全风险问题。例如，康涅狄格大学利用大数据技术对校园网络日志数据进行深度分析和挖掘，衡量八个不同加权值安全指标和反病毒程度、OS 修补程序，从而帮助大学工作人员审计环境并观察到故障点的位置，然后生成报告，并帮助他们升级或安装防病毒解决方案，提高大学的系统安全防护能力。如果把这些实践应用到企业中，则在处理与利用的经验上，技术人员同样可以得到宝贵的数据分析经验[185]。

7.3.4 智慧评价

随着“大数据”时代的到来，教育质量评价研究加快了量化研究进程，精确的信息让教育质量评价数据化、直观化变为可能，其评价借助前沿技术的发展从宏观群体走向微观个体，从而引发教育质量评价的彻底变革。智慧评价涵盖的内容如图 7-10 所示。

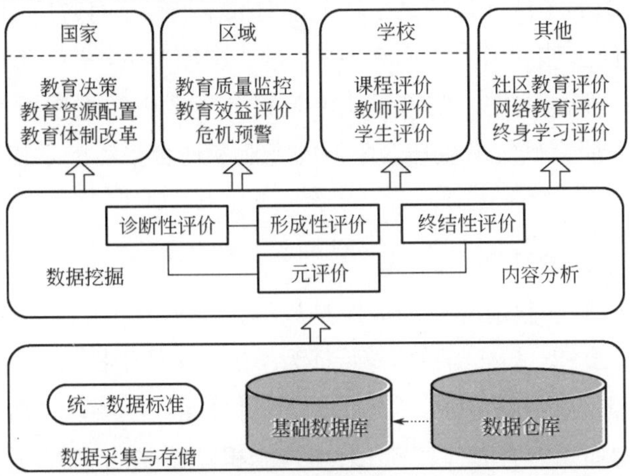

图 7-10　智慧评价

1. 大数据驱动教育评价科学转型

智慧教育需要更具“智慧”的教育评价方式，“靠数据说话”将成为教育评价的重要理念。新一代信息技术的发展为教育评价从“经验主义”走向“数据主义”提供了技术条件。记录学习过程、识别学习情景、联接学习社群、感知物理学习环境是智慧学习环境的核心技术特征。智慧学习环境中通过新一代信息技术可以采集教和学的全过程数据，不仅包括网络教学平台上记录的档案数据，还能采集更多学习的情境数据，如地点、时间、个体特征、所用设备、周围环境等，为开展中小学学业成就评价提供更全面的数据支持。每个学生拥有相伴一生的学习档案袋，持续存储每个学期、每门课程、每节课、每次学习的表现数据。每个教师拥有一个教学档案袋，全面记录每个学期、每门课程的教学表现。基于云计算技术，将档案袋数据永久存储在云端，同时通过科学的评估模型，对教师和学生的发展进行定期评估，提出更具针对性的发展建议。学校不仅要对学生在校期间的学业成就进行评价，还要持续跟踪学生毕业后的发展情况，为学校教学质量评估提供更全面、更准确的科学数据分析结果。

欧美一些国家和组织较早地认识到了考试数据挖掘在教育评价中的作用，并已将它作为新一代评价项目设计的依据。例如，国际教育评价协会、国际经济合作组织分别在其组织的大型国际测试项目中充分利用其组织的测试与调查问卷的数据进行深度挖掘，分析影响各国教育的主要因素；英国在其评价项目中引入了档案袋管理，结合计算机技术建立了形成性评价；美国教育考试服务中心在其组织的考试项目的每个环节都对数据进行了有效应用，使它能从容地应对每年面向全球和国内的200多种、数千次的考试，并对考生进行相对科学合理的评价；美国大学入学考试中心通过分析考生数据中所反映的考生兴趣、能力属性，研究确定考生适合学习的专业和适合报考的学校，并为考生将来就业倾向提供建议等[186]。

2. 大数据驱动学习评价标准重构

评价标准的科学制定与合理应用是教学、学习活动顺利开展的重要保障。大数据的大量、高速、多样与价值等特征为学生学习评价提供了新思路，如何利用大数据的特征，重新制定科学有效的学习评价标准，引导教学活动走向更加智慧性的道路，是智慧教育时代教育工作者应当积极思考的问题。目前，部分地区正尝试利用大数据，制定小范围的指标体系，以满足现阶段学习评价的需要。

美国宾州的EDLINE网站，将学生的每次作业、每次考试记录在网上，完成学生的日常GPA积累，这个网站的技术并不难，然而能够将坚持下来的数据积累，对于学生、家长和教育管理非常重要。GPA对于美国的大学入学非常重要，依靠这个GPA再加上学生的SAT和ACT所提供的分析报告和志愿者活动资料，就决定了学生的大学去向。

在我国，国家教育部已经建立了较为完整的国家基础教育质量数据库和多级数据采集网络。全面客观地记录学生成长轨迹，沉淀和积累多维度的学生成长数据，让反映学生发展状态的数据完整显示出来，将能引导学生培养模式和教育质量管理方式的科学健康发展。上海作为试点区域于2011年开始建立了“上海市中小学生学业质量绿色指标”体系，“绿色指标”在收集学生学业水平数据的基础上，还收集了有关学生家庭背景、学习动机、学业负担和师生关系及其教学方式和校长领导力等信息，并及时向区县和部分学校反馈评价结果，引导教育管理、教学指导、教学行为。为了搜集数据，学校为每一位学生发了电子学生证，学生日常行为数据将被动态抓取和实时记录，并能在系统内自动生成各种数据统计图表，从而让学生隐性的状态和需求显性化，让家长和教师能够更直接地看到学生的点滴进步或潜在的问题。

在大数据的支撑下，学生的整体评价体系被分为身心健康、学业进步、个性技能、成长体验四个部分。在多元化的考核体系下，学校不再仅仅注重学生的学业成绩，而是让学校认识到在促进学生全面发展某些方面的管理“缺位”。例如，上海市闵行区基于数字化的教育评价体系探索，将重点放在学生的全面发展、教师专业发展、学校特色发展等方面。当十几张量化的数据统计表摆在教育管理者面前时，精细化管理、绩效量化将不再是传说。

专栏 7-5　上海市中小学生学业质量绿色指标

上海市委 2011 年 11 月 8 日印发了《上海市中小学生学业质量绿色指标(试行)》，并提出了实施意见，以下为相关内容。

1. 学生学业水平指数

学生学业水平指数包含学生学业成绩的标准达成度、学生高层次思维能力指数和学生学业成绩均衡度。其中学生学业成绩均衡度包括总体均衡、区县间均衡和学校间均衡三个方面。

1)学生学业成绩的标准达成度

·学生学业水平标准。学生学业水平标准是依据课程标准，确定学生在某一学科、某一阶段应该掌握的基本内容与核心能力的标准等级。

·学生学业成绩标准。学业成绩的标准达成度指的是学生在各学科达到合格水平以上的人数比例。标准划定时采用了国际上广泛应用于学业能力测试和水平考试等领域的安哥夫(Angoff)法和书签(bookmark)法的方法。

2)学生高层次思维能力指数

在关注学生标准达成度的同时，也要关注学生的高层次思维能力。高层次思维能力主要包括知识迁移能力，预测、观察和解释能力，推理能力，问题解决能力，批判性思维和创造性思维能力等。

3)学生学业成绩均衡度

学生学业成绩均衡度包括总体均衡度、区县间均衡度和学校间均衡度三个方面。

·学生学业成绩总体均衡度指的是上海所有参测学生学业成绩总体差异的大小。各学科的学业成绩采用多种现代统计测量方法(如罗序(Rasch)模型和多维分步计分模型)进行分析的结果。

·学生学业成绩区县间均衡度是指上海各区县之间学生学业成绩差异的大小，是通过多层线性模型统计分析得到的。

·学生学业成绩学校均衡度指的是各学校之间学生学业成绩差异的大小，是通过多层线性模型统计分析得到的。

2. 学生学习动力指数

学生学习动力指数主要有四个方面，分别为学生学习自信心、学习动机、学习压力和学生对学校的认同度。

1)学习自信心

历年大规模测试数据分析显示，学生学习自信心与学生学业水平呈现明显的正相关。学习自信心主要通过调查学生对个人学习能力的评价、尝试解决困难问题的意愿、对取得优异学习成绩和完成学习目标的预期等问题，采集学生问卷数据，对数据进行统计分析得到的结果。

2)学习动机

历年大规模测试数据分析显示，学生内部学习动机与学生学业水平呈现明显的相关，内部学习动机能够很好地预测学业成绩。内部学习动机的测量包含学生对学习本身的兴趣、对于学习目的和意义的认识等问题；通过采集学生问卷数据，进行数据分析得到的结果。

3)学习压力

历年大规模测试数据分析显示，学生过重的学习压力和学业质量之间呈现着某种负相关。学习压力主要调查学生在学习过程中产生的心理负担和焦虑，通过询问学生做作业量的多少和难易、考试次数的数量和学校公布成绩、考试之前的感受来调查学生所承受的学习压力的情况。学习压力是通过采集学生问卷数据，进行数据分析得到的结果。

4)学生对学校的认同度

历年大规模测试数据分析显示，学生对学校的认同度与学生学业成绩存在正向的预测作用，学生对学校的认同与学生的学业成绩存在正相关。

学生对学校的认同度主要指学生对学校的认可程度，包括学生的同学关系，是否愿意参加学校集体活动，是否喜欢学校和在学校是否会感到孤独等问题。学生对学校的认同度是通过采集学生问卷数据，进行数据分析得到的结果。

3. 学生学业负担指数

1)学业负担综合指数

历年大规模测试数据分析显示，学业负担的增加并不是提高学习成绩的简单办法，学生学习时间的增加与学生学习成绩之间没有明了、简单的关系，更多的学习时间并不一定带来学生更好的学习成绩。通过调查学生的睡眠时间、做作业时间和补课时间来反映当前学生的学业负担。学业负担指数是通过采集学生问卷数据，进行数据分析得到的结果。

2)学业负担分项指数

· 睡眠时间。教育部明确要求切实保证义务教育阶段学生每日有不少于 9 小时的睡眠时间。历年大规模测试数据分析显示，与睡眠时间较多的学生相比，睡眠时间较少的学生更容易产生注意力不集中的现象，降低学习效率，学生的学业成绩并没有随着睡眠时间的减少而提高。

· 作业时间。历年大规模测试数据分析显示，小学生每天做作业时间为 1 小时左右，中学生每天做作业时间为 2 小时左右，学生的学业成就水平明显高于基本不做作业或做作业时间过长的学生。做作业时间包括来自学校教师布置的当天要完成的书面作业和来自家长布置的作业(如家教或者课外辅导班)。

· 补课时间。历年大规模测试数据分析显示，学业成绩与补课时间之间并不是存在着明显的关系，补课时间的增加并不一定意味着学业成绩的提高。补课时间包括学校要求到校补课时间和家长要求的补课时间(如家教或者课外辅导班)。

4. 师生关系指数

历年大规模测试数据分析显示，师生关系与学生学业水平呈明显的正相关，师生关系对学生学业成绩有明显的正向预测作用。

师生关系的调查主要包含教师是否尊重学生，是否公正、平等地对待学生，是否信任学生等。师生关系指数是通过采集学生问卷数据，进行数据分析得到的结果。

5. 教师教学方式指数

历年大规模测试数据分析显示，教师教学方式与学生学业成绩有着明显的正相关，良好的教学方式能够对学生的学业成绩起到积极的影响。教师教学方式分为教师自评和学生评价两个方面。

1)教师对教学方式的自评

教师对教学方式的自评主要有三个指标，分别为因材施教、互动教学和探究与发展能力。它们是通过采集教师问卷数据，进行数据分析得到的结果。

2)学生对教师教学方式的评价

学生对教师教学方式的评价是通过采集学生问卷数据，运用统计方法得到的结果。问卷内容主要包括教师是否进行情境教学、鼓励学生动手实践等问题。

6. 校长课程领导力指数

历年大规模测试数据分析显示，校长的课程领导力对教师教学和学生学习有着重要的影响。

校长课程领导力的调查分析包含三个方面，分别为课程决策与计划、课程组织与实施、课程管理与评价。校长课程领导力指数是通过采集教师问卷数据，进行数据分析得到的结果。

7. 学生社会经济背景对学业成绩的影响指数

父母受教育程度、父母职业、家庭文化资源等综合为学生社会经济背景。学生社会经济背景与学生学业成绩结合起来，分析家庭对学生学业成绩的影响指数，反映学校教育的作为。该指数是通过采集学生问卷数据、运用多层线性模型进行统计分析得到的结果。

8. 品德行为指数

良好的品德是个人成长、终生发展的基础，更是其成为社会有用之才的重要条件。学生的品德塑造是否成功，真正反映了学校教育的成功与否。主要包括学生的理想信念、公民素质和健全人格三方面，通过热爱祖国、自尊自爱、尊重他人、有诚信和责任心、遵守公德和拥有关怀之心、公正之心等具体指标，以采集学生问卷数据方式，进行数据分析得到的结果。

9. 身心健康指数

学生的身心是否健康，关系到民族整体素质能否提高，关系到国家的未来与兴衰。学生的身心健康水平主要通过调查学生生理、心理和情感等指标来反映。身心健康指数是通过《国家学生体质健康标准》测试数据库采集学生问卷数据和学校行政部门的调查，进行数据分析得到的结果。

10. 进步指数

历年大规模测试数据纵向比较显示，许多地区不仅学生的学业质量有所提高，而且在影响学业质量的一些关键因素也取得了明显的进步。进步指数包括学习动力进步指数、师生关系进步指数、学业负担进步指数等。

资料来源：http://www.shanghai.gov.cn/shanghai/node2314/node2319/node12344/u26ai29828.html.

3. 大数据驱动学习评价方式变革

大数据时代，学习评价方式不再以最终的学习结果作为评判的主要依据。学习者的学习过程、学习内容、知识迁移能力、情感获得和包括讨论、互动等一系列活动都将成为成绩评判的依据。评价方式的丰富多样将使得传统意义的“好学生”与“坏学生”不复存在，学习者学习行为的认可反而促进学习者个性化学习。现阶段已有不少地区尝试将基于大数据的学习评价方式应用于教学，典型代表有澳大利亚 Wollongong 大学的“学习网络可视化与评估项目”和美国田纳西州增值评价系统（Tennessee Value Added Assessment System，TVAAS）。

“学习网络可视化与评估项目”基于学习分析的理念，研发了学习网络可视化评估工具 SNAPP，该软件可以从学习管理系统中收集学生的学习行为信息，如在线时间、下载次数等；从论坛中提取学习过程中的交流互动数据，如发表帖子数、讨论内容、互动频次等。该项目面向在线学习的学习者，利用 SNAPP 记录和分析其学习活动情况，使教师在学习的任何阶段都能确定学习者的行为模式，评估学生的学习网络，并分析其对学习的影响。这些分析结果可以用于调整教学，为学习者提供指导，提高其学习能力[187]。

SNAPP 通过对数据的加工处理可以分析出以下的信息：识别出远离网络的学习者，提示教师给予关注；识别出班级中主要的信息传播者，他们是信息交换的节点；区分绩效良好和不佳的学习者，在学习评估前进行干预；预测学习社区在班级中的发展程度；通过网页快照等提供学习前与学习后的情况，对比、观察各种活动对学习产生影响，从而优化学习活动设计；为学习者观察自己的表现提供依据。

TVAAS 是一个通过对学生的成绩进行多年连续追踪分析来评估学区、学校、教师效能的系统。在 TVAAS 中，3～12 年级的每个学生都要参加一系列的测试，如语言、数学、科学等，该系统采用增值评价方法分析每个学生学业的进步，并依此评估各区、各校、各教师对学生学业进步的贡献大小[188]。

TVAAS 将不同年级学生的分数进行了 IRT（项目反应理论）垂直等值分析，因此不同年级的学生在同一学科上的分数可以直接进行比较。同时，TVAAS 认为教师对学生的影响会一直存在，教师不仅会影响他们所教学生现在的学业，而且会影响学生在以后学习中的增值分，因此 TVAAS 评估的教师效能是根据当年教师所教学生的增值分和该批学生后三年增值分计算的平均效能。平均教师效能可以有效控制模型估计的稳健性，以及控制对单个教师效能估计的敏感性，从而提高模型估计的准确性。

TVAAS 可以为教育决策者提供大量的诊断信息，有利于促进形成性评价的开展与实施。例如，TVAAS可以计算每所学校或者学校子群体在各科上的成绩进步率，然后参照以往的进步率，发现那些没有取得足够进步的学生群体，并对其进行干预；TVAAS可以预测每个学生在各科上将来可能获得的成绩，这样可以帮助学校管理者与教师尽早发现那些将来有可能会达不到毕业要求的学生，使他们有足够的时间为这些学生制定不同的课程和教学策略；TVAAS可以帮助教师提前了解那些即将在他们班就读的学生以前的成绩，有助于教师根据学生的学习情况制定更加适合本班学生的教学方案，从而提高教师的教学质量。

专栏7-6 某市推广基于大数据应用的学业评估系统优化教学

某省的教育大市，学生数量百万人以上。该市在教育信息化方面的建设取得了一定成果，但仅仅是一些简单的业务系统应用管理，掌握了一定的数据信息，但缺乏相应的数据分析方法和工具，不能够解析这些数据信息的本质含义，自然也无法为教育教学提供强有力的支撑。如果利用大数据技术，可以将收集的海量数据进行挖掘，解析出数据所含有的意义，那么就能够为教师教学和学生学习提供量化的指标依据，使得教育能够与信息化真正实现融合，促进教育现代化的发展。

学生成绩背后的原因是什么？通过对学生学业发展进行关联分析，可以为教育管理提供参考，实现区域内教育质量的"高位均衡"。依托"大数据技术"开展学业评估分析所取得的成就具有典范作用。

该市建立并推广了基于"大数据技术"的学业评估系统，依据诊断结果，按评估维度，根据学生现状，针对其弱项推送定制化资源，实现个性化学习和成长服务，最终发展形成课程资源网；依据教学指导体系，为教师改进教学提供专家报告，促进教师自我反思和专业成长，同时为家长提供更为精准的学生学业诊断报告和教育指导建议。

该系统通过分析学生的作业、测试、互动问答信息等，生成个性化学习报告，定制化学习内容，给予针对性地学习建议，分别发送给学生、教师、家长、管理者等不同角色，为全面提升学习效果，改进教学质量，优化教学环节设计，提升师资水准等环节提供参考依据。诊断平台向上对接学校课程体系、课堂教学，向下连接教育质量管理、学生综合能力判定，全程记录教与学过程，记录学生学业完整生命周期，为国家实施开放性人才选拔新机制提供关于学业水平、学习过程的监控与测评服务。

地级市管理者登录系统，可以查看本区域学校和学生的学业状况，全盘把握区域的教育状况，合理分布教育资源，为地级市的教育发展进行决策分析。

学校的领导和教师登录系统后，可以通过查询条件，查询学生的成绩、诊断报告与导出 Excel 与 Word 文件等，系统通过多维度对学生做题情况的分析，让教师全面掌握每位学生的情况，帮助教师更好、更快、更全面地调整教学计划。

学生和家长可以根据学生的薄弱部分查看相应的推荐学习视频和相应的推荐课程，与同班同学根据教师发布的主题进行讨论，来强化学生的弱势科目。

1. 取得效果

该市学业评估系统的上线，在一定程度上为区域教育与信息化融合提供了发展方向，同时该市的教育也因此得到了相应的提升。

2. 对学生学习的价值

诊断与错题本：本系统为学生提供了很好的自我诊断与检测环境，同时提供了自主学习与互动环境。系统能自动记录学生的错题，形成错题本，自动存储和绘制学生的学习结果轨迹图。

个性化资源推送：系统能根据学生学习后诊断的结论，推送学习资源和论坛空间，促进学生达成学习结果。

选课与泛在学习：为学生的泛在式学习提供了环境。把系统架构在云端，帮助学生集合碎片时间，利用各类终端选择课程进行泛在学习。

3. 对教师的教学价值

准确把握学生现状：教师能批量地自动获取学生群体的学习统计结果，减少了统计的工作量，得到了精确的教学前测信息。以前测的结果为起点，实施教学，实现课堂教学的高效化，为大面积教学提供有效依据。

历史追踪：教师可以查询学生的历史学习资源，准确把握学生个体的学习变化规律，形成学生个体学习现状和成长过程的诊断结果。

推送学习：教师可以根据大量的统计结果，帮助学生设计个性化的学习活动，批量或个体地做个性化的学习推送服务。通过不断的互动和巩固训练，提高认知层次，达成识记知识、理解知识、掌握知识，并达成更高层次的认知水平教学目标，提高学生的迁移能力。

服务教师自身发展：教师在研究大量特级、骨干教师建成的教学资源过程中，专业化水平也会快速提高。通过学习理解、实践操练、创新迁移等学习环节，教师会快速系统地架构学科知识、教育心理学知识和教育组织与管理知识，提升教育能力，精细化研究资源的组织体例和体现形式，提高业务功底。例如，通过学习分割的教学任务，明确单元和章节教学目标，在建设章节教学资源，选择教学策略的过程中，教师更加清晰地理解能力诊断、教学目标、教学策略等系列教学设计环节，提升教学设计能力。

实施有效沟通：教师与家长沟通不是简单地停留在教学集体和学生个体的一个宏观概念。教师可以为每一位学生发放个性化的诊断报告，更精细化地展示学生的学业水平和细节，包括知识点掌握现状、能力定位、错题本、学习结果变化等多方位、大样本的数据信息。

4. 对家长的应用价值

把握学生学习的细节：通过这套系统，家长不仅知道孩子得了多少分，而且可以看到学生的学习细节，如作业本和考试卷的展示，教师的批改信息和建议，得到孩子个性化的学习诊断报告。

把握学生的优劣势，做有针对性的教育：家长能精确地知道孩子在哪一个知识点和认知层次上有优势或出了问题，需要鼓励还是需要帮助，实施有针对性的教育指导。让家长进入孩子的学习生活世界，拉近家长和孩子距离，促进孩子健康成长，实现家校全过程、全员一体化的教育。

5. 对区域和学校管理者的应用价值

实现整合结果和过程的管理：管理中的放权和监控本身是一对矛盾，如何平衡、如何双赢是个很大的学问。学业评估系统能极大地帮助解决管理难题。管理者通过网上查阅学业诊断结果，可以获悉每个学校、每位教师、每一节课的教学现状。发现优势，放手学校、教师自主发展；发现问题，及时采取管理手段，可以调取学校、教师过程中的数据帮助查找原因，做整改、指导、帮助、评价、督办等管理工作。

实现学校、教师、学生的高效评价：随机抽取学生、教师、学校的过程发展数据，就可以得到状态和过程的变化曲线，针对不同单位、不同教师、不同学校的对比分析，会高效地得到评价结果。在开展相对、增值与标准评价的过程中，减少监控的成本，还校长和教师以主权，有针对性地把握学校和教师发展现状，减少学校、教师、学生评价难度。

建立学生过程性评价标准：通过大量的过程性数据，生成学生成长评价记录，为综合评价建立创新的途径。

7.3.5 智慧科研

《大数据时代》被誉为开大数据系统研究先河之作，作者维克托·迈尔-舍恩伯格(Viktor Mayer-Schönberger)指出，大数据是社会的一种新型能力：以一种前所未有的方式，通过对海量数据进行分析，获得巨大价值的产品和服务，或深刻的洞见未来。随着大数据技术的不断成熟，传统科研的复杂性被大大降低了，也在一定程度上破解了科研经费投入、数据分析和科研管理等难题，为科研工作者提供更为便捷的技术支撑与人性化服务。

1. 大数据驱动科研采购模式创新

随着高校科研经费来源渠道的多元化、复杂化，高校对于科研经费的监管越来越难，容易出现科研经费使用不当的现象，其规范管理是亟待解决的问题。据国家统计局、科学技术部、财政部2013年9月发布的《2012年全国科技经费投入统计公报》提供的数字，2012年，全国共投入研究与试验发展(R&D)经费10298.4亿元，比2011年增加1611.4亿元，增长18.5%。政府属研究机构经费支出1548.9亿元，增长18.5%；高等学校经费支出780.6亿元，增长13.3%。2012年中国科学院全面推进廉洁从业和风险防控体系建设工作，大力加强对科研经费的管理。从科研耗材存在“小批量、多品种、高质量”的特点和供应商的分散，科研人员信息与供应商不对称，难以对质量做出判断，科研管理和廉洁从业风险防控的工作难以落实导致的“采购难、核算难、监管难”等问题中，不难发现，目前的外部科技创新支撑体系与内部科技创新发展需求已经不相匹配，我国科研机构的采购系统滞后于科技创新发展，成为我国科技创新发展的巨大瓶颈。借助数据分析的技术与手段，通过数据挖掘重塑并优化供应链，通过对海量数据的掌握和分析，为用户提供更加专业化和个性化的服务，成为促进科技创新的新需求[189]。

2. 大数据驱动科研数据分析革新

在传统科研阶段，由于缺乏实验设施，研究者总是通过人工搜集、资料查找等方式获得科研数据，并根据对抽样数据的分析，推算一般规律，达到“从薄到厚”。如今，在这个信息急剧膨胀的年代，研究者更关心的是如何从海量的数据中找到更有价值的数据，做到“从厚到薄”，大数据技术的出现恰逢其时。大数据技术能将海量信息进行分析处理，发现其内在的关联性，这大大提高了研究者的研究效率和研究准确度，也更好地推进科研事业的发展。

大数据在科研中的典型案例当属美国寻找“上帝粒子”实验[190]。美国的大数据研究计划中专门列出寻找希格斯粒子(被称为“上帝粒子”)的大型强子对撞机(LHC)实验，实验目标是至少要在1万亿个事例中才可能找出1个希格斯粒子。2012年7月4日，CERN宣布发现新的玻色子，标准差为4.9，被认为可能是希格斯玻色子（承认是希格斯玻色子粒子需要 5 个标准差，即 99.99943%的可能性是对的）。设计这一实验的激动人心之处在于，不论找到还是没有找到希格斯粒子，都是物理学的重大突破。从这一实验可以看出，科学实验的大数据处理是整个实验的一个预定步骤，发现有价值的信息往往在预料之中。

3. 大数据驱动社会科学加速转型

传统的社会科学研究有一个共同的特点，即研究使用的都是随机抽样数据。在研究相互关系的时候，所有的影响因素都来自个人的判断，而脱离了他所处的群体。哥伦比亚大学社会学家艾伦·巴顿认为，“在过去 30 年，经验性的社会研究被抽样调查所主导[191]。”这种随机性使得社会科学备受逻辑性、科学性不足的诟病。但是随着大数据的出现，一方面，越来越多的社会科学变得可以被量化，如大数据时代的教育将变成一门实实在在的实证科学。2013 年，哥伦比亚大学教授 Baker 在 MOOC 在线课程的 Coursera 开放平台上，专门开设了 *Big Data in Education* 课程，重点讲述在教育行业中如何应用大数据。另一方面，大数据分析中我们需要考虑基于社会人之间的互动研究的结构性方法，这种方法被称为社会网络分析，它基于一个直觉性的观念，嵌入行动者的社会关系模式，对于他们的行动结果有着重要的影响。社会网络分析的对象并不是传统的属性数据，而是一种通常用矩阵表示的“关系数据”，注重数据的图形可视化表现，以及依赖于数学模型和计算机的使用。实际上，传播学正在经历着一个从定性研究到定量研究，从简单分析到复杂处理，从属性数据到关系数据的研究范式和方法论思考过程。社会科学研究在大数据背景下可以将原子论和整体论融合与统一，形成新的研究范式，注入更具自然科学研究的色彩。

4. 大数据驱动文献服务质量提升

文献的查找、资源的获取、数据的搜集一直是传统科研的发展瓶颈。如何突破这个瓶颈，提高科研效率、促进科研事业的发展，成为历代科研工作者共同攻克的难题。大数据技术的应用，助推文献知识服务平台建设，为科研事业的飞速发展提供了契机。

近年来，在宁夏自治区科技基础条件平台项目的建设推动下，宁夏科技发展战略和信息研究所构建了基于 SOA 和反向代理网管技术为主的服务于全区科技创新主体的宁夏科技文献资源共享平台，一方面，完成了各类科技文献资源总量已达 20 多亿条的宁夏科技文献数据资源建设，资源存储空间达到 20T，文献资源类型涵盖期刊、学术论文、专利、标准、科技成果、研究报告、行业报告、工具书、年鉴、报纸等，学科分类覆盖基础科学、工程技术、农业、医学、哲学、人文、社会科学等250多个学科类别，超过100年的回溯文档，使面对全区科技创新主体的科技文献资源满足率达到80%以上。另一方面，通过大力推行开放获取和知识服务，借助平台重点围绕自治区科技重大专项、重点产业和高新技术产业园区等用户群开展在线"一站式"服务，目前已经服务达75万人/次，浏览量达95万篇，社会效益凸显[192]。

7.3.6 智慧服务

教育大数据是一笔难以估量的潜在的巨额财富，而数据挖掘技术与学习分析技术的发展将实现这笔财富的无限增值。教育数据的合理、合法、有效、创新应用正在催生越来越多样化的、智慧化的教育服务。

1. 大数据驱动家校互通

上海闵行区教育局依托大数据进行数字化校园建设，全面客观地记录学生成长轨迹，沉淀和积累多维度的学生成长数据，让反映学生发展状态的数据完整显示出来，推进教育质量观的转变，引导学生培养模式和教育质量管理方式的科学发展。学生早晨上学是从哪个校门进入，中午吃了什么，选了哪些兴趣课，有没有去图书馆，喜欢看哪些课外书？这些情况，学生家长从家里的IPTV数字电视中都能看到。如果家长打开计算机，登录学生电子档案的个人门户网站，那么孩子的成长信息更一览无余。闵行区学生电子成长档案的内容包括身心健康、学业进步、成长体验、个性技能4个维度，围绕4个维度，设立了14个一级、38个二级、53个三级数据采集指标。为了搜集数据，学校为每一位学生发了电子学生证，学生日常行为数据将被动态抓取和实时记录，并能在系统内自动生成各种数据统计图表，从而让学生隐性的状态和需求显性化，让家长和教师能够更直接地看到学生的点滴进步或潜在的问题[193]。

2. 大数据驱动智慧择校

为了迎接一年一度的"高考季"，百度教育近日上线了1336所院校信息的高考院校库，首期院校信息已基本覆盖全国211、985等重点高校。据悉，在高考期间，百度教育还将陆续上线高考小助手、专业预测、模拟填报等功能，通过搜索数据分析与资源整合，利用大数据与自然语言算法将搜索数据与个性化需求相匹配，为考生在估分、报考、专业选择上提供帮助。“浙江大学高考分数线”百度搜索页面截图，如图 7-11 所示。

浙江大学高考分数线_招生信息_百度教育

办学类型：985高校 211高校 教育部直属

院校类型：综合类

高校地址：浙江省杭州市西湖区余杭塘路388号

相关信息：官方网站 校园风光 招生章程 招生计划

选择生源地：浙江 选择科属：理科

年份	最高分	平均分	省控线	录取批次
2010	681	645	551	本科一批
2009	682	674	605	本科一批
2008	666	632	550	本科一批

查看更多浙江大学信息>>

图 7-11 “浙江大学高考分数线”百度搜索页面截图[194]

使用百度搜索诸如“浙江大学”、“北京大学”等知名院校时，搜索结果页面会出现相应大学的搜索卡片，点击卡片页面则跳转到该学校的专题页面，包含高校概况、近几年录取分数线、报考专业、各地招生比例等报考信息。除了基本的报考信息，院校库的最大亮点在于融合大数据，推出高校热搜榜，每月会根据网友搜索为各大高校进行“热度排名”，同时还可以谱写出该学校的相关数据图谱。搜索“浙江大学”，数据图谱会自动生成“生命科学学院”、“宁波理工学院”等搜索热度高的相关词，指导网友在了解学校信息的基础上，进一步对学校相关热点学院、专业和周边相关学校进行深度挖掘。百度教育高考专题页面之“查看更多浙江大学信息”截图，如图 7-12 所示。

此外，百度教育首次亮相高考专题页面，将 263 家高校数据全面展示并且与地图产品对接，大家可以直接在了解院校信息时，同时观看到食堂、宿舍、教学楼的外观，让学生对高校有更直观的视觉感受，而“校花校草”、“知名校友”等信息也呈现在专题页面上，冷冰冰的学校信息变得越发轻松、活泼。

传统教育是内容生产者，大数据时代背景下的智慧教育以用户体验为基础，百度在线教育平台希望通过结合传统的 O2O 模式和在线模式，打造出一个聚合优质教育资源的智能化教育信息库支撑平台，让更多人能够平等便捷地获取教育信息资源，最终实现教育公平。未来，百度将利用自身强大的资源优势，百度教育还陆续打通了旗下百度贴吧、百度知道、百度百科、百度文库等全线产品，在实现用户无障碍跳转学习的同时，汇聚了丰富优质的教育与学习资源，包含专业课程信息、培训机构、在线学习、考试考证等内容，打造资源最全、技术最新的互联网教育第一平台。百度在线教育平台愿景图，如图 7-13 所示。

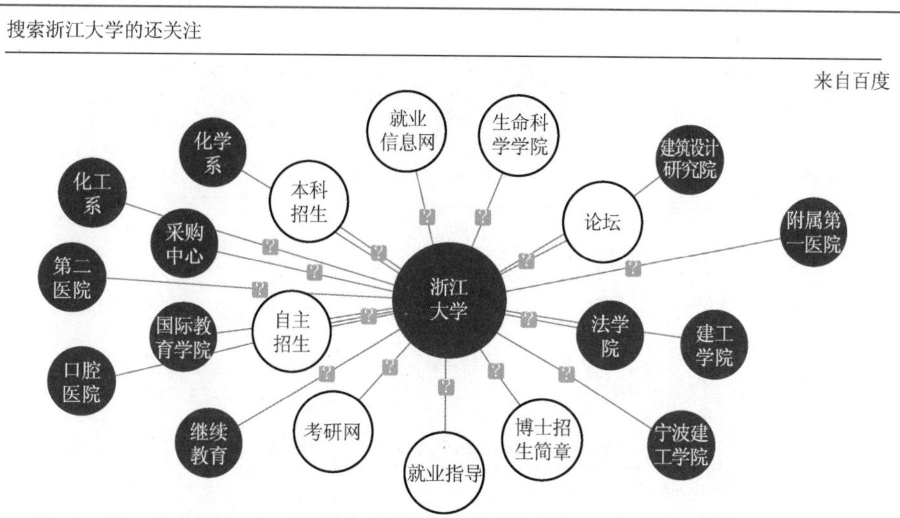

图 7-12　百度教育高考专题页面之“查看更多浙江大学信息”截图[195]

3. 大数据驱动智慧就业

就业作为教育生命周期的最后环节，是对其他教育环节的考核，特别是就业率和就业满意度等关键指标，则是对一个国家和地区教育政策、学校教学质量和教学模式等的终极检验。在就业时，就业人群和人才需求者往往面临着“提供的人才不需要，需要的人才找不到”的尴尬局面，要想解决学生家长的抱怨、学校企业的困惑，大数据无疑是个很有效的工具。

我想要的工作在哪里？在美国，只要点击进入 http://www.where-are-the-jobs.com/app.php 网站，就可以一目了然地看到美国各领域就业人员数和平均工资。这是一个根据美国劳工部开放就业数据开发的一个应用系统，简单却实用。如果你是位牙科医生，你会看到加州牙科医生所需人数提供的就业职位是最多的，但马萨诸塞州牙科医生的工资是最高的，这对于你未来的工作地的选择将是一个很好的指南。“Where are the jobs?”网站截图，如图 7-14、图 7-15所示。

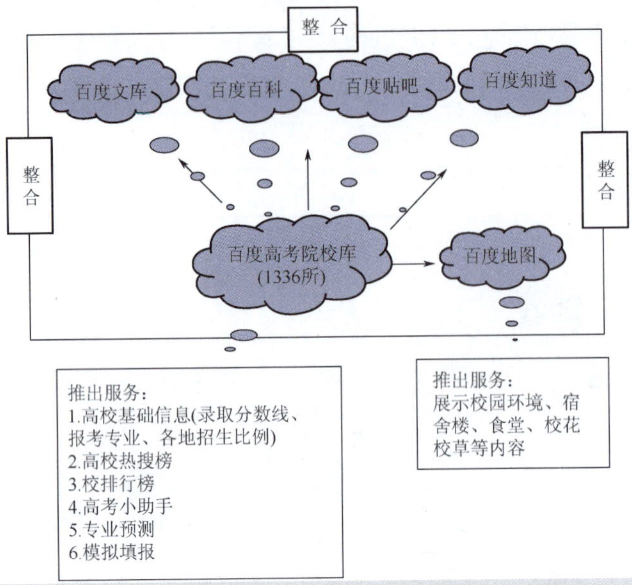

图 7-13　百度在线教育平台愿景图

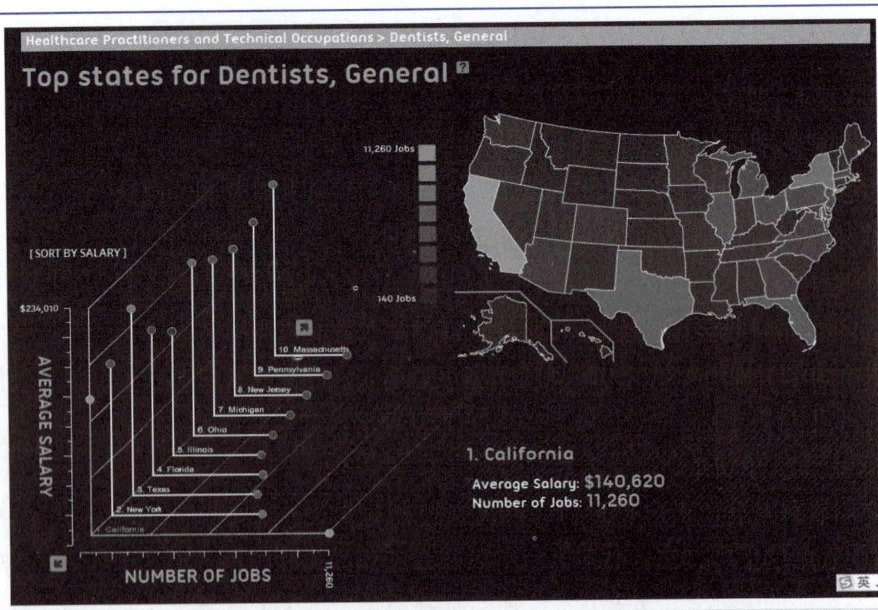

图 7-14　“Where are the jobs?” 网站截图

如果你是即将考大学孩子的父母，那么你可以看到，在医疗卫生行业中麻醉师的平均工资是最高的，那么你有可能会明白让你的孩子选择学习什么专业。如果你是学校管理者，那么你可以从这些图中得到该增加哪些课程，该招聘哪些专业教师信息。如果你是教育决策者，那么你通过对这些图表数字的分析，会知道哪个领域的人才是短缺的，在教育资源的分配上可以加大对人才短缺的专业增加投入；知道哪个领域的公共服务资源的短缺的，可以有效地调派地区间的公共服务资源。

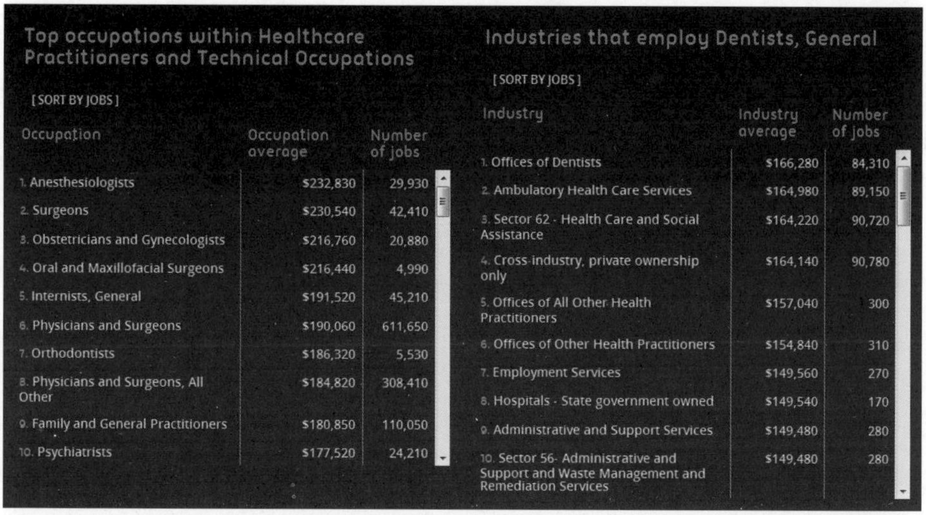

Top occupations within Healthcare Practitioners and Technical Occupations

[SORT BY JOBS]

Occupation	Occupation average	Number of jobs
1. Anesthesiologists	$232,830	29,930
2. Surgeons	$230,540	42,410
3. Obstetricians and Gynecologists	$216,760	20,880
4. Oral and Maxillofacial Surgeons	$216,440	4,990
5. Internists, General	$191,520	45,210
6. Physicians and Surgeons	$190,060	611,650
7. Orthodontists	$186,320	5,530
8. Physicians and Surgeons, All Other	$184,820	308,410
9. Family and General Practitioners	$180,850	110,050
10. Psychiatrists	$177,520	24,210

Industries that employ Dentists, General

[SORT BY JOBS]

Industry	Industry average	Number of jobs
1. Offices of Dentists	$166,280	84,310
2. Ambulatory Health Care Services	$164,980	89,150
3. Sector 62 - Health Care and Social Assistance	$164,220	90,720
4. Cross-industry, private ownership only	$164,140	90,780
5. Offices of All Other Health Practitioners	$157,040	300
6. Offices of Other Health Practitioners	$154,840	310
7. Employment Services	$149,560	270
8. Hospitals - State government owned	$149,540	170
9. Administrative and Support Services	$149,480	280
10. Sector 56- Administrative and Support and Waste Management and Remediation Services	$149,480	280

图 7-15 “Where are the jobs?” 网站截图

这个小应用充分展现了大数据在教育领域中的应用，从大数据涉及的数据开放、数据分析、数据挖掘、数据可视化的生命周期来看，“Where are the jobs?” 应用系统利用美国政府手中掌握的海量教育数据进行了分析、挖掘，并最终以可视化的图表进行了形象的展现，让公众与政府官员都看得懂，从而为其提供自身决策需要的有关依据。而这个过程的关键是海量教育数据以机器可读的方式完全对公众开放的，数据资源被“激活”，社会创新的价值被完全体现。这只是大数据在教育领域应用中的冰山一角，未来，随着大数据技术的不断成熟，教育数据的大规模开放，数据应用和挖掘的不断深入，利用大数据让教育变得智慧不再只停留在表面上，而是将逐渐进入融合和创新阶段。

08 促进智慧教育发展的措施与建议

智慧教育是信息社会我国教育发展的必然趋势，是破解教育发展难题的重要途径。我国智慧教育发展要在《国家中长期教育改革和发展规划纲要(2010—2020年)》指导下，制定策略规划，充分整合教育系统内外现有资源，以教育大数据为支撑，依托智慧城市建设契机，秉乘互联互通、融合共享的发展理念，加强教育大数据治理，为管理者、教师、学生、家长和社会公众提供最需要、最适合、最准确和最便捷的教育服务，构建配套的保障机制，最终实现可持续的科学发展。

8.1 智慧教育发展总体战略

为了更好地推进我国数字教育向智慧教育的跃迁升级和创新发展，需结合我国国情从抢占全球教育发展制高点的战略高度制定具体发展战略。

8.1.1 大变革战略：构建智慧教育生态体系

当前我国已经和世界上许多发达国家一起，同步进入了一个以数字化、网络化和智能化为主要特征的信息时代。但是，我国教育存在系统运转乏力、结构失衡等问题，系统内部及其与社会系统之间存在诸多矛盾，难以满足人民群众对多样优质公平教育的需求。与金融、医疗、交通、电力等系统相比，教育系统信息化建设相对滞后。信息化的“冲击波”尚未引起教学结构的变革，教育的核心业务依旧采用传统模式运作。技术变革教育的时代已经来临，要充分认识到信息技术对教育发展的革命性影响[196]，智慧教育的发展不是对原有教育系统的“小修小补”，而是要进行颠覆性的创新改革。《2006—2020年国家信息化发展战略》、《国家中长期教育改革和发展规划纲要(2010—2020年)》、《教育信息化十年发展规划(2011—2020年)》等重要文件的发布，为创新应用技术重构智慧教育生态体系提供了政策保障。智慧教育要突破现有教育系统的“条条框框”，以“大变革”的气魄和思维重构整个智慧教育生态体系，技术将不仅作为改善教学的工具，而是要进一步改变传统课堂教学结构，实现教育管理业务流程再造。

8.1.2 无障碍战略：实现无障碍教育服务

教育是伟大的事业，教育改革的成果要惠及每个人。我国有近8000万残疾人，其中听力和语言障碍者占34.3%，智力障碍者占19.7%，肢体障碍者占

14.6%，视力障碍者占14.6%，精神残疾障碍者占13%[197]。这些特殊人群比正常人更需要优质教育资源和服务。我国经过10多年的教育信息化建设，产生了大量优质的教育资源。然而，这些资源大都未考虑特殊人群的特殊需要，导致很多盲人、聋人无法正常享用这些资源。智慧教育要让每个社会公民都能无障碍地享受平等、优质的教育资源。我国在推进教育信息化进程中要时刻保持“无障碍”设计的战略思想，为广大特殊人群提供无障碍教育服务。

8.1.3 科教融合战略：应用科技破解教育难题

减负、公平、安全、均衡发展等诸多教育难题的有效解决，是智慧教育“智慧性“的重要体现。我国作为人口大国，面临的教育环境更加复杂，存在的教育问题和矛盾异常突出。物联网、云计算、大数据、语义网、移动通信等新一代信息技术的发展，为解决当前诸多教育难题提供了条件。科技进步与教育发展互为支撑，坚持“科教融合”的基本战略思想，创新应用、整合各种适合的技术解决当前教育发展面临的重大现实问题，是我国教育事业发展的必然选择。科技的创新应用既有助于教育难题的解决，又将促进大批拔尖创新人才的培养，推动我国从人口大国迈向人力资源强国。科教融合将实现智慧教育系统更顺畅、更智慧地运行和发展，为中国教育梦插上展翅高飞的“翅膀”。

8.1.4 协同创新战略：推进智慧教育可持续发展

智慧教育建设是一项复杂的系统工程，需要多方力量的有效协同。我国智慧教育的科学发展需要多方联合，在体制上要大胆创新，积极探索政、产、学、研合作的新形式与新方法，充分发挥各自优势，推动智慧教育的可持续发展。《教育信息化十年发展规划(2011—2020年)》明确提出要“协调制定扶持教育信息化产业发展政策，鼓励企业参与教育信息化建设”，企业力量的深度参与，将大大加速各种智慧教育产品与服务的研发与市场推广。借鉴高校2011计划的协同创新思路和方法，鼓励企业牵头成立智慧教育研发联盟，通过企业、高校、科研院所的“强强联合”，突破智慧教育发展过程中面临的技术、机制、运营等壁垒。

8.2 智慧教育的发展措施与保障建议

在上述发展战略指导下，结合智慧教育的发展目标和我国教育的发展现状，完善智慧教育的发展环境、健全发展机制。

一方面，采取有力措施，实现智慧教育规划落地实施，促进智慧教育发展。需要加强智慧教育的顶层设计和统筹规划，将智慧教育发展提升到更高的战略层面；通过智慧城市建设推动智慧教育发展并与之相融合；通过开展试点建设，以点带面、推动全局；提升研发能力，鼓励智慧教育技术产品走向开源开放；加强教育的普惠化，通过实施无障碍工程，提升智慧教育的服务能力；通过建设教育大数据产业基地，为智慧教育发展提供实体支撑。

另一方面，通过相关政策进行引导和监督，建立开放、协同、共赢的保障机制，不断推进智慧教育的持续发展。由国家有关主管部门牵头组织制定相关标准规范，为智慧教育建设发展提供指导依据等；界定各级教育主管部门、学校、相关企业的职责，通过协同机制，突出教育发展需求、注重智慧教育的应用成效，杜绝浪费和面子工程；注重数据的安全管理，确保智慧教育健康有序发展；从资金、政策上等给予相应支持，抓好人才队伍建设；以加强教育大数据的规划治理为促进智慧教育发展的着力点，完善教育数据评估机制，以“数据说话”为智慧教育的开展和科学教育教学管理政策的制定提供基础依据；优化智慧教育产业环境，促建智慧教育生态体系。

8.2.1 促进智慧教育发展的六大措施

1. 强化智慧教育统筹建设

建立智慧教育协同机制。智慧教育的规划实施落地，需要各级教育主管部门、学校、智慧城市相关部门的共同协作，需要企业、民众和社会机构的广泛参与。随着智慧教育发展的不断推进，相关教育组织机构的体系结构也需要进行相应调整，加强一线部门人员的参与度和能力培养，促进管理层、业务专家组、信息专家组、一线人员共同参与，积极协同。例如，统一教育数据平台，并作为开源项目在各体系进行迭代优化，使专业技术和业务人员都可以参与该平台的研究和建设中，通过一定的激励制度，形成教育大数据分析平台的持续优化，为智慧教育发展提供基础数据支撑。

组建教育大数据治理机构。智慧教育的核心是数据，搞好教育大数据的规划治理是智慧教育发展的核心关键。应统筹多方力量组建教育大数据治理机构，统一组织开展高效的教育数据治理工作，主要职责包括：出台教育大数据治理的相关办法，建立完整的教育大数据治理模式，保护教育数据的数据隐私安全，指导教育数据的获取、归档、保存、互换和重复利用；指导教育数据库、教育服务平台、教育资源平台等产生的数据进行规范化采集与汇聚共享，构建教育数据治理体系；指导教育基础数据采集标准制定，设置相关要求，形成清晰的数据治理机制和流程；制定教育数据质量标准和教育数据管理战略，确立教育数据集的归档和长期保存的机制与方法；促进建立教育大数据开放平台，发挥企业、个体、教育机构等主体的创造性，开发大量特色化的教育应用，让社会力量共同参与教育数据的治理与创新应用；监控教育大数据的应用状况，对非法应用、侵犯用户隐私与国家安全的单位和个人进行处罚，建立教育大数据合法、合理应用的良好环境。

2. 无缝衔接智慧城市建设

智慧教育是智慧城市建设的重要内容，智慧教育的建设不能脱离智慧城市建设大框架，各个功能模块、服务应用、接口设计、平台搭建都要做好衔接工作，从而有效避免大量的重复性建设、资源浪费等现象出现。智慧教育与智慧城市建设的衔接主要包括基础设施、平台假设、信息资源、应用系统、标准体系、政策机制等多方面。未来智慧教育的统一身份认证将与智慧城市中智慧医疗、智慧交通、智慧市民服务等接口绑定，社会各部门共享市民信息数据，最终实现人人拥有唯一的、个性化的、终身化的“智慧账户”。此外，智慧教育系统还要具备较强的“开放性”，可以将外部第三方符合标准的系统无缝接入智慧教育系统。

例如，建设智慧教育公共服务平台，该平台要支持各类教育业务(学习、教学、管理、评价等)的智慧化运行和管理，为各种教育信息化业务系统提供统一门户、统一认证、统一接口、统一数据中心等公共服务。智慧教育公共服务平台的建设，不是将现有教育信息化平台推倒重建，而是遵循“统一规划、有效集成”的原则。一是将现有信息化基础设施通过云计算技术进行有效连通，实现教育大数据资源共享；二是将现有各级教育信息化系统有效集成，通过智慧教育公共服务平台的信息门户统一对外提供访问入口；三是结合教育业务发展需求，研发新型的智慧教育信息化系统，如可视化智慧教育管控系统、远程督导系统等。

3. 开展智慧教育试点示范

依据“试点先行，示范引路”的原则，选择信息化条件较好、对数字教育系统智慧提升有强烈需求的地区和学校，确立智慧教育示范区、示范校，探索有效的、可推广的智慧教育建设与应用模式。对试点区校进一步开展针对性的现状调研和需求分析，明确该区已有基础设施和应用系统部署情况。将该区的相关教育数据和应用系统与智慧教育公共服务平台对接。将现有的数字教育应用系统进行智慧化改造，配套新建智慧教育应用系统满足新业务增长需求。同时对试点区校的广大管理者、教师、学生等开展技术与应用培训，推进智慧教育应用的落地。制定有效的激励措施，鼓励广大教师、学生、管理人员创新应用技术，以彰显和提升智慧价值。

4. 成立智慧教育研究机构

组织教育学、管理学、计算机科学、统计学等多学科的研究人员，成立专门的智慧教育研究机构，集中优势力量破解智慧教育推广过程中存在的热点、难点问题，同时结合教育发展的战略需求，开展前瞻性研究，使其成为智慧教育发展的智库。

智慧教育研究机构的主要职责包括：深入钻研智慧教育各种相关技术，着力研究智慧教育业务的应用模式与方法，更好地服务个体、学校、教育管理机构和教育企业的发展；发挥好国家级智库的创新与引领作用，研发智慧教育的相关技术规范、标准，规范智慧教育产业发展；结合国情构建特色化的智慧教育理论体系，涵盖理论、技术、模式、方法、机制、战略等多个层面，努力使我国在智慧教育与大数据研究方面从“随行者”变为“领跑者”；归纳、提炼典型的智慧教育应用案例与模式，总结智慧教育发展策略，为推广智慧教育发展提供指导依据。

5. 实施教育信息无障碍工程

信息无障碍是指任何人在任何情况下都可以平等、方便、无障碍地获取信息和使用信息[198]。当前，政务领域正在大力推进政府部门和社会公共服务机构网站的无障碍改造，例如，北京市政务门户网站“首都之窗”提供读屏、视觉辅助、在线语音、盲人在线等多种无障碍服务，很好地满足了各类特殊人群便捷获取信息的需要。

教育是一种公益性较强、民生需求迫切的领域，要为社会提供尽可能多的优质服务。实际上，社会上任何人都是教育的服务对象，有受教育的潜在需求，尤其是残疾人群体。智慧教育要面向全体，通过科技的力量增强服务能力，实现传统教育所难以达成的“全员、全面、全程”的服务目标。信息无障碍是智慧教育的重要特征，与电子政务相比，我国教育信息化领域的无障碍服务还处于原始状态，绝大多数的教育信息系统没有提供无障碍浏览功能。因此，急需大力实施教育信息无障碍工程：一方面，要对各种现有信息化平台、教育网站、资源库等进行无障碍改造；另一方面，新建的各种教育信息化系统要严格遵循《信息无障碍网站设计技术要求》等国家无障碍标准。

6. 打造教育大数据产业基地

当前，加快教育大数据产业基地建设，既是大数据在教育领域发挥变革作用的需要，也是智慧教育事业发展的需要。教育大数据产业基地建设包括：多渠道增加教育大数据产业基地的投入；打造适应教育大数据产业发展的配套软硬件环境；加快成立教育大数据研究机构，产生一批引领型企业；打造教育大数据产业的基础配套设施、后台保障，力争打通全产业链条；领先企业进行前沿技术创新，创新成果通过开源得到不断完善并向全社会辐射，集众人之智实现教育大数据产品与服务的持续创新发展；成立教育大数据产业联盟和园区，综合投资机构、高校与科研机构、政府部门的力量，邀请国内外知名专家学者和产业人士定期研讨、指导产业基地发展，努力将基地建设成为国内外知名的教育大数据产业集群地和引领教育数据产业发展的核心地带。教育大数据产业基地，一定要结合当地教育实际情况酌情规划，务必防止出现过度铺建、盲目建设的现象。

8.2.2 健全智慧教育保障机制的六大建议

1. 完善智慧教育的标准规范

“行业要发展，标准须先行”。目前，国际社会还未对智慧教育发展制定相应的技术与服务标准。随着全球智慧城市建设浪潮的兴起和发展，智慧教育必将成为全球化的战略发展领域。我国正在从“教育大国”迈向“教育强国”，智慧时代的到来为我国教育行业的跨越式发展提供了契机。

经过十多年的发展，CELTS系列标准已经成为我国教育信息化领域的主导性标准，形成了涵盖学习资源、学习者、学习环境、教学环境、教育管理、电子课本与电子书包、虚拟实验与学习工具在内的系列标准，为智慧教育标准的制定提供了坚实基础。据悉，国内北京师范大学等单位正在积极研究智慧校园、智慧教室、微课程等技术标准。教育部教育信息化技术标准委员会应当成立智慧教育标准工作组，在现有标准基础上大力推进智慧教育系列标准的制定，以保障我国智慧教育行业的“又好又快”发展。

例如，针对智慧教育的教育大数据，树立教育数据的运营规范。教育数据是一种无形的国家资产，其所有权、使用权属于广大民众。因此，教育大数据应当受到国家保护，同时也应适度向民众开放。面向社会合理开放教育数据，能够鼓励、促使更多的研究机构、企业，以及个人加入教育数据价值挖掘的队伍中，提升教育数据的价值，增加公众对教育的认知，促进教育的改革发展。从国家层面来看，教育数据的安全性不亚于金融数据。教育数据的开放程度、开放范围、开放对象都应进行深入的论证，以确保教育数据的使用是合法的，是有利于教育创新发展的，而非阻碍、破坏、危害到国家安全。为此，政府部门应对教育数据加强监管，参考通信领域颁发运营商牌照的方式制定教育数据运营商准入标准，颁发运营牌照。建议由教育部、发改委、商务部等多个部委联合制定相关规定，对国内教育数据应用行业实施正式的监管，设置教育数据使用的标准和门槛及其相关申请资格与办法，颁布“教育数据运营商”牌照，非官方机构进行教育数据研究与使用，需要按条件满足相关规定并取得相关许可，才能获得教育数据的使用权利。这样，通过标准规范引导教育数据的良性运营，从而推动智慧教育的可持续发展。

2. 加强智慧教育的协同研发

依托国内高校在教育信息化与创新教育方面的研究优势和企业在先进技术研发方面的优势，成立校企合作的智慧教育协同研发基地，为智慧教育的可持续发展提供源源不断的智力资源。高校可以结合自身优势和研究基础，分别在发展战略规划、教育政策、关键技术、运营管理等方面开展针对性的研究，为我国智慧教育的可持续发展提供强大的智力保障。智慧教育建设是一项复杂的系统工程，需要多方力量的有效协同。我国智慧教育的科学发展需要多方联合，在体制上要大胆创新，积极探索政、产、学、研合作的新形式与新方法，充分发挥各自优势，推动智慧教育的可持续发展。《教育信息化十年发展规划（2011—2020年）》明确提出要“协调制定扶持教育信息化产业发展政策，鼓励企业参与教育信息化建设”，企业力量的深度参与，将大大加速各种智慧教育产品与服务的研发与市场推广。借鉴高校2011计划的协同创新思路和方法，鼓励企业牵头成立智慧教育研发联盟，通过企业、高校、科研院所的“强强联合”，突破智慧教育发展过程中面临的技术、机制、运营等壁垒。

智慧教育协同研发基地要成为我国智慧教育的“智囊团”和“发动机”，主要发挥四方面的作用：①结合教育发展需求，研发智慧教育产品，包括软件系统、教育装备等；②对具有商业化运营前景的教育产品进行孵化，选择实验区和实验校进行智慧教育产品的教育应用，为商业推广提供支持；③从国家教育发展战略层面，制定促进智慧教育推进的教育政策；④指导智慧教育示范区和示范校的建设，总结归纳智慧教育建设经验和模式。

3. 严格智慧教育的数据安全管理

教育数据既是一笔宝贵的教育资产，同时也涉及教育者和受教育者的隐私，应用保护不当则会带来严重的安全事故，会严重影响智慧教育的发展，应高度重视教育数据的隐私保护与安全管理，不断努力采取更先进、安全系数更高的措施来保障教育数据安全，保护教育隐私数据不外泄、不被恶意使用。建议加快制定教育大数据安全管理办法，从体制、机制、技术、方法等多个层面制定管理细则，切实保障个体、机构、国家的教育数据安全。办法的制定将为教育数据的管理工作提供明确的实施思路，统一规范教育数据存储、加工与处理的流程，实现教育数据的科学化、精细化管理。

教育大数据安全管理办法的核心内容应包括：建立健全教育数据安全管理架构，包括数据生产部门、数据使用部门、数据管理部门等，并明确各部门的安全管理职责；建立教育数据资源的保密等级，按保密等级规定采取相关处理措施；设计高性能、高可靠、简化管理的教育大数据存储系统，为教育云平台提供充分的访问性能和数据安全保障；建立涵盖教育数据传输、存储、使用等多个环节的多种安全保障措施；采用数据隔离、数据加密、第三方实名认证、数据迁移、安全清除、完整备份、时限恢复、行为审计、外围防护等多种安全防护技术，解决教育大数据的云存储安全问题。

4. 加强智慧教育的人才培养

智慧教育人才建设是保障机制建设的重中之重，培养造就一支既精通教育业务，又擅长新信息技术的智慧教育人才队伍，对于促进智慧教育的快速发展具有重要的支撑作用。智慧教育人才队伍的建设重点是围绕整个技术体系的建设发展，进一步创新智慧教育人才流动政策，建立健全科学的人才评价机制，盘活用好高校高层次人才资源，促进高校教育人才和科研成果向智慧教育领域集聚。广泛开展多种形式的合作交流。

以智慧教育领域研发和产业化项目为载体，依托各类智慧教育人才合作平台，积极引进和培养一批业务水平高、学术造诣深、科研成果领先的大数据领军人才和创新团队。这些人才可以系统地掌握智慧教育相关的技能，包括教育、数学、统计学、云计算、数据分析、商业分析和自然语言分析等，并具有较宽的知识面和知识独立获取能力，具备较强的实践能力和创新意识。一方面可以带动智慧教育建设队伍的水涨船高；另一方面这些人才也可以直接参与标准完善、技术创新和平台优化中，从而带动智慧教育建设的良性循环。

创新管理体制机制，积极推进智慧教育人才的分配制度改革。建立健全竞争择优、能进能出、充满活力的人事管理制度和注重绩效、奖优罚劣、奖勤罚懒的分配激励机制，是保持智慧教育人才队伍生机活力、促进教育事业健康发展的关键。各级人社部门将会同教育部门，加快建立符合智慧教育特点的人事管理制度，推动智慧教育人才队伍建设的快速发展。

5. 引入智慧教育的数据评估机制

教育数据“资产”无疑是智慧教育构建的财富之一，但若不能基于大数据治理建立评估机制，推动从数据采集、数据处理、数据存储、大数据分析到大数据成果应用的一体化发展，则无法从根本上实现智慧教育建设的良性循环。因此，在智慧教育建设的过程中，不仅需要关注整个数据治理的全流程管理，还需要在智慧教育技术体系构建完成之后，通过对数据的理解和分析，构建合理的评估机制，通过数据治理过程监管和大数据分析价值的评估与反馈，促进智慧教育各个环节的改进，这将是一个长时间持续优化和迭代的过程。对教育大数据的评估方面主要包括教育数据的采集情况、数据的全流程管理情况、数据质量情况、治理组织能力、数据应用成效等。

6. 优化智慧教育产业发展环境

健康的智慧教育产业发展将促进我国智慧教育的良性发展，需要从教育事业整体规划的高度，完善智慧教育产业的顶层设计和规划布局。一是强化政府引导，多方参与，推动智慧教育产业发展。“政府引导、企业参与、学校应用、服务驱动”是新时期推进我国教育信息化工作的基本方针，企业力量的积极参与将为我国智慧教育的建设与发展提供强大的技术保障和运营支持。一方面，应通过制定积极的鼓励智慧教育发展的相关政策与办法，调动多方资源，引导大中小企业积极参与智慧教育产业发展中；另一方面，需要广大教育专家、企业顾问、终端用户的积极参与，为全面建设专业化、高水平的智慧教育产业注入源源不断的智力资源，推动产业健康有序发展。二是加大技术研发力度，推动智慧教育产品与服务的持续升级。需要众多 IT 企业结合教育需求，集合多方力量，通过组建教育企业联盟等方式，联合攻关一些关键技术，如学习者的情境建模与感知技术、学习资源的多终端自适应呈现技术等。通过关键技术的研发，推动各类智慧教育产业与服务的持续升级。

参考文献

[1] Info-communications Development Authority. Empowering Learners and Engaging Minds, Through Infocomm: Report by the iN2015 Education and Learning Sub-Committee[EB/OL]. http://www.ida.gov.sg/doc/About%20us/About_Us_Level2/20071005103551/03_Education_and_Learning.pdf[2013-12-12].

[2] Choi J, Lee Y. The status of smart education in Korea[C]. Proceedings of World Conference on Educational Multimedia, Hypermedia and Telecommunications, 2012: 175-178.

[3] 陈至立. 教育部部长陈至立同志在全国中小学信息技术教育工作会议上的报告:抓住机遇，加快发展，在中小学大力普及信息技术教育[EB/OL]. http://edutech.xmu.edu.cn/edufile/chen1025.html [2013-12-12].

[4] 2003—2007 年教育振兴行动计划[EB/OL]. http://www.edu.cn/20040325/3102277.shtml [2013-12-12].

[5] 教育信息化十年发展规划(2011—2020 年)[EB/OL]. http://www.moe.gov.cn/publicfiles/business/htmlfiles/moe/s3342/201203/133322.html[2013 -12 -12].

[6] 中国教育信息化发展报告(2013)

[7] 国家中长期教育改革和发展规划纲要(2010—2020 年)[EB/OL]. http://www.gov.cn/jrzg/2010-07/29/content_1667143.htm[2013-12-12].

[8] 教育部. 教育部关于发布《教育管理信息教育管理基础代码》等七个教育信息化行业标准的通知(教技[2012]3 号). 2012.

[9] 杨现民，余胜泉. 论我国数字教育的转型升级[J]. 教育研究，2014，5：86-93.

[10] 庄庆维. 新加坡“智慧国 2015”进行时[J]. 上海信息化,2013,1:78-83.

[11] 未来学校：发自新加坡 ICT 教育最前线报告[EB/OL]. http://www.appspost.net/op/skill_translate? did=298.

[12] 王冬梅. 新加坡“未来学校”的实践探索及其对我国的启示[J]. 外国教育研究,2012,04:38-45.

[13] OECD. PISA 2009 Results: Executive Summary[DB/OL]. http://www.oecd.org/pisa/pisaproducts/46619703.pdf.

[14] Kim T, Cho J Y, Lee B G. Evolution to Smart Learning in Public Education: a Case Study of Korean Public Education[M]. Berlin: Springer, 2013: 170-178.

[15] Keris. Adapting Education to the Information Age 2011[EB/OL]. http://english.keris.or.kr/whitepaper/WhitePaper_eng_2011_wpap.pdf.

[16]《中小学信息技术教育》编辑部. 韩国:数字教科书推进智能教育[J]. 中小学信息技术教育,2012,5:7.

[17] 朴钟鹤. 教育的革命:韩国智能教育战略探析[J]. 教育科学,2012,4:87-91.

[18] National Education Technology Plan[EB/OL]. http://www.ed.gov/sites/default/files/netp2010.pdf.

[19] Obama B. Taking on Education: Address to the Hispanic Chamber of Commerce [EB/OL]. http://www.whitehouse.gov/blog/09/03/10/Taking-on-Education.

[20] 张宝辉,王颖,张金磊,等. 2010年美国国家教育技术计划带来的机遇和挑战——访美国密歇根大学拜瑞·费舍曼(Barry Fishman)博士[J]. 中国电化教育,2013,6:9-14.

[21] Race to the Top Phase 1 Final Results[EB/OL]. http://www2.ed.gov/programs/racetothetop/phase1-applications/score-summary.pdf.

[22] Strategic Framework for European Cooperation in Education and Training(ET2020)[EB/OL]. http://ec.europa.eu/education/lifelong-learning-policy/policy-framework_en.htm[2013-10-04].

[23] 江洋. 欧盟2010—2020年教育发展战略及启示[J]. 世界教育信息,2013,7:12-16.

[24] Government to Close Becta[EB/OL]. http://www.theguardian.com/technology/2010/may/24/becta-government-closure[2013-10-04].

[25] 吴砥. 欧盟FP7教育信息技术项目分析[J]. 电化教育研究,2013,7:101-107.

[26] TeLearn -DigiCult Research Topics and Projects[EB/OL]. http://cordis.europa.eu/fp7/ict/telearn-digicult/telearn-projects_en.html.

[27] 李凡,陈琳,蒋艳红. 英国信息化策略“下一代学习运动”的发展及启示[J]. 中国电化教育,2011,6:39-47.

[28] BECTA. Harnessing Technology for Next Generation Learning 2008-2014[EB/OL]. http://publications.becta.org.uk/display.cfm? resID=37348[2013-09-15].

[29] 北京市教育信息化工作成果和思路[EB/OL]. http://www.ict.edu.cn/news/n2/n20130521_4424.shtml [2013-05-21].

[30] 姜新杰,徐倩,赖鑫琳,等. 上海基础教育“地平线”报告[J]. 上海教育,2013,13:16-22.

[31] 中安网. 我国部分试点智慧城市建设状况一览[EB/OL]. http://www.qianjia.com/html/2013-04/17_178718.html,2013-10-20.

[32] 中国安防行业网. 2013中国智慧城市建设的发展现状与趋势[EB/OL], http://www.21csp.com.cn/zhanti/ZHCS2013/article/article_10610.html,2013-10-20.

[33] 广州教育. 关于开展中小学智慧校园建设试点工作的通知[EB/OL]，http://www.gzedu.gov.cn/gov/GZ04/201204/t20120417_18885_107.htm，2013-11-12.

[34] 中国宁波网. 宁波市智慧教育信息化建设成果显著[EB/OL]. http://news.cnnb.com.cn/system/2012/09/08/007451011.shtml [2013-10-21].

[35] 中国宁波网. 宁波智慧教育走在全国前列[EB/OL]. http://news.cnnb.com.cn/system/2013/07/06/007774639.shtml [2013-10-21].

[36]中国宁波网. 宁波要建设智慧型城市 还要推进智慧教育[EB/OL]. http://news.cnnb.com.cn/system/2011/11/05/007136823.shtml [2013-10-22].

[37] 中国教育新闻网. 宁波江北区建“智慧教室”先期投入700多万元[EB/OL]. http://www.jyb.cn/basc/xw/201204/t20120420_489160.html [2013-11-12].

[38] 克里希那穆提. 一生的学习[M]. 北京：群言出版社，2004.

[39] 祝智庭，贺斌. 智慧教育：教育信息化的新境界[J]. 电化教育研究，2012，12：5-13.

[40] 金江军. 智慧教育发展对策研究[J]. 中国教育信息化(基础教育)，2012，11:18-19.

[41] 柯清超. 大数据与智慧教育[J]. 中国教育信息化，2013，24：8-10.

[42] 杨现民. 信息时代智慧教育的内涵与特征[J]. 中国电化教育，2014，1:29-34.

[43] 陈晓娟. 国内外“智慧教育”建设成功经验及对南京的启示[J]. 改革与开放，2013，15：14-15.

[44] 尹恩德. 加快建设智慧教育，推动教育现代化发展——宁波市镇海区教育信息化建设与规划[J]. 浙江教育技术，2011，5：56-60.

[45] 何锡涛. 智慧教育[M]. 北京：清华大学出版社，2012.

[46] 特里林·菲德尔. 21世纪技能:为我们所生存的时代而学习[M]. 天津:天津社会科学院出版社，2011.

[47] 杨现民，余胜泉. 生态学视角下的泛在学习环境设计[J]. 教育研究，2013，3：103-110.

[48] 余胜泉. 推进技术与教育的双向融合——《教育信息化十年发展规划(2011—2020年)》解读[J]. 中国电化教育，2012，5：5-14.

[49] 卢蓓蓉,任友群. 中国教育信息化的云中漫步——教育云建设的困境及探析[J]. 远程教育杂志，2012，1：62-67.

[50] 百度百科. 物联网[EB/OL]. http://baike.baidu.com/view/1136308.htm [2013-07-28].

[51] 贺志强，庄君明. 物联网在教育中的应用及发展趋势[J]. 现代远程教育研究，2011，2：77-83.

[52] 陈明选，徐旸. 基于物联网的智慧校园建设与发展研究[J]. 远程教育杂志，2012，4：61-65.

[53] 李卢一，郑燕林. 物联网在教育中的应用[J]. 现代教育技术，2010，20(2)：8-10.

[54] 严霄凤,张德馨. 大数据研究[J]. 计算机技术与发展,2013,04：168-172.

[55] Pistilli M D, Arnold K E. In practice：purdue signals：mining real-time academic data to enhance student success [J]. About Campus, 2010, 15 (3)：22-24.

[56] 陈如明. 泛在/物联/传感网与其他信息通信网络关系分析思考[J]. 移动通信，2010，8：47-51.

[57] 张平,苗杰,胡铮,等. 泛在网络研究综述[J]. 北京邮电大学学报，2010，5：1-6.

[58] 党梅梅，续合元. 泛在网网络架构[N]. 人民邮电报，2010-2-4.

[59] 马满仓. 泛在网络技术及其应用//中国通信学会信息通信网络技术委员会 2011 年年会论文集(下册)[C]. 中国通信学会信息通信网络技术委员会，2011.

[60] 黄幼菲. 泛在图书馆与图书馆泛在化移动信息服务探析[J]. 重庆图情研究，2013，1：48-53.

[61] 陈靖，王聪. 增强现实研究进展与核心技术[J]. 信息技术与标准化，2012，6：35-37.

[62] Johnson L, Levine A, Smith R, et al. The 2010 Horizon Report[M]. Austin, Texas：The New Media Consortium, 2010.

[63] 陈向东，张茜. 基于增强现实的教学演示[J]. 中国电化教育，2012，9：102-123.

[64] 互动百科. 定位技术[EB/OL]. http://www. baike. com/wiki/%E5%AE%9A%E4%BD%8D%E6%8A%80%E6%9C%AF [2013-10-31].

[65] 刘成. LBS 定位技术研究与发展现状[J]. 导航定位学报，2013，3：78-83.

[66] 程彩凤，林德树. 云计算在 LBS 系统中的应用研究[J]. 福建电脑，2009，12：54-55.

[67] 胡加艳，陈秀万，陶迎春，等. 基于室内外定位的校园 LBS 研究[J]. 计算机工程，2010，36(8)：254-257.

[68] Berners-Lee T, Hendler J, Lassila O. The Semantic Web. Scientific American, 2001.

[69] 朝乐门，张勇，邢春晓. DBpedia 及其典型应用[J]. 现代图书情报技术，2011，3:80-87.

[70] 陈向东. 基于 FOAF 的社会网络模块的开发[J]. 华东理工大学学报(自然科学版)，2007，33(增刊)：145-148.

[71] 彭希林，周军铁，李苗. 论学习力[J]. 黑龙江教育(高教研究与评估)，2007：97-99.

[72] 刘雍潜. 国家教育技术标准研究初探[J]. 电化教育研究，2002，7：3-6.

[73] 陈卫东. 教育技术学视野下的未来课堂研究[D]. 华东师范大学，2012.

[74] 程罡，徐瑾，余胜泉. 学习资源标准的新发展与学习资源的发展趋势[J]. 远程教育杂志，2009，4：6-12.

[75]《信息技术促进区域教育均衡发展的实证研究》课题组. 教师信息技术应用能力提升工程理论框架与实施建议[J]. 中小学信息技术教育,2013,6:23-26.

[76] Key Building Blocks for Student Achievement in the 21st Century[EB/OL]. http://schoolnet. org. za/CoL/ACE/course/ukzncore1b/documents/core1b_CEO_Forum_Re-

port4. pdf [2013-11-1].

[77] Burkhardt G，Lemke C. 21 世纪能力：数字时代的基本素养[J]. 开放教育研究，2004，5：7-10.

[78] Trilling B，Fadel C. 21st Century Skills：Learning for Life in Our Times[M]. San Francisco：Jossey-Bass，2009.

[79] 蔡永顺，雷葆华. 云计算标准化现状概览[J]. 电信网技术，2012，2：22-26.

[80] Smart Education and Learning Market Forecasts (2012 -2017)[EB/OL]. http://www.marketsandmarkets. com/Market-Reports/smart-digital-education-market-571. html.

[81] 报告称中国智能手机和平板保有量占全球 1/4[EB/OL]. http://tech. sina. com. cn/it/2013-07-23/22468567436. shtml [2014-09-25].

[82] 邓赵红，桑庆兵. 物联网在教育中的应用与思考[J]. 无锡职业技术学院学报，2010，4：48-51.

[83] 百度百科. CERNET[EB/OL]. http://baike. baidu. com/view/262146. htm [2014-09-26].

[84] 蓝皮书：我国移动互联网用户总数达 8. 38 亿户[EB/OL]. http://news. zj. com/detail/1524134. shtml [2014-09-26].

[85] 黄荣怀. 教育信息化的特征、现状及发展趋势[N]. 中国计算机报，2001-08-20.

[86] 百度百科. 精品课程[EB/OL]. http://baike. baidu. com/view/1058442. htm? fr=aladdin [2014-09-26].

[87] 百度百科. 大规模开放式网络课程[EB/OL]. http://baike. baidu. com/view/10187188. htm? fromtitle=MOOC&fromid=8301540&type=search [2014-09-26].

[88] 有道词典教育之战[EB/OL]. http://www. 36kr. com/p/211458. html [2014-07-01].

[89] 中国苹果商店儿童教育应用统计分析报告(上)[EB/OL]. http://learning. sohu. com/20140207/n394573068. shtml [2014-09-26].

[90] Shum S B. Learning Analytics[M]. Moscow：UNESCO Institute for Information Technologies in Education，2012.

[91] 吴永和，祝智庭，何超. 电子课本与电子书包技术标准体系框架的研究[J]. 华东师范大学学报(自然科学版)，2012，2：70-80.

[92] 2013 年教育信息化行业分析报告[EB/OL]. http://www. docin. com/p -736457551. html [2014-09-26].

[93] 2013—2015 年教育信息化投资情况分析预测[EB/OL]. http://www. china-consulting. cn/data/20130425/d8672. html [2014-09-26].

[94] 2014—2018 年中国教育信息化行业深度调研及发展前景研究报告[EB/OL]. http://www. chyxx. com/research/201405/245890. html [2014-09-26].

[95] 中小学教师教育技术能力标准(试行)[EB/OL]. http://www. moe. edu. cn/public-

files/business/htmlfiles/moe/moe_307/200505/7448. html [2014-09-26].

[96] 教育部关于实施全国中小学教师信息技术应用能力提升工程的意见[EB/OL]. http://www. moe. edu. cn/publicfiles/business/htmlfiles/moe/s7034/201311/159042. html [2014-09-26].

[97] 何克抗. 论现代教育技术与教育深化改革(上)——关于ME命题的论证[J]. 电化教育研究,1999, 1: 3-10.

[98] 信息化带动教育变革——访华中师范大学校长杨宗凯[EB/OL]. http://www. edu. cn/gd_6534/20120503/t20120503_772597. shtml [2014-09-26].

[99] 百度文库. 中国家庭教育消费白皮书[EB/OL]. http://wenku. baidu. com/view/5855b5280066f5335a812191. html [2014-09-26].

[100] 凤凰教育独家发布: 2013年中国在线教育盈利模式分析[EB/OL]. http://edu. ifeng. com/special/book/zuixin/detail_2013_12/20/32305224_1. shtml [2014-09-26].

[101] 艾瑞咨询: 2014年中国在线教育行业发展[EB/OL]. http://www. 199it. com/archives/237415. html [2014-06-09].

[102] 2014年上半年国内在线教育投融资总额超25亿元[EB/OL]. http://edu. ce. cn/zg/201407/01/t20140701_1733347. shtml [2014-09-26].

[103] 中国在线教育行业分布图谱[EB/OL]. http://www. 199it. com/archives/216592. html [2014-04-30].

[104] 投资前瞻: 在线教育 待挖掘的金矿[EB/OL]. http://money. 163. com/special/theme027/[2014-08-18].

[105] Hype Cycles 2014[EB/OL]. http://www. gartner. com/technology/research/hype-cycles/[2014-09-26].

[106] 综述: 大数据与教育革命[EB/OL]. http://blog. sina. com. cn/s/blog_537ef1730101lqe9. html [2013-04-13].

[107] Nature. Big Data[EB/OL]. http://www. nature. com/news/specials/bigdata/index. html [2012-10-02].

[108] Big Data for Development: Challenges & Opportunities[EB/OL]. http://www. mckinsey. com/insights/business_technology/big_data_the_next_frontier_for_innovation [2014-05-10].

[109] UN Global Pulse. Big Data for Development: Challenges & Opportunities[EB/OL]. http://www. unglobalpulse. org/projects/Bigdataofordevelopment [2014-05-10].

[110] World Economic Forum. Big Data, Big Impact: New Possibilities for International Development[EB/OL]. 2014-05-10.

[111] 姜奇平. 大数据的时代变革力量[J]. 互联网周刊, 2013, 1: 34-37.

[112] 孟小峰，慈祥. 大数据管理：概念、技术与挑战[J]. 计算机研究与发展，2013，1：146-169.

[113] IBM. 分析:大数据在现实世界中的应用[EB/OL]. http://ftps.zdnet.com.cn/files/3/23443.pdf [2014-07-01].

[114] 唐斯斯，刘叶婷. 以“数据治理”推动政府治理创新[J]. 中国发展观察，2014，5：32-34.

[115] Realizing the Promise of Big Data：Implementing Big Data Projects[EB/OL]. http://www.businessofgovernment.org [2014-07-01].

[116] 涂子沛. 大数据:正在到来的数据革命[M]. 桂林：广西师范大学出版社，2012：310.

[117] 胡晓姣，张新. 信号与噪声[M]. 中信出版社，2013.

[118] 大数据下的智慧教育发展路径[EB/OL]. http://learning.sohu.com/20140423/n398678815.shtml [2014-04-23].

[119] 豆丁网. 海淀区智慧教育规划[EB/OL]. http://www.docin.com/p-794154794.html [2014-07-01].

[120] Knewton[EB/OL]. http://www.knewton.com/[2014-07-01].

[121] 葛成恩. 决胜大数据[EB/OL]. http://news.xinhuanet.com/finance/2013-07/26/c_125066639_2.htm [2014-07-01].

[122] 谢璐妍，郑鸣九. “大数据”时代下高等教育质量评价改革[EB/OL]. http://www.cssn.cn/zx/zx_tt/201402/t20140216_964560.shtml [2014-02-16].

[123] Global Education Digest[EB/OL]. http://www.uis.unesco.org/Education/Pages/global-education-digest.aspx [2014-07-01].

[124] Opportunities Lost：the Impact of Grade Repetition and Early School[EB/OL]. http://www.uis.unesco.org/Education/GED% 20Documents% 20C/GED-2012-Complete-Web3.pdf [2014-07-01].

[125] The Use of Student Assessment for Policy and Learning Improvement [EB/OL]. http://www.unescobkk.org/fileadmin/user _ upload/epr/PDF/AssesmentSurveyReport131111.pdf [2014-07-01].

[126] Global Education Digest 2012-Interactive Data Tool [EB/OL]. http://www.uis.unesco.org/Education/Pages/ged-2012-visualization.aspx [2014-07-01].

[127] 百度预测[EB/OL]. http://trends.baidu.com/exam/index? type=univ [2014-09-26].

[128] For Kids' Sake, Connecting Parents to Dutch Schools with Open Data[EB/OL]. http://www.epsiplatform.eu/content/kids% E2% 80% 99-sake-connecting-parents-dutch-schools-open-data-0#sthash.7McGcjFw.dpuf [2014-07-01].

[129] 陈霜叶，孟浏今，张海燕. 大数据时代的教育政策证据:以证据为本理念对中国教育

治理现代化与决策科学化的启示[J]. 全球教育展望，2014，2：121-128.

[130] 上海推进大数据研究与发展三年行动计划(2013-2015 年)[EB/OL]. http://www.stcsm.gov.cn/gk/ghjh/333008.htm [2014-07-01].

[131] Epsiplatform[EB/OL]. http://www.epsiplatform.eu/[2014-07-01].

[132] 欧盟和世界银行施压促进教科研数据的开放共享[EB/OL]. http://www.escience.gov.cn/ShowArticle.jsp? id=13493[2014-07-01].

[133] 唐雪飞. 大数据,智慧的计算指引教育信息化未来发展之路[EB/OL]. http://www.ict.edu.cn/forum/huiyi/n20130911_5074.shtml [2014-07-01].

[134] 互联网人做教育的优势(二):谈谈粉笔做的“智能”猿题库[EB/OL]. http://www.36kr.com/p/202222.html [2014-07-01].

[135] Collegenavigator [EB/OL]. http://nces.ed.gov/collegenavigator/[2014-07-01].

[136] 唐斯斯，刘叶婷. 加强数据治理提升国家创新力//创新型国家建设报告(2013-2014)[M]. 北京：社会科学文献出版社，2014.

[137] 信息发达大数据时代，数据能为慈善事业带来些什么[EB/OL]. http://www.36dsj.com/archives/10112 [2014-09-26].

[138] 任晓辉. 美国教育统计和指标体系探究[J]. 高等教育与学术研究,2006,01:172-175.

[139] 游忠惠. 大数据时代：考试到评价的跃升——教育考试数据的挖掘、分析与有效利用[N]. 光明日报，2014-01-30.

[140] 曹树金,马利霞. 描述教育资源的元数据标准[J]. 大学图书馆学报，2004，2：5-9.

[141] 陈颖. 教育服务平台基础数据的采集与应用[J]. 计算机与应用软件，2015.

[142] 张延松，薛永生，张宇，等. 电子政务建设中的基础数据库建设规划研究[J]. 厦门大学学报(自然科学版)，2004，43(B08)：293-299.

[143] 李艳燕，马韶茜，黄荣怀. 学习分析技术：服务学习过程设计和优化[J]. 开放教育研究，2012,10：18-22.

[144] 葛道凯. E-Learning 数据挖掘：模式与应用[J]. 中国高教研究，2012，3：x-x3.

[145] 王珠珠. 国家教育资源中心及公共服务平台建设情况[EB/OL]. http://wenku.baidu.com/link? url = BNRlkSVOxDmYbbzWAc _ Sbv-YPdfSM8rFRCJK72kHex3-G4mwgn1LO73jVhFQaYP3XRfgoqYOkSFgY-mk82aHB3cHCGPaStLIfTJHdyolk2Ta [2014-08-08].

[146] 法国探索公共数据开放良性发展新模式[EB/OL]. http://cyyw.cena.com.cn/2014-08/05/content_236397.htm [2014-08-05].

[147] 杨岿，熊小进，罗霞，等. 数字校园数据共享与交换的实现方式的讨论[J]. 华中农业大学学报(社会科学版)，2007,6：109-133.

[148] 教育部. 国家教育管理信息系统建设总体方案[S]，2013.

[149] 陶雪娇，胡晓峰，刘洋. 大数据研究综述[J]. 系统仿真学报，2013，1：142-146.

[150] 用科技撬动臃肿传统的政府职能[EB/OL]. http://www.pingwest.com/crowdfunding-public-projects[2013-03-27].

[151] 维基百科. Adaptive Learning [EB/OL]. http://en.wikipedia.org/wiki/Adaptive_learning [2014-07-01].

[152] 胡天状. 数据挖掘技术在教育决策支持系统中的应用[D]. 杭州：浙江师范大学，2005.

[153] 魏顺平. 学习分析技术：挖掘大数据时代下教育数据的价值[J]. 现代教育技术，2013，2：5-11.

[154] 李婷，傅钢善. 国内外教育数据挖掘研究现状及趋势分析[J]. 现代教育技术，2010，10：21-25.

[155] 陆璟. 大数据及其在教育中的应用[J]. 上海教育科研，2013，9：5-8，22.

[156] 魏忠，何立友. 大数据：开启面向未来的教育革命[J]. 中小学信息技术教育，2013，10：15-17.

[157] 教育经费占GDP的4%是如何设定的[EB/OL]. http://www.xmtuojiao.com/news/jiaoyu/2010-05-25/38.html [2014-07-02].

[158] OECD. PISA 2009 results：what students know and can do[Z]. Paris：OECD，2010，20：81-84.

[159] Schleicher A. Big Data and PISA [EB/OL]. http://www.huffingtonpost.com/andreas-schleicher/big-data-and-pisa_b_3633558.html [2014-04-25].

[160] 胡德维. 大数据"革命"教育[N]. 光明日报，2013-10-19.

[161] 通信世界网. 数据挖掘人工智能使教育定制化[EB/OL]. http://www.cww.net.cn/tech/html/2014/3/10/20143101127294557_2.htm [2014-05-01].

[162] Gall Button. 大数据进校园[EB/OL]. http://weibo.com/2357403745/AFfeR4HCu?mod=weibotime [2014-05-01].

[163] 科学技术部. 973计划支持网络信息空间大数据计算基础研究[EB/OL]. http://www.most.gov.cn/kjbgz/201404/t20140425_112891.htm [2014-07-03].

[164] 刘雍潜，杨现民. 大数据时代区域教育均衡发展新思路[J]. 电化教育研究，2014，5：11-14.

[165] 教育部. 教育部关于贯彻落实科学发展观进一步推进义务教育均衡发展的意见[EB/OL]. http://www.gov.cn/gongbao/content/2010/content_1653849.htm [2013-12-10].

[166] 中国商业智能网. 用数据权衡投资[EB/OL]. http://www.chinabi.net/Article/binews/201111/2059.html [2014-08-31].

[167] 黄毅力. 复用政务数据资源架构区域教育基础数据平台[J]. 中小学信息技术教育，

2013，5：21-23.

[168] 魏忠，何立友. 大数据时代的教育革命[EB/OL]. http://www. fjedu. gov. cn/html/2014/03/22/266579 _ 143912. html? uni = 0d0a67ff-6890-494b-b445-1041a7bbc654 [2014-07-03].

[169] Enhancing Teaching and Learning through Educational Data Mining and Learning Analytics [DB/OL]. http://www. ed. gov/edblogs/technology/files/2012/03/edm-la-brief.pdf [2012-10-22].

[170] 钟亚妮. 美英两国慕课的发展与展望出处[J]. 世界教育信息，2014，3：20-23,40.

[171] 徐鹏，王以宁，刘艳华，等. 大数据视角分析学习变革——美国《通过教育数据挖掘和学习分析促进教与学》报告解读及启示[J]. 远程教育杂志，2013，6：11-17.

[172] New Research on How MOOC Video Production Affects Student Engagement[EB/OL]. http://fm. schmoller. net/2014/03/new-research-on-how-mooc-video-production-affects-student-engagement. html [2014-07-01].

[173] 陈律. 大数据背景下学习分析技术对教学模式的变革[J]. 中国教育信息化，2013，24：15-17.

[174] 杨永斌. 数据挖掘技术在教育中的应用研究[J]. 计算机科学，2006，33(12)：284-286.

[175] 学习管理平台 Desire2Learn 野心不小，想改变大学生学习生涯规划方式[EB/OL]. http://labs. chinamobile. com/news/94091 [2014-07-01].

[176] 翟博. 教育均衡发展：理论、指标及测算方法[J]. 教育研究，2006，3：16-28.

[177] 宓詠，赵泽宇. 大数据创新智慧校园服务[J]. 中国教育信息化，2013，24：3-7.

[178] Li Y，Powell S. MOOC and Open Education：Implications for Higher Education[EB/OL]. http://publications. cetis. ac. uk/2013/667 [2014-07-01].

[179] 百度文库. 大数据视角分析学习变革[EB/OL]. http://wenku. baidu. com/link? url=9r8uAQK3AtVMHSlrO1TZnLHBhJRYJpKdsYII2 _ 3jOGuu9qni8keWe4OmkIFeoGz-kUKO-riDDTgfvLrbH8uWwtGYwmMub_jakvYvT8m9vTrW [2014-07-02].

[180] 中华工商时报. 贵阳市探索大数据“智慧教育云”[EB/OL]. http://finance. ifeng. com/a/20140320/11932171_0. shtml [2014-08-31].

[181] 从培民. 从政策研究视角看大数据对科研管理与决策的影响[J]. 科研信息技术与应用，2013，4(6)：29-35.

[182] 新华网. 江南大学全国首创“校园级”智能能源监管[EB/OL]. http://wx. xinhuanet. com/2010-12/25/content_21716917. htm [2010-12-25].

[183] 中国信息化. 华东师大：让教学生活更智慧[EB/OL]. http://www. ichina. net. cn/Html/2013/case/22767. html [2013-09-04].

[184] 交大新闻网. 西安交大启动教师综合数据管理与分析服务平台建设[EB/OL]. http://news. xjtu. edu. cn/info/1033/40975. htm [2014-07-01].

[185] 北京民教信息科学研究院. 大数据技术如何处理大学校园 IT 安全问题[EB/OL]. http://www. cnein. ac. cn/html/special/2013/0423/109. html? pc _ hash = 0xvnuG [2013-04-23].

[186] 光明日报. 大数据时代:考试到评价的跃升[EB/OL]. http://www. hinews. cn/news/system/2014/01/30/016427115. shtml [2014-07-01].

[187] 李青，王涛. 学习分析技术研究与应用现状述评[J]. 中国电化教育，2012，8：129-133.

[188] Ballou D, Sanders W, Wright P. Controlling for student background in value added assessment of teachers [J]. Journal of Educational and Behavioral Statistics, 2004, 29 (1): 37-65.

[189] 王安，吴月红. 依靠大数据平台打造科研采购新模式[N]. 科技日报，2013-11-28.

[190] 李国杰，程学旗. 大数据研究:未来科技及经济社会发展的重大战略领域——大数据的研究现状与科学思考[J]. 中国科学院院刊，2012，27(6):647-657.

[191] 北大新闻媒体. 大数据助力社会科学研究[EB/OL]. http://www. looooker. com/archives/6765 [2014-07-01].

[192] 安徽省科学技术厅. 大数据技术助推宁夏科技文献知识服务平台建设[EB/OL]. http://www. ahkjt. gov. cn/technologi/dynamic/kjyw/webinfo/2014/04/1394584956497824. htm [2014-07-01].

[193] 吉安教育网. 大数据时代教育管理谋求信息化变革[EB/OL]. http://www. jaedu. com/Article/ShowInfo. asp? InfoID=10122 [2014-03-27].

[194] 百度. 浙江大学高考分数线[EB/OL]. http://www. baidu. com/s? ie=utf-8&wd=浙江大学高考分数线 &tn=89040009_1_pg&bs=自愿联邦奖学金 &f=3&rsv_bp=1&rsv_sug3=5&rsv_sug4=121&rsv_sug1=4&oq=浙江大学高考分 &rsv_sug2=0&rsp=0&inputT=6613 [2014-07-01].

[195] 百度教育. 浙江大学[EB/OL]. http://jiaoyu. baidu. com/college/index/? collegeId=84&zt=ps [2014-07-01].

[196] 余胜泉. 技术何以革新教育—在第三届佛山教育博览会“智能教育与学习的革命”论坛上的演讲[J]. 中国电化教育，2011，7:7-12.

[197] 李永，黄东巍，郭达，等. 让信息技术惠及残疾人[J]. 电信技术，2008，5:11-13.

[198] 信息技术与标准化编辑部. 让世界畅通无阻[J]. 信息技术与标准化，2011，5.